ルネサンス文化人の世界

ルネサンス文化人の世界

人文主義・宗教改革・カトリック改革

根 占 献 一 著

知泉書館

序

各章のテーマは全般的に「人文主義・宗教改革・カトリック改革」に関わるよう意図されている。これらの時代はルネサンスと呼ばれえよう。そしてその時代は一四世紀半ばからの二五〇年ないしは三〇〇年が筆者のなかで意識されている。筆者はこのルネサンスをカロリング・ルネサンスや一二世紀ルネサンスなどのように単に文化概念として意識したことはなく、常に特別な時代概念として見てきた。先の二ルネサンスが狭義の、後のルネサンスは広義のルネサンス概念ということでなく、ただ後のほうは先ずは外延的にそのような時代幅として見、これをルネサンスと呼ぶのである。

カロリングと一二世紀が時代概念になることはそもそもありえないだろう。これは両者、とりわけ一二世紀の場合には逆説的に聞こえるであろう。世紀がついていて、すでに時代概念ではないのか、と反論がありそうだ。それでもカロリング・ルネサンスの時代、一二世紀ルネサンスの時代とは一体全体どのような時代なのであろうか、果たして時代概念として機能しうるかどうかという疑問は付き纏ってくる。むしろ中世主義者は「イタリア」・ルネサンスまでも中世に封入し、自分たちの時代のために長期間を確保し、その都度、その都度の変化を顕揚しているのである。(1)

ルネサンス概念を問題にするのが最初の章たる第一章であり、時代幅という外延的な範囲を越えて、つまりその内包、ルネサンスの内容、中身が何であるかを問い、そのことにより時代が区切れるかどうかを検討する試みである。半世紀ばかり前に好んでこのルネサンス学に参入した時、その出発点はルネサンスを巡る「概念論争」からであったことが思い出される。(2)この章で結論が出ているわけでないが、日本の近世概念などをも考察に入れた点で始めた頃と違ってきており、筆者個人の研究到達点かと思う。

次の第二章ではカトリック改革・宗教改革の観点に注目して叙述した。この両改革はまたルネサンスを形成する時代的特徴である。都市ローマが叙述の中心にあるが、筆者の場合、その前提にフィレンツェが必ずやあり、それはメディチ家が両都市を結び付けているように思う。ともに長く住んで生活したことがあり、イメージが取りやすいということもあるであろう。文中、逸話風に叙述した箇所があるのは先鋭化する時代の雰囲気を和らげるために自ずと書き染められていたのかもしれない。名が出るアンジェロ・コロッチは随分と文献も集め、一節を費やすべきであったが、怠慢により叶わなかった。

第三章では科学史的観点に意を払い、叙述を進めた。科学革命の世紀とされる一七世紀以前にあっては人文主義の発展が顕著であり、この影響下にコペルニクスとイタリアの関係に言及することができた。そして暦と太陽、また時代認識というものをフィチーノとともに考察を加え、この両人が同時代人であることを強張した。先述した「ルネサンス学」に参入した時には哲学思想史でも科学分野の研究が非常に盛んだった。そしてこの科学革命もルネサンス時代の宗教問題と切り離せない面があった。(3)

宗教史的観点から芸術上の問題を扱うのが、次章の第四章である。特にミケランジェロのほぼ九〇年、一世紀に喃々とする長い生涯は本書のテーマを考察するに相応しい時間を生き抜いたと言える。(4)彼と関係が深かった二人の芸術家、詩人のコロンナと、マニエリスムの画家と言われるポントルモの名を出すことができた。これもまた収集文献を十分に活用できているとはいえず、怠慢を悔いるものであるが、ルネサンスを問う以上、芸術史の動向にも一瞥を加えたかったのである。

第五章では他の章とかなり叙述形式が異なり、一人文主義者の一文献を紹介する形となった。すなわちヴァレリアーノ作『学者の不幸』がそれであり、一五二七年のローマの劫掠事件がきっかけとなって生まれた作品の読解である。興味深いことに、文中に登場する主要人物は先に触れたコロッチであり、この後にさらに一章を割いて取り上げることになるガスパロ・コンタリーニである。事件そのものは最終章の第八章にも現われ、時代の転換をもたらしたと思われた出来事であった。先に「マニエリスム」なる概念を使ったが、美術様式上のこの変化もまた、これが契機となったという曰くつきの事件である。

第五章で哲学者コンタリーニはローマの劫掠に関する自らの思いを披歴したが、この第六章では筆者は特にコンタリーニの歴史的位置づけを行おうとした。本章ではコンタリーニは宗教改革で分裂したヨーロッパを和合させようとしたローマ・カトリック教会の枢機卿である。思想家として興味深い著作を著わし、また新たな修道会イエズス会公認に尽力した人物であった。彼自身はアリストテレス哲学の研究で名高いパドヴァ大学の出身である。加えてこの章では同哲学に対するプラトン哲学の特徴にも叙述が及んでいる。これもまたルネサンスの時代的相貌だからである。なおパドヴァ大学の後輩で来日することになるアレッサンドロ・ヴァリニャーノにも言及した。日欧が近接、接続化する時代こそがこのルネサンスの新しさであったからである。

第七章では時代研究で外すことのできないエラスムスを扱っている。エラスムスに関しては膨大な文献があり、本章では先ずはこれらの文献の一端を整理し、筆者自身の研究の方向性を見定めようとした。人文主義の語源「フマニタス」には幾らかなりとも集約できたかと思う一方で、エラスムスの聖書と教父の研究に及ぶ力がなく、人文主義の王エラスムス研究は途上にあるままなのである。ここでも収集文献が眠ったままである。ただ次章との関係でエラスムスの影響の甚大さは認識できた気がしており、幾らかの慰めを覚えている。

その第八章ではイベリア、イタリア両半島での哲学、人文主義の発展を宗教の相のもとに考察することになった。時代がカトリック改革と宗教改革のなかで揺れ動く転換期を迎えていたからである。登場する人物たちも両半島を股にかけて移動し、まさに流動する社会となっていることを示している。本章では特にユダヤ思想に触れることとなったが、「ルネサンス学」を勢いよく開始した時に比べれば、この思想に幾らか明るくなった程度に過ぎず、正に日暮れて途遠しの状態である。

附章として、人文主義概念を発展させたドイツ思想史に関わる拙文を配置したのは、幾らかなりとも本書の狙いが明確となるであろうと判断したからである。

註

（1） 兼岩正夫『ルネサンスとしての中世』筑摩書房、一九九二年、二二八―二三五頁。ジャック・ル＝ゴフ『時代区分は本当に必要か?』菅沼潤訳、藤原書店、二〇一六年。

（2） ブルクハルト『イタリア・ルネサンスの文化』柴田治三郎訳、中央公論社、一九六六年、三七―四五頁の訳者解説参照。歴史書の翻訳の場合、特に注意しなければならないのは、その原書の発行年である。ブルクハルトの原書はこの翻訳年よりも一〇〇年以上前に出ている。柴田が訳し、刊行したのは二〇世紀だが、スイスで出た時は一九世紀半ば過ぎ、まだ日本は明治の世に入ってもいなかった。そして今は早二一世紀である。もう二世紀前の出版物であり、ブルクハルトが考えた「近代」は遠のくだけである。先のル＝ゴフの原書は二一世紀に出たばかりで、まだ数年を閲するのみである。

（3） D・C・リントバーク、R・L・ナンバーズ編『神と自然――歴史における科学と宗教』渡辺正雄監訳、みすず書房、一九九四年、には見事な論文の数々が訳出されている。

（4） Ch. De Tolnay, *Michelangelo*, 5 vols, Princeton 1943-1960. ドゥ・トルネイは簡約版とでもいうべき翻訳が存在するが、本格

的には本書につくべきである。トーデ（H. Thode）には美術を主としたルネサンスはアッシジの聖フランチェスコに始まり、ミケランジェロで終わるのである。それは以下の代表作が教える。*Franz von Assisi und die Anfänge der Kunst der Renaissance in Italien.* Berlin 1885. *Michelangelo und das Ende der Renaissance.* Berlin 1902. このうち前者は英訳も出、広く読まれた。

目次

ルネサンス文化人の世界

――人文主義・宗教改革・カトリック改革――

第一章　東西を結ぶルネサンス概念

――概念の把握・意義・発展――

一　ルネサンス像の再検討

「ルネサンス」は再生、再興の意味のフランス語から来ていることは知られている。現在ではこのままで表記されることが多いが、かつては文芸復興、(1) 英語では文字通り「学芸復興」(the Revival of Learning) という言い回しも珍しくなく、時にこの意味だと説明されているのに出会う。真実は、再生、再興よりも目覚め、覚醒の意味のほうが相応しいとする主張もあるし、美術よりも詩(韻文)の分野でルネサンスが起こったという見方もある。(2)

時代概念としてルネサンスは中世から近代にかけての移行期あるいは転換期とされる。そしてこの概念の周辺には数々の他の概念が寄り添っている。ゴシック、国際ゴシック様式、マニエリスム、バロックなど。宗教史であれば、公会議と宗教改革の時代、カトリック改革と対抗宗教改革など。そして思想史の問題であれば、一七世紀の科学革命。また自由思想と一八世紀の啓蒙思想。この最後の両語なら、ヴェネツィア共和国のパドヴァ大学が注目される。ルネサンスの対外関係では「地理上の発見」が指摘され、この発見の勢いで日本もこの時代と無縁でなくなる。それは羅針盤がシンボリックに示すだろう。そして時代の三大発明とされる、ほかの鉄砲(火薬)

と活版印刷機もこの列島に伝わり、史実が増えていく。そして当該日本もまた大きな転換期であり、イエズス会を中心とするローマ・カトリック教もこの地で小さからぬ歴史を刻んでいく。[3] これらの周知の史実に注目すれば、イタリア・ルネサンスはわれわれとの出会いを含めて革新の時代であった。

これに対し、中世のカロリング・ルネサンスや一二世紀ルネサンスに重きを置こうとする中世の歴史や哲学、科学の研究者はその時代には目立つ変動は見られなかったという。これはまことに不思議な主張である。中世に一千年をとっておきながら、イタリア・ルネサンス期の思想的発展を限定しようとする。他方で、ルネサンスをローマ劫掠事件（一五二七年）までのおよそ一〇〇年間に区切り、そのなかでの変化をもっぱら美術上の発展に限って強調する論があるが、近代と直結するルネサンスは美術史だけの概念ではない。[4] また私は、この時代を外延的に一四世紀半ばから一六〇〇年頃までの二五〇年間と一応見なすが、近代のほうではさらに半世紀延ばすことも考えられる。ペトラルカからモンテーニュへ、さらにデカルトの死亡年一六五〇年を目印にしても良いかもしれない。そのなかに日本のキリシタンの世紀（一六世紀四〇年代から一七世紀半ば頃まで）も入ってこよう。私は先の両ルネサンスを否定しているわけでなく、こちらにはそれらと違う時代、つまり中世のルネサンスではもはやないということだけは言いたいのである。

本章では筆者の中でルネサンス像がどのようにして生まれ、どのようなルネサンス観を学び、ここからどのように研究してきたのか、回想しながら書いてみたい。自らがルネサンス観を作りだしたわけではないが、受容する側にこれに強く応えるなにかがあったのであろう。[5] そのルネサンスは近年のグローバリゼーションが叫ばれる中、新たな生命を勝ちうる可能性がある。ここで名を出した学者たちの研究環境に較べ、研究者間の往来もまた激しくなり、情報の交換も進んだ。またネット社会を迎え、かつては遠方にあり、容易に見ることが叶わなかった史料や重要な二次文献が電子化され、眼前にある。

それでも驚くのは先人たちの業績の小ささからぬことである。今問題になっていることが、もうすでに知られていたことなのか、という感嘆である。一例を引くと、「ゴーレス」の意味もそうであろう。(6) 人文の世界では、実は古くから問題になっている史料の過去を捨象して、現在の研究視点から接近し、さも史料を初物のように扱って事たれりとするケースが見られるが、史料が問いかけている中身が相変わらず明らかになっていないということがある。目先を変えてみたものの、史料解読はかなり為されていたというわけである。時代には時代に「流行」の研究法、研究視点があることは認めるが、それは過去の研究を踏まえてなされていくのであり、過去の研究者の業績を回顧して、その記憶を確実にしていくこともまた、歴史を探求する者の大事な任務ではなかろうか。

リヴァイヴァル（復興・再生）概念としてのルネサンスについて縷々書き染めることになるが、現在の私のルネサンス観を明示する機会としたい。長年の研究からイタリア・ルネサンスはヨーロッパ域内の概念に留まらない現象であり、これこそが、重要視される中世の他のルネサンスと決定的に相違していると考えるに至った。日本列島の「洋学」研究者が日本のことも分からなければならないという意味で、もはや私たちはよそごとの歴史だけを知的エリート風に修めるだけでは不十分であり、郷土史家を含むこの地の日本史研究者も交えて、ルネサンスを語らなくてはならない。

ところで、イタリアの「ルネサンス」とはどういう時代であったのか、という問題は、現在ではアカデミックな問題であるよりも、一般的文化の関心事もしくは一般教養の話題であるかのようになっていないだろうか。(7) このようなルネサンスはある意味、ヨーロッパの長い歴史のなかにあって日本で一般的に親しまれていると言える。その親しみやすさから、ややもするとステレオタイプ化されたルネサンス像によりこの時代を単純化しすぎていることともなる。先ずはこの点を指摘し、フィレンツェとヴェネツィア――ともに相当な国家であった――の具体的な事例で考えてみよう。

イタリア・ルネサンスの本場と目されるフィレンツェの紹介番組では、キリスト教的主題の絵が多いなか、ボッティチェッリの〈春（プリマヴェーラ）〉と〈ヴィナースの誕生〉の両作品は欠かせない。キリスト教以前もしくはキリスト教とは無縁のギリシア・ローマ神話が描かれたこれらの作品は、異教文化の復興としてのルネサンスの好例となり、特筆化される。それは女性――実は女神――の美しさであり、自然の観察力の細やかさであり、時空を越えてわれわれに近しい世界として提示される。他方で、ヴェネツィアはティツィアーノの絵の異教的作品の数々は劣らずこれに相応しいのだろうが、[8] 一般的に取り上げられる機会は圧倒的に少ない。かつて「奇跡の都ベネチア物語――ルネサンス時空の物語」（日本テレビ、二〇〇〇年）と題して、ジョルジョーネとティツィアーノが主人公として描かれた番組があった。面白い試みで、ヴェネツィア本島から遠い彼らの故郷の映像は楽しめたが、筋立て自体に興味が持てたとまでは言えなかった。記憶の糸を辿ると、ペストに襲われる社会を救うためにティツィアーノが彩管を揮ったという、ヒューマン性が強調された。皇帝カール五世や教皇パウルス三世を筆頭に、聖俗の大物たち、貴族たちからの注文多き絵描きであった点を主題としない限り、どうしても話が道徳風を吹かせて窮屈になり、史料上の制約もあって話が広がらない。

いとも静穏なる共和国（la Serenissima Repubblica）ヴェネツィアに対し、フィレンツェ共和国では一五世紀末にサヴォナローラが出、一六世紀に入ると、メディチ家の教皇レオ一〇世とクレメンス七世が誕生して、ローマ――教皇領国家の都であり、第二の都市としてはボローニャを抱える――との結び付きが強くなる。そしてラファエッロ、ミケランジェロの登場となって劇的に変貌していく。これはドラマ仕立てでは常道と化している道筋である。ヴェネツィアでも同様に一六世紀初頭には列強との同盟、対抗関係のなかで、時代の転換となる戦い、アニャデッロの戦い（一五〇八年）などがあり、時代が激動するのだが、注目度は低い。時代の転換期に遭遇するヴェネツィア貴族のひとりがガスパロ・コンタリーニであり、宗教改革からトレント公会議に至る時代を生き抜いた。

人文主義者や哲学者になると、ヴェネツィアに限らない話かも知れない。サヴォナローラの影響を大いに受け、フィレンツェに縁の深いピーコ・デッラ・ミランドラが表に出ることはまずない。物語にもってこいの若さで悲劇的に亡くなっているのだが、これまた不思議である。確かに、題名だけからすると、『人間の尊厳について』（*De dignitate hominis*）なる彼の著書は、人間賛歌のルネサンスに似つかわしそうだが、実際はタイトルが意味するほどの現代的な尊厳論ではなく、一般向きのルネサンスでは扱いにくい内容となっている。全体として、どこにルネサンスに期待される人間らしい人間尊重論、キリスト教神学から自立し、世俗化した尊重観があるのだということになりかねない。

このピーコには確かにルネサンスにあって、図式的なルネサンス像では相応しからぬ人物にも映じよう。人文主義者エルモラオ・バルバロに対するスコラ学の強調や、カバラの中世的伝統の重視、ギリシア・ローマの古典古代再興像から外れるアラビアへの関心、そして古典古代期というよりもアレクサンドリアを中心とするヘレニズム時代のオリゲネスへの関心などは、親しみなれたルネサンス論には合わないのだろう。その反占星術的態度は魔術や占星術など擬似科学が盛んであったルネサンスを一足飛びに飛び越えて「近代」に立脚しながら、その敬虔な――あのトマス・モアを惹きつけた――宗教観や神学上の大著、創世記に関わる考察を突き詰めていた人物でもあり、ピーコを時代の寵児とするには大いに無理があることになろう。(9)

二　学校以前のルネサンス像と教育上のルネサンス

人間らしさ、あるいは人間臭さをルネサンスに求める傾向が一般的にあることを指摘したわけであるが、筆者の場合、この像が学習以前にある程度できあがっていた面がある。そこでここでは、avant la lettre をもじって avant l'ecole——このような言い回しが許されるとして——の前の自分を考えてみたい。高校世界史教科書で初めて知り、大学・大学院の授業等でルネサンス概念を学ぶ以前の自分がどのようにして「ルネサンス」と出会ったか、ということである。

それはきわめて明晰な出来事で、エドゥアルト・フックス（一八七〇―一九四〇）の『風俗の歴史』（*Illustrierte Sittengeschichte vom Mittelalter bis zur Gegenwart* München 1909-12）という本との遭遇がこれに当たる。ルネサンスの教科書的概念化が出来上がる前に、ルネサンスのイメージを筆者に与えてくれた作品である。これは第一次世界大戦前に出版されているが、日本では第二次世界大戦後の一九五三年（昭和二八年）から一九五九年（昭和三四年）にかけて光文社から安田徳太郎（一八九三―一九八三）の翻訳で出た。この訳書のおかげで、初めて本格的に高校「世界史」でルネサンスを知る前にその像が出来上がっていたのである。この『風俗の歴史』は後にはカラー版として再版され、また文庫本で出たりしているので、日本ではかなりの影響をそのルネサンス像とともに与えていることは間違いない。

しかもこれは、原書は二〇世紀初めの出版物であるが、訳書は伏せ字が罷り通っていた戦前の時代が終焉した、二〇世紀半ば過ぎの出来事である。数々の個性的な仕事をした安田徳太郎自身の人生とその証言などがまたこの大作の翻訳に花を添えていた。夥しい数の興味津々の挿し絵が盛り込まれていて、一目了然、あるいは百聞は一見に如かず、というのか、ルネサンスに始まる社会は生身の肉体礼讃の時代というイメージが脳裏に焼き付いた。それはフックスによると、封建制社会という桎梏からの解放であり、個人が自由に欲するままに生きる社会の登場ということになる。

かと言って、フックスが提示した像が現代でも崩れ去っただろうか、という疑問は残る。なぜならば、先に書いた、世にテレビ等で一般的に喧伝されているルネサンス時代とはこの域を出ているとは思えないからである。それにはミケランジェロを筆頭とする多くの彫刻や絵画が醸し出さずにはおかない裸身の力強さが雄弁に「事実」を物語り、これを見る者がそうだと納得せざるをえないような現状があるのではなかろうか。それほどまでに視覚に訴える作品は影響が大きい。特に、ゴンザーガ家のパラッツォ・デル・テやファルネーゼ家のカプラローラの宮殿にある壁画などにはその片鱗を容易に見ることができるだろう。裸体画の伝統に乏しい日本では、夏目漱石ではないが、「裸体は希臘、羅馬の異風が文藝復興期の淫靡の風に誘われて流行りだした」となろうし、黒田清輝の〈朝粧〉事件ともなろう(10)。

標準的な「世界史」教科書もこの範疇にあった(11)。マルクス主義の文筆家であったフックスとある意味では同じ世界観を共有していることになる。ただ学校現場ではフックスの観点と違い、イタリア・ルネサンスは全面的に肯定的に受け容れられていたわけではない。ヨーロッパ史におけるルネサンスの限界が言われ、カトリック改革も対抗宗教改革も積極的に評価されてはいなかった。ポルトガル、スペインの海外発展も帝国主義的進出の先駆けであり、イエズス会の活動もヨーロッパでの失地回復を図るアジアや「新大陸」での先方担ぎに過ぎなかった。創作活動もバロックはもはや一種の反動芸術であった。

学校の学習時代には気づかなかったが、その時代にいわば叩き込まれ、そうだと信じてしまうほどの影響を受けたことがある。このイタリア・ルネサンスは古代との関係でも芳しい位置を与えられていなかったからである。ドイツ史学の影響が大きい、教科書執筆者たちは、古代でもギリシア文化には高い評価をあたえながら、ローマ文化にはその亜流、模倣に過ぎないと一蹴していた。ローマ人は道路造りや建築、工学などの実用面に優れていたが、独創性に乏しかった、と、またホラティウスの言、「捕えられしギリシアは猛し勝利者（ローマ）を魅了せり」（graecia capta ferum victorem cepit）も紹介されてギリシア文明の優位性を強調し、『事物の本性について（自然論）』（*De rerum natura*）の著者ルクレティウスはエピクロスの模倣者に過ぎなかった。

さらに、ウェルギリウスに関わる叙述はホメーロスの世界に較べて曖昧であったし、ローマ共和政におけるキケロの位置付けはなされていず、この両者がラテン文学の韻文と散文で果たした意義など、まったく顧みられてはいなかった。その結果、教科書ではルネサンスは俗語文学花盛りとなり、ダンテの『神曲』（*Divina Commedia*）、ペトラルカの『抒情詩集（カンツォニエーレ）』（*Canzoniere*）、ボッカッチョの『デカメロン』（*Decamerone*）が強調されていき、とりわけペトラルカの人文主義的活動などは蚊帳の外である。エラスムスも辛うじてラテン語で書いた『痴愚神礼讃』（*Encomium moriae. Stultitiae laus*）は中世的権威の批判書として称賛的に取り上げられるが、彼のラテン文学者としての全般的活動などは注目されてはいなかった。

三　研究概念としてのルネサンス

古代ローマに対する低評価は当然のことながら、イタリア・ルネサンスの人文主義に大して注目がいかないことともなる。ペトラルカに始まるキケロの再評価の問題、市民的人文主義の意義などには十全たる学術関心が向かうことはなかった。東北帝国大学では戦前ルネサンス研究が盛んで、その中心人物は大類伸（一八八四―一九七五）だった。[12] 現在、東北大学附属図書館には彼の蔵書の一部が収められている大類文庫があり、彼が傾倒したヤーコプ・ブルクハルトがレオポルト・フォン・ランケとともに網羅され、彼の関心の向かうところを示している。また大類の下、創刊された『西洋史学研究』は日本最初の西洋史学専門雑誌であったが、レオナルド・ブルーニやその研究者ハンス・バロンへの関心は乏しかったと言えよう。[13] ドイツ語圏でブルーニ研究を強力に推し進めたのはバロンであった。バロンはブルクハルトが『イタリア・ルネサンスの文化』（*Die Cultur der Renaissance in Italien*, 1860）のなかで専制国家での個性的人物にルネサンス的人間を見たのに対し、共和制国家での人文主義者に注目し、行動的生の重要性を検討した。[14]

イタリア・ルネサンスをめぐっては、やはりこのようにブルクハルトの著書『イタリア・ルネサンスの文化』を取り上げないわけにはいかない。この分野の基本的にして最も重要な著書がこれであることを大学に入り、初めて認識した。それにはたまたまこの新訳が出ていたことが大きかった。中央公論社世界の名著シリーズ全六六巻中の第四五巻に、当時東北大学教授だった柴田治三郎訳があったからである。その時の昭和四一年、一九六六年初版が手元にある。あとでブルクハルトの訳は大正時代に始まって戦前に三種類の訳があることも知ったが、[15] 親しんだのは柴田訳であり、版元の中央公論社（新社）では書籍の体裁を変えて幾度か出ているようで、良く読まれている証しであろう。

柴田訳後は新たに新井靖一訳が筑摩書房から出た。新井はブルクハルトの他の著書、なかでも本邦初訳となる『コンスタンティヌス大帝の時代――衰微する古典世界からキリスト教中世へ』（二〇〇三年。*Die Zeit Constantins des Grossen*, 1853）を公刊したことは特記されるべきであろう。ブルクハルトにとり『コンスタンティヌス大帝の時代』と『イタリア・ルネサンスの文化』の間に中世があるからである。先の書には古代末期の新プラトン主義に関わる詳細な記述が見られる。後の書の『イタリア・ルネサンスの文化』のなかでの魔術や占星術に関する叙述と比較することで、彼の観点が何処にあるかを考察することも可能であろう。またブルクハルトは哲学者ヘーゲルと対比され、歴史哲学を嫌悪したとよく言われているが、哲学への関心は決して低くはなかった。周知のように、『イタリア・ルネサンスの文化』の終結部分にはプラトン説への言及がある。

われわれが、あの学派の精神の、最高の成果と呼びたくなるロレンツォ（・デ・メディチ）の賛歌には、堂々と、しかも世界を道徳的・自然的コスモスと見ようとする観点から、人格神が言葉を発している。中世の人々が世界を、教皇と皇帝とが反キリストの出現まで守らねばならない涙の谷と見なし、ルネサンスの宿命論者たちが強烈な精力の時と重苦しい諦念の、あるいは迷信の時のあいだを行き来しているのに対し、ここ、選ばれた精神の持ち主のサークル（フィレンツェのプラトン・アカデミーの面々の間）では、眼に見える世界は神が愛により創造したのであり、それは彼のなかに先在している原型の模型であって、彼がそれを持続的に動かし、絶えず創造して行くのだという理念が生じる。個人の霊魂はまず神を認識することで、その狭隘な限界へ神を収縮しうるが、しかしまた愛によって、自身を神へと無限のなかへ拡大をもなしうるのであって、その場合こちらこそが地上における幸福である。ここで、中世の神秘説のなごりがプラトン説や独自の近代精神と相通じる。あるいはここで、世界と人間のあの認識（いわゆる世界と人間の発見）の最高の成果が成就したのかも知れない。このことだけでも、イタリアのルネサンスはわれわれの時代の案内人と呼ばれなければならない。[16]

日本における西洋史学の分野でドイツ語圏史学の影響が大きかっただけにとどまらず、ルネサンス・イタリア研究でもドイツ語で記述された書の数々の影響は甚大であった。ブルクハルトに見られるとおりである。彼に関しては諸書の新旧の研究書がある。ブルクハルトに至るまでの、ルネサンス以来の長いその概念の歴史、[17]『イタリア・ルネサンスの文化』を書く前の、特に青年時代の彼、[18]またイタリア・ルネサンス芸術との出会いなど、[19]幾つかの視点がありうる。また邦語に訳された文献あるいは邦語による研究書も少なからず見出される。[20]

ここでは、サヴォナローラをめぐる解釈からブルクハルトのルネサンス概念を問題にした増田重光の研究を紹介したい。増田には『人間解放の時代――ルネサンス』（講談社現代新書、一九七三年第三刷）があったが、読んだことはなかった。アーウィン（エルヴィン）・パノフスキーやエドガー・ヴィントなどを知って、そのような謳い文句の、この種のルネサンスに少々辟易していたこともあったのではないか、[21]フックスばりの高校教科書の延長のような思いがあったためではないか、あるいは学生運動が激化していく社会のなかで人間に対する不信の念が高まっていたこともあったのかもしれず、読まなかった。

大学院の指導教授（村岡晢）から薦められた一冊が、皮肉なことにその増田の『サヴォナローラ研究序説』であった。私家版であったため、まったく知らない情報であった。出版元は三越、一九七七年とある。増田がその本に纏めているようにサヴォナローラ研究に打ち込んだ人であったこと、そのなかでブルクハルトのルネサンス概念などを問題にし、まったくドイツ史学のなかで考察をした研究者であったことが、日本におけるイタリア研究を反映していた。因みに、村岡は大類伸に学んだが、専門としたのはドイツ近代史であった。ただし、若いころ、レオナルド・ブルーニに関心があり、彼の歴史叙述を検討したことがあったと語ってくれたことがあった。当時の日本における学的状況を見ていると、これはエドゥアルト・フューターや、バロンの師であったヴァルター・ゲッツからの知識をもとに村岡が取り組もうとしていたのではないかと思われるが、[22] 推測の域を出ない。

現在、増田が『イタリア学会誌』（第四号、一九五五年）に書いた「ミケーレ・サヴォナローラについて――ブルクハルト的解釈の限界」がCiNii論文PDFオープンアクセスで読むことができる。これは『サヴォナローラ研究序説』にも収録されているが、増田は言う、「かの著名な文化史家ヤコブ・ブルクハルトが、たまたま一八六〇年出版の『イタリアにおけるルネサンスの文化』（本小文では『イタリア・ルネサンスの文化』と題している）のなかでミケーレ・サヴォナローラに言及し、彼一流の解釈を施して以来、ミケーレはあたかもルネサンスの先駆者であったかのごとき錯覚を読者に与え、歴史家の究明の手をまぬがれて来たかの感が深い。したがって、われわれとしては、先ず第一に、ブルクハルトのミケーレ解釈の方法とその限界とを検討し、このような錯覚のよって生じたゆえんを明かにしなければならない」、と。増田論考を読むことで、ミケーレ・サヴォナローラに関しては医学者だった側面以外に、『パドヴァ都市礼讃記』（*De laudibus patavii*）などの著者だったことも分かる手堅い叙述となっている。増田が学究生活を始めたころのサヴォナローラ研究の泰斗というと、ドイツ語圏ではヨーゼフ・シュニッツァー（一八五九―一九三九）であり、増田はミケーレに関わる叙述がシュニッツァーに基づくことを真っ先に記している。[23] 言わば、ドイツ語圏のプロテスタント、ブルクハルトによるルネサンス像に、ドイツ史学の視点からカトリック的視点を加味して迫った研究ということになる。

結論で増田は言う、（以下の括弧内は引用者の補足）「ここで注意すべきは、このようないわば前近代的な性格を持つ彼（ミケーレ・サヴォナローラ）が、無意識のうちに書きしるした『パドヴァ都市礼讃記』の内容が、ブルクハルトによって近代的個我の発展・近代的名誉心の勃興を説く際に、最も重要なひとつの史料として取りあげられる程にも、近代的な性格を持っていたということである。そして、ややこの逆説的な事実から、われわれはかえって、このような性格のミケーレをもその中に包含していたルネサンスという大らかな流れに、驚嘆の目を見張り、その「複雑性」を理解することができるのであるが、さらにまた、恐らくはミケーレという如上の性格や『パドヴァ都市礼讃記』執筆の私的動機（フェッラーラ宮廷への不満から故郷パドヴァへの望郷の思いから綴られた）については、無関心のままになされたと思われるブルクハルトの史料取扱いの態度を一歩踏み越えて、ミケーレの性格を究明することによってはじめて、ブルクハルトの説く中世から近世への移り行き、すなわち近代的個我の発展や近代的名誉心の勃興の次第を、またそれらを雄弁に物語る『パドヴァ都市礼讃記』の持つ高い史料的価値をより十分に理解することができるのである」、と。

かなり引用が長くなってしまったが、ここでは増田がブルクハルトの内面に歴史研究者を越えて心理学者として迫っている感がある。文中のルネサンスの複雑性とは、ルネサンスに中世との断絶を強調せずに、中世的要素が併行、混在していることを認める史観を指している。無難な結論であるが、結局はブルクハルトに沿った論の展開ということになる。『パドヴァ都市礼讃記』の中身もブルクハルトの紹介に基づく。これに対する別の解釈はシュニッツァーから行われ、肝心のこの一次文献を増田は見ていない。この礼讃記解釈にドイツ史家の判断が入っている可能性があるにもかかわらず、ある意味無邪気に引用している。

ルネサンスをめぐる概念論争がドイツ史学の問題であったことを喝破したのは、会田雄次であった。同史学の影響が大きかった日本の研究者もこれに引き込まれていたのである。彼は言う、「ドイツ精神にとって所詮ルネサンスは異質のものである。ドイツの歴史にあるのは宗教改革であってルネサンスではない。彼らがルネサンスに求めたのは、一種のエキゾチシズムからであり、自己の持たないものに対する憧憬からであろう。だからルネサンス概念論争は、一方ではこの憧憬からルネサンスの画期性を極端に主張するものと、その反対に自己に欠けたものを認めずルネサンスを中世に埋没させてしまうものとのふたつの対極によって争われたのである[24]」、と。当時の日本がドイツ観念論の強い影響下にあったことも指摘している。

先の増田も後の会田も二元論的思考を推進し、批判的見解を持ちえない一般読者には魅力ある文となっていようが、彼らが当時はルネサンス研究を高い水準に置き、古典研究を数々生み出していたドイツ研究者から大いに学んだことは、何ら恥ずべきことではなく、間違ってもいなかった。現在は英語圏のルネサンス研究者がイタリアの研究者と伍しながら究明を進めている感があるが、かつてはドイツだったのであり、イタリア研究者も同国から学んでいた。ただ、余りにも旧世代間ではイタリアの研究者がことサヴォナローラに限っても無視されていたように思われる。パスクワーレ・ヴィッラーリ（Pasquale Villari 1827-1917）やロベルト・リドルフィ（Roberto Ridolfi 1899-1991）のように国際的名声を得た研究者には関心が向かったが、パオロ・ルオット（Paolo Luotto 1855-97）のような研究者は知られず[25]、本格的なイタリアの宗教史、イタリアのカトリック思想の探究は行われなかった。この分野は依然としてわが国では未踏の分野といっても過言ではない。イタリア・ルネサンスの哲学を含めて、この分野への関心は日本のキリシタン史思想に迫るためにも不可避である。ただ例外として、今日では植村正久の研究で知られる青芳勝久のサヴォナローラへの関心に注目が向かって良いだろう[26]。

四　和辻哲郎の見たルネサンスと日本

日本におけるヨーロッパ研究が独自の歴史を持っていることは、結局は日本の明治以降の歴史に因っていることはまちがいない。アイデンティティを日本列島に置きながら、ヨーロッパの思想、歴史、文化を研究する意義は今でも小さくないが、疑問点がないわけではない。つまりいつまでたっても主体的に研究しているように思われず、ヨーロッパの研究動向に左右されているという現状である。わずかな一例としては朝河貫一の入来文書研究がヨーロッパ、なかんずくフランスの中世史家などに影響を与えたことが思い起こされるけれども、それはいわば英語圏の仕事としてあった。海の遥かかなたの研究である以上、それは已むをえないことではないかという見方もあろう。そうかもしれない。

だが、どうであろう。今日ルネサンスが、イタリア・ルネサンスが、中世のルネサンスと同格にしか論じられない面があるなかで、もう少し時代を単純素朴に見、日本の歴史から「発信」できないだろうか。ルネサンス研究の今日的「リヴァイヴァル」のためにそれは可能なように思われる。イタリア・ルネサンスを美術史だけに限定せずに、あるいはその中心にこれがあったとは考えずに、活版印刷が登場してヒューマニズムに新たな情報革命をもたらした時代は大航海の時、いわゆる地理上の発見の時であり、東西の知的、物的交流が真に始まることになるという認識である。目新しくもない認識であるが、これを深く真剣に受け止められているだろうか。そしてそれは一六世紀の四〇年代以降の日本の歴史——ある視点からキリシタンの世紀と呼ばれる——と直結し、われわれが主体的にルネサンスを研究し、論を張れる、またとない時代ということになる。

そもそもこれも必ずしも新しいアイデアではなかろう。先の会田雄次も、また東北大学で教鞭を取った西村貞二もこれに言及したことがあるが、[27] 問題があった。会田も西村も概してイタリア・ルネサンス思想の理解が皮相に留まっており、それが彼らの歴史叙述に反映され、キリシタン思想史に深く入って行けなかった。そのような彼らの観点に影響を及ぼしたのは、実は和辻哲郎であった。和辻はその『鎖国――日本の悲劇』（一九五〇年）では思想研究者としての本分を捨てて、実に精細な歴史叙述に徹している感がある。他方で、アレッサンドロ・ヴァリニャーノなど重視されるべき人物への思想的言及はほとんど行われず、ペドロ・ゴメスに至っては一行の言及もない。問題点は共通している。あるいは三者とも、ルネサンス・ヨーロッパ思想の日本における展開に関心は持っていない。せめて思想史家和辻に期待したかったところだが、これは、本書を書く目的がまさに題名に示されているように、鎖国の意義を考えるためにそれに至る編年的過程に関心を持ったためであったろう。そしてこの鎖国の前提として、キリスト教禁令と迫害に至る過程が細大漏らさずに史実で紹介されていく筋立てとなっている。

『鎖国』はローマ帝国の衰亡から序説を始める壮大なプランの下にあるが、その前にさらに「前言」とでも言うべき箇所がある。「太平洋戦争の敗北によって日本民族は実に情けない姿をさらけ出した」で始まるところがそうである。古代地中海世界の文明を愛好し、またこれに通暁した研究者和辻は、その他の研究者同様にキリスト教文明に一頭地を抜く感情を抱き、そのために国を鎖してヨーロッパとの接点を失った苦い経験が、第二次大戦での敗北に繋がるというところまで突き進む歴史哲学を展開する。サコクとハイボクがどう関わるのか、かなり大胆な推論に思われる。科学的精神の欠如が敗北の根本にあると喝破しながら、このため今次の大戦で明らかになったように合理的思索が蔑視されて狂信者が生まれ、直観的な事実にのみ信頼を置き、推理力による把捉を重んじない民族の性向ができあがったという。この欠点は一朝一夕にして成り立たず、鎖国に元があるというところが、本書のミソである。

「近世の初めに新しい科学が発展し始めて以来、欧米人は三百年の歳月を費やしてこの科学の精神を生活の隅々にまで浸透させて行った。しかるに日本民族は、この発展が始まった途端に国を鎖じ、その後二百五十年の間、国家の権力を以てこの近世の精神の影響を遮断した。」その二世紀半の間に欧米ではさらに科学が発展してしまい、この成果を急激に輸入することによって補いをつけうるというようなものではなかった。最新の科学的成果を利用していながら同時に浅ましい狂信者であることになった。鎖国が何を意味していたのかを理解することが大事だが、歴史家は鎖国の時代に展開した文化がいかに素晴らしいものであったかを指摘したが、喪失したものがいかに大きかったかは示してくれなかった。私の課題はそれを示すにある、と。(28)

方法論として疑問が湧く。彼自身、本来的にヨーロッパ人の対外進出、日本におけるキリスト教布教自体に深い関心があり、それがあれほどまでの詳細な叙述になったのではないか。ヨーロッパ思想の展開と各地の風土に深い関心を示してきた哲学者は昭和一〇年代初期からホセ・デ・アコスタ（José de Acosta. 1540-1600）の著書などに親しんでいたようである。(29)ハイボクの結果、サコクに関心を持ったのであって、危うい思想状況に至りそうな現状を知ろうとして、アコスタ本が含まれるハクルート叢書に関心を持ったわけでなく、またハイボクがなければ、結果オーライだったのかという素朴な疑問も沸いてくる。鎖国が悲劇であったなら、開国後の八〇年は何だったのか。開国し急激な変革の結果捻じれてしまった精神こそが問題であり、それが悲劇ではないのか、とも言いたくなろう。それこそが本当は精緻に叙述されるべきだったのではないか、と。(30)

これ以上、和辻思想の問題自体に深く立ち入るのは避けて、ここでは本書に見られるルネサンス観を紹介してみよう。和辻は言う、「西欧にルネサンスの華を開いた十四・五世紀は、我国の室町時代に当る。この時代は我国自身に即して云えば同じくルネサンスである。藤原時代の文芸、特に源氏物語は、この時代の教養の準縄となり、その地盤の上で新しい創造がなされた」、と。新しい創造は強調されて、謡曲、連歌、能狂言、茶の湯などの具体例に触れる。続けると、以下の通り。「これらを創造した時代は、イタリアのルネサンスと同じく、十分に尊敬されねばならぬ。のみならずこの時代には海外遠征熱が勃興し、冒険的な武士や商人がシナ沿岸のみならずもっと南方まで進出している。またそれに伴って堺や山口のような都市が勃興し、その市民の勢力が武士に対抗しうるに至っている。さらに民衆の勢力の発展に至ってはこの時代のひとつの特徴とさえも見られる。一揆の盛行、民衆による自治の開始、それらが次の時代の支配勢力の母胎となっている。」ここで段落を変えて、序説の最後となる。「すべてこれらの点に於て我国の一四・五世紀もまた近代を準備していると云えるのである。しかも同時代に於けるイタリアと同じく、国内に数多の勢力が対峙し、国家的統一が失われ去った一六世紀に至って、いよいよ西欧の文化との接触に入った。そこにわれわれの問題の焦点が存するのである。」(31)

以下、前篇の「世界的視圏の成立過程」と題した、ヨーロッパの地理上の発見に伴う世界的拡大、後篇の「世界的視圏における近世初期の日本」と題した、イエズス会を中心とした布教活動の顛末が記述される。その中で最後の章、第十二章は「鎖国への過程」として信長暗殺から始まる。そして最後の節は「鎖国」と題されて、和辻史観が示される。貿易に熱心だった秀吉、家康はキリスト教を忌避するために鎖国に打って出る。だが、「十六世紀末十七世紀初頭のヨーロッパの文明を摂取したいと考えつつ、そこからキリスト教だけを捨てて取らないというようなことは、到底出来るわけのものではない。」それは、教会の羈絆を脱した近世のヨーロッパ人にすら難事だった。純粋に取りだすことは難しいことであるから、湧きあがっている民衆文化と混在するべきであった。

「室町時代末期の民衆の間に行なわれた文芸の作品は、今見ると実に驚かされるような想像力の働きを見せている。死んで甦る神の物語もあれば、美しいものの脆さを具象化したような英雄の物語もある。」死んで甦る神の物語と美しいものの脆さは傍点が振られて強調されている。このあたりの示唆に富む表現は復活やプラトン主義の視点から興趣に富むが、ここではいかなる話なのかは詳らかにしないでおこう。「ああいう書物を読み、ああいう想像力を働かせていた人々の間に、ローマ字書きが拡まり、旧約や新約の物語が受け入れられるということは、いかにも自然なことであったと考えられる。(32)」

こののち反動改革のヤソ会士が最新の科学を伝えたと指摘する一方で、軍人の秀吉、家康の世界的視圏が狭かったと指摘する。近世の精神が既にフランシス・ベーコンとして現われている時代に、統治原理、指導精神として二千年前の古代シナ思想が活用されてしまった。侵略を恐れて鎖国を敢行したのか。マニラ総督に朝貢を要求するほどの自信が秀吉にはあったのだから、その「意図を恐れずに、ヨーロッパ文明を全面的に受け入れれば好かったのである。近世を開始した大きい発明、羅針盤・火薬・印刷術などは、すべて日本人に知られている。それを活用してヨーロッパ人に追いつく努力をすれば、まださほどひどく後れていなかった当時としては、近世の世界の仲間入りは困難ではなかったのである。(33)」

キリスト教を恐れて国を閉じるに至ったのは、冒険心の欠如、精神的な怯懦の故であった。スペイン人の冒険心が欠け、ヘンリ（エンリケ）王子の精神が欠けていた。この欠如は視野の狭さに基づく。(34)日本人はヨーロッパ文明にひかれてキリスト教を摂取したが、そこに当時の日本人が示した唯ひとつの視界拡大の動きがあった。そこには合理的思考への要求が付随し、近世の大きい運動を指導した根本の力がある。「わが国における伝統破壊の気魄は、ヨーロッパの自由思想家のそれに日本人の大半がキリスト教化するという如き情勢が実現されたとしても、教会によって焚殺されたブルーノの思想や、宗教裁判にかけられたガリレイの学説を、喜んで迎え入れる日本人の数は、ヨーロッパにおいてよりも多かったであろう。それならば、林羅山のような固陋な学者の思想が時代の指導的精神として用いられる代わりに、少なくともフランシス・ベーコンやグローティウスのような人々の思想を眼中に置いた学者の思想が、日本人の新しい創造を導いて行ったであろう。日本人はそれに堪え得る能力を持っていたのである。[35]」

ヨーロッパのルネサンスと遜色ない状況下にあり、そこにキリスト教文明が伝わった。しかし指導者が視野の狭さから判断を誤り、合理的精神の萌芽は育たなかった。ここまでは、可否やら是非やらは別にして、叙述について行けるだろう。だがこれが何故、「太平洋戦争」での敗北に至るのか、論理の飛躍はないのか。幕末の黒船によって日本が植民地化され、漸く他のアジア諸国と同様、第二次世界大戦後、独立を達成できたのならば、理屈が通っていると思われるにしろ、ここではヨーロッパのルネサンス思想家への和辻の言及を中心に見た。

五　内田銀蔵の近世観と時代の充溢

筆者はかれこれ二〇年ばかり前に和辻が扱った時代を南九州に注目しながら、一冊の小著を上梓した。[36]この時も含めて、大学生だった頃以来、本論で触れた和辻の問題の書は彼の数ある書の中で最も近しい本であったし、小著を書いた時も意識した労作であった。今回しかし、キリシタン時代の詳述と先の大戦の敗北を結びつけることの理屈が通っているだろうか、という疑念が生じてきた。彼は多分、決して遠い世代ではない大類伸とは異なったスタンスを昭和の歴史に持っていたのである。多様な本を書き、日本の城郭研究にも健筆を揮った大類にも、キリシタン時代に関わる著作が遺著として纏められている。(37) ここでは大類はランケ史学の伝統を受け継ぎ、史料にキリシタン運動を語らせているようである。別の書ではキリシタン時代をヨーロッパのルネサンスとし、時にはバロック的傾向を見ようとしている。(38) それはある意味で美的なブルクハルト史観が勝っていたといえるかもしれない。和辻にも同じキリシタン運動という言葉が見られるが、(39) その印象は大いに異なる。大類は慶長使節やシドティまで視野に収めている。和辻はキリシタン運動を通して何かを言おうと考えているのである。それがここに引用した数々の言葉である。

ところで、和辻はルネサンス時代に相当する時代を盛んに近世という概念で表現する。この近世という概念には内田銀蔵が思案をめぐらしたことが良く知られている。その内田の書を紐解くと、それこそ和辻が否定した江戸時代を見事に叙述していて、飽かせない。「鎖国」概念についての議論にも参考に資すべき点が認められる。またキリシタン時代に関わる言及が見出され、日本の中世から近世への移り変わりの時代にあって、ヨーロッパのルネサンス運動や宗教改革が意識されていることが分かる。(40) 内田の学風を反映してか、和辻のように近世に詠嘆するのでなく、冷静・穏健に、ヨーロッパのこれらの運動や改革と併行した、これ以後の近世日本に時代の特色を見ようとしている。この時代の文化史への関心を反映して和辻が歌舞伎や浮世絵などに注目するのに対し、内田は人文の勃興とともに経済的発展、産業の変化に瞠目している。

内田は随分と時代概念を意識した歴史家だった。それゆえに「近世概念」を問題にしたわけだが、彼はそれを絶対視していたわけではない。この近世概念が場合によっては江戸期を越えて随分と移動するが、この近世を軸に、最近世が一方に、近古、中古、上古と他方で時間を遡源していくことも分かる。イタリアではルネサンスの近くがbasso（低い）であり、遠き中世がalto（高い）となる。強調しておかなくてはならないのは、どうしてヨーロッパでは時代の三区分法が生まれてきたかであり、それはペトラルカ以来のルネサンス文化運動の展開がもたらしたものなのである。内田から日本の歴史の上でも近世をめぐってこの時代区分が意識されたことが了解される。中世を明示した原勝郎とともに内田銀蔵がヨーロッパ史に通暁していたからこそ、時代認識が創出された。(41)

本節のきっかけとなったのは、七、八年前に早稲田大学ヨーロッパ中世・ルネサンス研究所での主題「再生」をめぐる折の発表であった。その時、ルネサンス概念の別の側面に気付くことにもなった。それは、酷似とまでは言えないにしても内田の近世観と近似しているのではないか、少なくとも和辻のようにある時代を批判するためにその時代があるのでなく、時代が言うなれば完熟になるそのような歴史観というものがあるのではないか、ということである。

発表の際は、ユダヤのカバラ思想とイタリア・ルネサンスの哲学者ピーコとの関係を扱った専門書『G・ピーコ・デッラ・ミランドラ――宗教的・哲学的シンクレティズム　一四六三―一四九四』(*G. Pico della Mirandola. Sincretismo religioso-filosofico*, 1463-1494, Bari 1937）で知られるエウジェニオ・アナニーネが、この出版の二〇年後、つまり第二次世界大戦後に、『中世（五世紀から一〇世紀）を通じた再生（リナシタ）の概念』(*Il concetto di rinascita attraverso il medio evo* (*v-x secolo*), Milano e Napoli, 1958）を公刊したことを先ず述べた。『G・ピーコ・デッラ・ミランドラ』ではこの内容からして二人のカバラ、ヘブライ思想の専門家、ウンベルト・カッスートとゲルショム・ショーレムにその緒言で謝辞が述べられている。『再生（リナシタ）の概念』には序言にその類の特別な言葉は見出されず、「I・Mの思い出に」という言がその前にあるだけであるが、この研究の主題と関わる著名な書を物した二学者、コンラート・ブールダッハとフェードル・シュナイダーの文献が示されている。

該博な文学史家ブールダッハは「ルネサンス」と「（宗教）改革」概念の起源と原意を問題にしたことで知られ、イタリア中世史家シュナイダーは古典となる『中世におけるローマとローマ思想――ルネサンスの精神的諸基盤』（*Rom und Romgedanke im Mittelalter. Die geistigen Grundlagen der Renaissance*, Müinchen 1926）を著わした。これらは今なお「ルネサンス概念」を考察するに当たり、重要なドイツ語圏が生んだ古典である。両書を念頭に置くアナニーネは中世前半に重きを置きながらも、カロリング・ルネサンスとイタリア・ルネサンスの比較を行い、その相違を指摘している。(42)

さらに、その時の研究発表では、『改革理念――教父時代のキリスト教思想と行為への影響』（*The Idea of Reform. Its Impact on Christian Thought and Action in the Age of the Fathers*. Revised Edition, New York, Evanston, and London, 1967[1959]）のゲルハルト・ラートナーの当該書や諸論文に眼を通してみた。時代的には、アナニーネの後の書である『再生（リナシタ）の概念』はラートナーのこの主著に続き、他方でまたシュナイダーに引き継がれるのであり、非常に興味深い。ラートナーの論文中、最初はアーウィン・パノフスキーの記念論集（*De artibus opuscula XL :Essays in Honor of Erwin Panofsky*, New York 1961）に一論文として収載され、後で『中世のイメージと理念――歴史と美術の精選論集』（*Images and Ideas in the Middle Ages. Selected Studies in History and Art*, 2 voll, Roma, 1983）に収録された「植物シンボリズムとルネサンス概念」（Vegetation Symbolism and the Concept of Renaissance）には特に注目した。それが、ここで内田の時代概念と繋がるところが見て取れるからである。ルネサンスは一般的に「再生」の意であるが、ここでは「生長」や「増大」のイメージもあることが指摘されているのである。

研究所における発表では、時代の中心人物アウグスティヌス隠修士会会長で枢機卿のエジディオ・ダ・ヴィテルボに重点を置いた(43)。弁の立つ説教者であり、大航海時代におけるローマ・カトリックの歴史的発展をヨアキム主義とカバラ主義で解釈した神学者であった。研究所が企画した全体題目が「リヴァイヴァル――ヨーロッパ文化における再生と革新」であったために、「再生と革新」に関わる、以上のような先行研究を読みなおして当日に臨んだわけである。終了後の議論やその後個人的に受けた質問等から気付いたことは、エジディオには黄金時代到来の時代認識は明確にあるものの、同時代のヒューマニストのような時代の三区分法に繋がる観念とは別の時代区分を想定する必要があるということであった。これは、彼が汲み取ったカバラに由来するセフィロートの影響が強大のためであり、一〇という数字が重視される。

そして、時間の流れの中でキリスト教の発展に盛衰があり、その中で三区分法の要諦、中世暗黒観が見られるとしても、「再生」観念だけでなく「増幅」の観念もまた、ラートナーが言うように、「ルネサンス」の意義として注目されてよいのではなかろうか。そのことは、エジディオの「プレニトゥドォ」(plenitudo)の用い方に表われていると言えないだろうか。これは彼の時代意識と無縁ではなく、黄金時代は過去の再現であるだけでなく、前代を転換させて上方に伸長し、「充溢」に至るという意味で黄金時代となり、最後の一〇番目の時代に完成に至る。このような視点から、内田の近世観を考えてみるのもたいへん興味深いところがある、というのが、本文を草するに当たっての大きな発見であった。

イタリア・ルネサンスでは「ギリシア・ローマ」の、所謂古典古代の「再生」だけが「再生」であったのでなく、エトルリアのみならず、またヘブライも、ルネサンスの眼目となったことが、エジディオひとりからも明らかとなる。そしてこれらは広く、古代ギリシアの彼方にある東方世界とルネサンスの関係を教えるものであり、この点で、ギヨーム・ポステルがエジディオの特異な後継者として現われることになるだろう。ポステルはザビエル書簡などをもとに知られるに至った日本を理想化した最初の人物の一人である。(44) ルネサンスはアジア、日本をも眼目に入れるのであり、日本もまたそのルネサンスを受容したのであり、ルネサンスの洗礼を受けたのである。

註

(1) たとえば、西村貞『文藝復興期の美術』聚英閣、大正一〇年（一九二一年）。この本は例言で「大部分」が訳稿であると述べ、実際に目次には Julia Cartwright の名が見える。ジュリア・カートライト（1851-1924）は英語圏における優れたルネサンス研究者として知られている。なお「作者」西村貞（一八九三―一九六一）はキリシタン史研究に名を残していて、『日本初期洋画の研究』全国書房、一九四五年、『キリシタンと茶道』全国書房、一九四八年、『南蛮美術』講談社、一九五八年が知られている。また共著として、『キリシタンの美術』宝文館、一九六一年。

(2) B. L. Ullman, *Studies in the Italian Renaissance*. Second Edition with Additions and Corrections, Roma 1973.

(3) 近年の重要な叙述に、Léon Bourdon, *La Compagnie de Jésus et le Japon. La fondation de mission japonaise par François Xavier (1547-1551) et les premiers résultats de la prédication chrétienne sous le supériorat de Cosme de Torres (151-1571)*, Lisbonne et Paris 1993.

(4) 時間の長短に関係なく、内包的にルネサンス像に総合的に迫った細密な研究は、Erwin Panofsky, *Renaissance and Renascences in Western Art*, Icon Editions, New York, Evanston, San Francisco and London 1972 (1969[1960]). 図版が小さく、また原題の意図が分かりづらくなっているものの、重要なこの邦訳に『ルネサンスの春』中森義宗・清水忠訳、思索社、一九七三年。むろんこれはパノフスキー自らの個別研究、たとえばヘラクレスなどの図像学的な専門研究があって集大成化されている。*Hercules am Scheidewege und andere antike Bildstoffe in der neueren Kunst*, Berlin 1997 (1930).

(5) ゲオルク・シュールハンマー『イエズス会宣教師が見た日本の神々』安田一郎訳、青土社、二〇〇七年。訳者あとがきが、筆者こと私がここで記す「書きっぷり」と共通するところがあり、注目したい。翻訳書自体は漸く邦語として世に出た古典で、原書は以下の通り。Georg Schurhammer, *Shinto. Der Weg der Götter in Japan*, Bonn und Leipzig 1923.

（6）内田「シラの島及びゴーレスに就きて」、『内田銀蔵講演論集』同文館、一九二二年、六二二—六三七頁。根占献一「ローマとルネサンスの世界性」、『学習院女子大学紀要』第一四号（二〇一二）、七五—九二、特に八四頁。根占『イタリアルネサンスとアジア日本——ヒューマニズム・アリストテレス主義・プラトン主義』知泉書館、二〇一七年、第六章。

（7）たとえば、塩野七生『ルネサンスとはなんであったのか』新潮社、二〇〇八年。著者自身にもこの問いかけが難題であることは理解されていることだろう。著者は筆者の若いころからルネサンスの人物を具体的に描写してきた作家である。

（8）Cfr. Anthony Colantuono, *Titian, Colonna and the Renaissance Science of Procreation. Equicola's Seasons of Desire*, Burlington 2010.

（9）若死にしたために、時代の移行を示すにはその期間が短すぎて適しないこともあろう。早世したジョルジョーネを引き継ぐ存在がティツィアーノであったことは知られているが、ピーコの親友で長生きをしたジローラモ・ベニヴィエーニ（Girolamo Benivieni 1453-1542）がそうであったかどうか興味深いところだが、ベニヴィエーニ研究は進んでいない。

（10）根占献一「フィチーノ」、『哲学の歴史4　ルネサンス』伊藤博明編、中央公論新社、二〇〇八（二〇〇七）年、一七九—二一二頁、特に一八〇頁。F. Ganesco, *Shocking au Japon :de l'évolution de l'art dans l'Empire du Soleil-levant*. Dessins de Georges Bigot, Yokohama 1895.

（11）千葉県我孫子には旧村川別荘が残っている。村川堅固・堅太郎親子の別荘として知られるが、堅固が著者のひとりであった本が置いてあり、それはボランティアの方から高校世界史の山川出版社の教科書として名高いと言われた（二〇一五年一月一〇日）。小文の著者も親しんだ教科書であった。

（12）土肥恒之『西洋史学の先駆者たち』中央公論新社、二〇一二年、第三章。

（13）根占献一「ルネサンス・ヒューマニズムと近代——特にイタリアとドイツの視点から」、『一九世紀学研究』第八号（二〇一四年三月）、五九—七三頁、特に六八—七二頁。本書附章参照。

（14）根占『フィレンツェ共和国のヒューマニスト——イタリア・ルネサンス研究（正）』創文社、二〇〇五年。

（15）土肥、前掲書、八一—八二頁に詳しい。

（16）根占『共和国のプラトン的世界——イタリア・ルネサンス研究（続）』創文社、二〇〇五年。特に六四頁。引用文中の括弧内の文は根占による補足である。

(17) Rudolf Kaufmann, *Der Renaissancebegriff in der deutschen Kunstgeschichtsschreibung*, Winterthur 1932. Walther Rehmには幾冊かのブルクハルト関連書があるが、この小論文脈では、*Das Werden des Renaissancebildes in der deutschen Dichtung vom Rationalismus bis zum Realismus*, München 1924.

(18) Otto Markwart, *Jacob Burckhardt. Pershönlichkeit und Jugendjahre*, Basel 1920. Werner von der Schulenburg, *Der Junge Jacob Burckhardt. Biographie, Briefe und Zeitdokumente (1818-1852)*, Zürich 1926.

(19) Maurizio Ghelardi, *La scoperta del Rinascimento. L'<<Età di Raffello>> di Jacob Burckhardt*, Torino 1991.

(20) 各一点に留めると、カール・レーヴィット『ブルクハルト——歴史の中に立つ人間』西尾幹二・瀧内槇雄訳、ＴＢＳブリタニカ、一九七七年、森田猛『ブルクハルトの文化史学——市民教育から読み解く』ミネルヴァ書房、二〇一四年。後者は歴史教育者に注目する。

(21) この間の経緯については、『エクフラシス——ヨーロッパ文化研究』第1号（二〇一一）、三—一〇頁、所収の拙文を参照されたし。Erwin Panofsky, *Studies in Iconology. Humanistic Themes in the Art of the Renaissance*, Icon Editions, New York, Evanston, San Francisco and London 1972. Edgar Wind, *Pagan Mysteries in the Renaissance*, Penguin Books 1967.

(22) Eduard Fueter, *Geschichte der neueren Historiographie*, New York and London 1968 (1911, 1936). 根占『フィレンツェ共和国のヒューマニスト』七七頁。『ルネサンス研究』第四号（一九九七年）、二三一—二三九頁に書評（伊藤博明『神々の再生——ルネサンスの神秘思想』東京書籍、一九九六年）を書いた際、この書評を村岡晢に捧げたが、その中で本文中のことは言及した。

(23) Joseph Schnitzer, *Savonarola. Ein Kulturbild aus der Zeit der Renaissanc*, 2Bde, München 1924. イタリア語訳は、Giuseppe Schnitzer, *Savonarola*, con 20 illustrazioni. Traduzione di Ernesto Rutili, 2 voll, Milano 1931. シュニッツァーの研究はサヴォナローラに限らず、次の書も重要である。Peter Delfin, *General des Camaldulenserordens (1444-1525). Ein Beitrag zur Geschichte der Kirchenreform, Alexanders VI und Savonarola*, München 1926. フィレンツェ・ルネサンス研究のためにも重要な修道会であるが、日本ではカマルドリ会の研究にはさほど注目が向けられなかった。

(24) 塩見高年『ルネサンスの世界』創文社、一九六一年。引用文はこれの編集後記にあり、衣笠茂とともに会田雄次の名がある。ここは会田の考えとして引用した。文は続けて、塩見はこの極端を乗りこえようとしたとも、またジレンマに陥ったとも、意味深長な表現が続く。なお塩見の研究の重要性は、根占「ルネサンス研究補遺」、『創文』四八四号、二〇〇六年三月、一五—一八頁でも指摘したことがある。もちろん会田の見解はたとえばフリードリヒ・マイネッケの数々の歴史研究が「ルネサンス」から始まっていることを考えると、極端であると言えるだろう。SFR共同研究「グローバルヒストリーのなかの近代歴史学」第四回研究会（二〇一四年一二月四日、立教大学）で「歴史学におけるルネサンス――その概念をめぐって」の題目で塩見の研究に言及できる機会が私にあったことは喜ばしい。この意義深い共同研究を推進している小澤実教授にはあの時の司会ともどもお礼を申し上げる。

(25) Paolo Luotto, *Dello studio della scrittura sacra secondo Girolamo Savonarola e Leone XIII con riguardi a' padri e a' dottori della chiesa libri tre*, Torino 1896. Id., *Il vero Savonarola e il Savonarola di L. Pastor*, seconda edizione, Firenze 1900 (1897).

(26) 青芳勝久『サボナローラ』有爲書院、一九二四年。同書八頁に霊魂不滅説への言及が見られる。これは一五一三年の第五ラテラーノ公会議で初めて信仰箇条となったが、同書ではこの説を「再び肯定し」たとある。なお本節ではサヴォナローラを取り上げてみたが、同時代の別人マキァヴェッリを導入すれば、論の筋道は違ってこよう。鹿子生浩輝『マキァヴェッリ――『君主論』をよむ』岩波新書、二〇一九年、二二九―二四六頁。

(27) 根占「ヨーロッパ史からみたキリシタン史――ルネサンスとの関連のもとに」、『「近世化」論と日本――「東アジア」の捉え方をめぐって』清水光明編、勉誠出版、二〇一五年、一六四―一七一頁。根占『イタリアルネサンスとアジア日本』、補論I。

(28) 和辻哲郎『鎖国――日本の悲劇』筑摩書房、一九六七年、一―二頁。

(29) 後年邦訳が出た著名な本である。『新大陸自然文化史』(*Historia natural y moral de las Indias*) 増田義郎訳、岩波書店、上下、大航海時代叢書第一期三・四巻に所収、一九六六年。

(30) 津田雅夫「戦後の和辻哲郎。『鎖国』を中心に」岐阜大学地域科学部研究報告、第二七号（二〇一〇年）、一七―三一頁。近年、鎖国概念をめぐる様々な議論が湧きおこっていることも記しておきたい。鎖国自体は当時最も身近な国だった明や清、李氏朝鮮でも行われていたことであった。また、鎖国概念そのものが新しい訳語（一九世紀以降に属し、志筑忠雄の訳語）であったが、出島での貿易を考えると、本当に完全に国を鎖してしまっていたのかという疑問が湧いてくる。私貿易は海禁同様に禁じられたが、公貿易は続行していたと見られるし、海禁国でも華夷秩序（冊法体制）を維持しつつ、出入国がまったく機能していなかったわけではなかった。永積洋子『近世初期の外交』創文社、一九九〇年、などは、和辻のいう鎖国――彼は序でその意は国を鎖した状態でなく、そうする行動を指すと断っているが――を実証面から明らかにしてくれるであろう。

(31) 和辻『鎖国』、一三頁。
(32) 同上、三九一頁。
(33) 同上、三九三頁。
(34) 同上、三九三、三九九―四〇〇頁。
(35) 同上、四〇〇―四〇一頁。
(36) 根占『東西ルネサンスの邂逅――南蛮と禰寝氏の歴史的世界を求めて』東信堂、一九九八年。それ以後、これに関連する拙論については、注の27、44などの小論と小著参照。
(37) 大類伸『キリシタン運動の時代――日本学士院所蔵キリシタン史料について』大類正久発行、一九八五年。本文で後述するように大類の筆は慶長使節にも及んでいる。この使節については最近本格的な研究が現われた。小川仁『シピオーネ・アマーティ研究――慶長遣欧使節とバロック期西欧の日本像』臨川書店、二〇一九年。
(38) 大類『ルネサンス文化の潮流』文藝春秋社、一九四三年。
(39) 和辻『鎖国』、第二章、キリシタン運動の最高潮。
(40) 内田銀蔵『近世の日本・日本近世史』宮崎道生校注、平凡社、一六〇頁（『日本近世史』）。内田がルネサンス（の訳語）を文藝復興としていることは、『内田銀蔵講演論集』所収の「國力の発展」（五二三―五二八頁、特に五二六頁）からも分かる。
(41) 関幸彦『ミカドの国の歴史学』新人物往来社、一九九四年、二〇〇頁。
(42) Anagnine, *Il concetto di rinascita attraverso il medio evo* (*v-x secolo*), Milano e Napoli 1958, pp. 287, 291 etc.
(43) エジディオ・ダ・ヴィテルボについては、注6の拙稿と拙著でいくらか明らかにすることができた。
(44) 根占「ルネサンス史の中の日本――近代初期の西欧とアジアの交流」、『藝林』、第五二巻第一号、二〇〇三年、七一―九八頁。さらに、根占『イタリアルネサンスとアジア日本』第一章。

第二章　ルネサンスと改革期のイタリア

――一五・六世紀のローマ教会と世界――

はじめに

一九世紀前半以来の天皇生前退位がどのように世界中で受け止められたか知らないが、ローマ教皇ベネディクト一六世退位の報道は、カトリック教徒の少ない日本でも割と大きくとりあげられた。三月は学生たちが、テヴェレ川を越えてヴァティカン地区に出かけ、ミケランジェロ芸術に触れようとする時季である。教皇選出、コンクラーヴェのため、システィーナ礼拝堂見学ができなくなるのでは、という不安を語る女子大生がいた。信仰より美術鑑賞が優先されている社会がここにはある。

ローマを理解することは、いつの時代でもヨーロッパを知るうえで大事な鍵を握っている。ここではどのようなローマを検討しようとしているのか。先の章ではルネサンス概念の意義と発展を明らかにしようとした。東西が結ばれる時代の相のもとでルネサンスの中心となった都市はローマであった。このローマに時代がどのように関わったのか、同時代のフィレンツェは文化的、社会的にこのローマの発展にどのような影響を及ぼしたのか、また一六世紀に入ると、ヨーロッパの政治や経済が激動するなか、カトリック改革や宗教改革、さらには対抗宗教改革と、キリスト教も歴史の大きなうねりを示してゆく。そのようななかでイタリア、ヨーロッパはいかに変わっていったのか、またこのことは他世界といかに関わるのか、以下三節にわたって、これらの推移を叙述する。

一　ローマの三大中心――ラテラーノ、ヴァティカン、カンピドーリオ

ラテラーノとヴァティカンの二大聖堂

都市ローマは長い歴史を誇り、しばしば「永遠の都ローマ」と言われて、その連続性が強調される。観光名所は盛りだくさんである。ヨーロッパ主要国の巡礼に関わる聖堂もまた観光の対象となる。観光客としてなら、現代人はいずれを訪ねるであろうか。ラテラーノ地区には行くだろうか。関心の度合いがあり、個人差があるだろうが、まずはヴェネツィア広場を基準に見ると、コルソ通りを歩いてトレヴィの泉か、あるいはフォロ・ロマーノ、コロッセオの方角へ、またはそのままカンピドーリオに登ったりするだろう。究極はヴァティカンであり、サン・ピエトロ大聖堂へ向かわないという人は先ずはいないだろう。(1)

近代にあっては、ラテラーノ地区からヴァティカン地区へ、サン・ジョヴァンニ・イン・ラテラーノ聖堂からサン・ピエトロ大聖堂へと、教皇座の中心は完全に移行した。キリスト教史を学んだ者ならば、幾度となく開催されたラテラーノ公会議の名称が気になるだろう。筆者もそのようなひとりであった。ローマの全体図がよく分からなかった時にサン・ジョヴァンニ・イン・ラテラーノ聖堂に出かけた。その壮大さと大広場に圧倒されたもののの、感動を覚えたのは、アッシジの聖フランチェスコと仲間たちの群像が記念碑として据えられていたのを見た時であった。今日的な作品に、遠い時代の中世人はここに来て教皇に会っていたことを知らされた。

教皇庁は、一三〇八年にアヴィニョンに移されるまでこのラテラーノ地区に存在した。一五八六年、教皇シ

ローマ市内略図

クストゥス五世により旧教皇庁、「パトリアルキウム」の建物は取り壊された。そのようななかで、サン・ジョヴァンニ・イン・ラテラーノ聖堂がこの都市の最初の本格的な聖堂であり、ローマのカテドラーレ、司教座大聖堂であることに変わりはない。それは、ローマ皇帝コンスタンティヌス大帝がミルヴィオ橋の勝利に感謝して捧げたエックス・ヴォート、奉納物だったようで、一一月九日に献堂式が行われたという。中世では日曜日に献堂を行う慣習だったため、これは三一八年のことと考えられている。この聖堂はエックス・ヴォートでも名を馳せたのか、ローマを代表するヒューマニスト（人文主義者）のひとり、トンマーゾ・フェードラ・インギラーミ（一四七〇—一五一六）の有名なエックス・ヴォートは今なお大事に展示されている。これにより彼が荷車による「交通事故」にあったことが分かる。彼についてはこのあと述べる。

　サン・ピエトロ大聖堂はその名の通り、聖ペテロの殉教の地に立つとされている。聖ペテロは十二使徒であるとともに初代の教皇として君臨している。大聖堂の周りには外国からの巡礼者の宿もでき、ボルゴと呼ばれる新開地ができた。テヴェレ川右岸のすぐ近くにあるサンタンジェロ城と九世紀の教皇レオ四世（在位八四七—八五五）による壁で囲まれ、「レオ町」（Urbs leonina）を形成した。[2] 聖堂の魅力は聖ヴェロニカの聖帛《せいはく》にあった。公開に合わせて無数の巡礼者を呼び寄せた。最初の聖年（ジュビレオ）の年にやって来たフィレンツェ人ジョヴァンニ・ヴィッラーニ（一二七六頃―一三四八）は、展示された聖帛のことを記録に留めている。次節で彼には言及したい。聖年は百年を待てず、やがて五〇年毎になる。各世紀の聖年での賑わいぶりはよく知られているが、一四五〇年の聖年ではサンタンジェロ橋の欄干が壊れて犠牲者が出た。

皇帝の戴冠式が行われるところはサン・ピエトロ大聖堂であった。後述する一五世紀のフリードリヒ三世の場合も同様である。中世を通じて、この大聖堂とサン・ジョヴァンニ・イン・ラテラーノ聖堂のいずれがより重要なのかに関しては議論が尽きなかった。教皇庁自体は一三七七年に南仏アヴィニョンからローマに戻ったが、ラテラーノ地区に帰ったのではなかった。移動した先はヴァティカン地区であり、このあとのルネサンス時代にヴァティカン宮殿の整備や建築造営が盛んに行われた結果、優位の決着がついたと言えるだろう。建物を含むヴァティカン地区の開発やサン・ピエトロ大聖堂改築の礎を築いたのも、同じく後述するニコラウス五世であった。

ラテラーノ地区は教皇不在の時代にローマ市民が都市貴族とともに権力争いを繰り返した土地柄であり、三世紀の皇帝アウレリアヌス帝の城壁内にある旧市街でもあった。今日ローマを訪ねる者は、サン・ジョヴァンニ・イン・ラテラーノ聖堂が随分と市の中心部ヴェネツィア広場界隈から外れているという印象を持つだろう。縦横に走る市内バスを利用すると不便なところではないのだが、明らかに外来者には比重が小さくなっている。だが、古くからの場所、旧跡であったことに変わりなく、数限りない歴史的記憶を有していた。これを避けて新時代に出直したいという気持ちが教皇座には強くあったのであろう。ヴァティカンはこれに較べれば歴史が浅く、テヴェレ川を前に、「レオ町」とサンタンジェロ城が結ばれたヴァティカンは外的勢力から自然の要塞で守られてもいた。

カンピドーリオ――祝典の丘

さらに決定的要素が加わる。それはカンピドーリオ、カピトリウムの丘の広場に立つと明らかで、この広場は古代の中心であるフォロ・ロマーノでなく、中世の中心へ向かい、さらにはルネサンス以後のサン・ピエトロ大聖堂を遠望している。この丘は古代にあっては聖地であり、中世にはコムーネとして市政庁を構えていたところで、政庁は度々教皇庁とは対抗関係にあつた。ルネサンス教皇のパウルス三世（在位一五三四―四九）がこの広場を整備し、中世の間コンスタンティヌス帝と目されたマルクス・アウレリウス帝の騎馬像をサン・ジョヴァンニ・イン・ラテラーノ聖堂前からここに移したのは、一六世紀初頭のユリウス二世（在位一五〇三―一三）以来ローマ教会が示した市政把握の意気込みの一環と見ることができるだろう。これに協力を惜しまなかった芸術家は、広場の意匠や建物を含めてミケランジェロ（一四七五―一五六四）であった。[3] ミケランジェロは若い時からローマに来ていたが、人生後半の三〇年間はここに住み続けて生を終えた。その分、ローマで関わった仕事量は相当数に上ることとなる。

現代ではヴァティカン市国とローマ市の関係は昔日と大きく異なるが、それでもなおカンピドーリオは市政の代名詞であり、ここのコムーネの政庁舎、市庁舎であるパラッツォ・セナトーリオでローマ市長は執務を取り続けている。その広場前では公の面前でローマ市民権付与の儀式が行われ続けた。一六世紀の八〇年代に天正遣欧使節の一行がローマ市民となったのは、ミケランジェロ没後二〇年ほど後の出来事である。彼らは時のローマ教皇グレゴリウス一三世、次いでシクストゥス五世に謁見を許されるとともに、ローマ元老院、世俗の市政府からも迎えられた。このような式典は彼らに限らず、これ以前から「外国」人に行われてきた。ローマは「共通の祖国」(patria communis)であり、「聖俗両権国家」(civitas sacerdotatis et regia)であり、その中で七丘のひとつカピトリウムは「世界の首都」(caput mundi)となる。

このカピトリウム、カンピドーリオの名称自体が現われない重要史料が日本にある。一行は帰国後、イタリア人のイエズス会士アレッサンドロ・ヴァリニャーノに伴われて豊臣秀吉に謁見した。その時に奉呈されたのが、《ポルトガル国インド副王信書》(本文ポルトガル語。羊皮紙着色。京都市・妙法院)である。そこにはローマらしさを示すものが散りばめられている。「ローマ元老院と市民」の意の頭文字SPQRと、ローマ建国物語のロムルスとレムスの双子の兄弟の姿がある。また七つの丘のラテン文字名が見える。左からクィリナリス、カウェリウス、パラティヌス、右からウィミナリス、エスクィウス(まま)、アウェンティヌス、これらの中央の、女神がいる丘はタルペイウスとなっている。タルペイウスはカピトリウムの丘を構成する崖を指す場合にタルペイア(女祭司の名前)の岩のように用いられ、ここではカピトリウムの別称である。このあとすぐに触れる祝典に関わる同時代の史料にも、タルペイアの名は現われる。これは、一六世紀に丘の南西角の切り立った崖がタルペイウスの岩と確認されたことによるのであろう。(4)

前後するが、同じ世紀のメディチ家の若者ふたりへのローマ市民権付与もまた、フィレンツェがローマに繋がったという意味で興味深い史実となっている。一五一三年四月二一日パリリア祭(パレース神の祭典。ローマ誕生祭。紀元前七五三年のその日にロムルスがローマを創建したという言い伝えに基づく)に倣って、九月一三、一四日の両日にわたり、彼らのために儀式と祝典、饗宴と演劇が豪華に長々と行われた。この異教的な祭りは地元を代表するヒューマニスト、ポンポニオ・レート(ラエトゥス)が盛り上げたものであった。ロレンツォ・デ・メディチは母国にいるために出席していなかったが、ジュリアーノ・デ・メディチひとりで十分だったかもしれない。後者の叔父のほうが前者の甥より人気があったからで、そのことは同時代の証言としてカスティリオーネ作『宮廷人の書』（*Il libro del Cortegiano*）を引くことができるだろう。ジュリアーノ（父はロレンツォ・イル・マニフィコ）の母クラリーチェもロレンツォ（父はロレンツォ・イル・マニフィコの長子ピエロ。この父は憎悪の対象であった）の母アルフォンシーナ（健在）も、ともにローマの大貴族オルシーニ家の出身であった。

　この時、メディチ家出身者ジョヴァンニが初めて教皇となり、レオ一〇世（在位一五一三―二一）と名乗っていた。教皇はジュリアーノの兄であり、ロレンツォの叔父であった。市民権付与は教皇が求めたことであり、ふたりはメディチ家を代表しているに過ぎず、メディチ家全体の栄誉となるものであった。市政府も喜んでこの祭事を挙行した。フィレンツェ人が好むエトルスキ祖国伝説に気付く演出もあった。この伝説によれば、ローマのジャニコロの丘にヤヌス神は縁があり、このヤヌス神がフィレンツェを創建した。ローマより古いエトルスキの歴史はここから始まる。カンピドーリオの丘はかつてサテュルヌス神が住み着いた場所であり、別の丘の神が今やここの神の主に迎えられたというわけである。式典では大熊座（Ursa Major）の星位下で、レオ一〇世の個人的紋章、くびきがロムルスとレムスを結び合わせていた。大熊座は熊（ラテン語でウルサ〔雌熊〕。イタリア語ではオルサ。雄熊はオルソとなる）を連想させる一門の名オルシーニを指していた。テヴェレ川（ローマ）とアルノ川（フィレンツェ）を表わす河神もまた登場し、ウルサにつき従っていた。このウルサはなんと胎内にレオ（獅子）を孕んでいた。明らかに、クラリーチェ・オルシーニを表現している[5]。

ジョヴァンニ・デ・メディチとその知友

儀礼と祝典に伴う、二日目のお芝居の演出者を紹介する前に、式典を見守るレオ一〇世の、ここに至るまでの人生を少し振り返っておきたい。生まれは一四七五年で一四八九年二月二四日助祭　同年三月九日枢機卿となった。これはインノケンティウス八世（在位一四八四―九二）より「赤い帽子」が与えられたものの、まだ少年であったため、正式には三年間の猶予がついた。周囲を憚り、公にされないことは珍しいことではなかった。

個人教師は多くいたが、最初の師はポリツィアーノ（アンジェロ・アンブロジーニ）であった。あとでベルナルド・ミケロッツィ、ギリシア人のデメトリオス・カルコンデュレスなどから、ラテン、ギリシアの古典、イタリアの俗語文学などを学んだ。また音楽はハインリヒ・イザーク（アッリーゴ・テデスコ 一四五〇頃―一五一七。一四八四―九二在フィレンツェ）に教わる機会があったろう。終生、音楽を愛好し、作曲もした。(6) 大学では一四八九年から九二年にかけてピサにおいて神学、教会法を学び、九二年二月一日教会法博士号を修得した。学友にチェーザレ・ボルジァがいた。チェーザレの父は教皇アレクサンデル六世（在位一四九二―一五〇三）である。卒業後レオはローマ枢機卿会に属し、教皇領国家の仕事を行うことになる。

前後して、アレッサンドロ・ファルネーゼがフィレンツェにいたことは確かだが、ピサで学んだ確証はないらしい。(7) のちに教皇パウルス三世となるファルネーゼは、一四六八年、教皇領国家の旧家系に生まれた。母はローマ貴族カエターニ家の出で、教皇や枢機卿を輩出していた。一五歳から教会キャリアの道に入った。フィレンツェ滞在は一四八六年から八九年にかけてのようで、ルネサンス・フィレンツェ文化は全盛期を迎えていた。ローマの師はポンポニオ・レート（ラエトゥス）、フィレンツェのほうはデメトリオス・カルコンデュレスであった。滞在中にロレンツォ・イル・マニフィコやその子ジョヴァンニ、つまりわれわれのレオ一〇世あての書簡が残っている。一四九〇年頃執筆されたパオロ・コルテージ『博識な人々』（*De hominibus doctis*）には名が見えている。(8) 一四九一年の教皇庁書記官を皮切りに迅速な出世を遂げるが、これは妹ジュリア（一四九〇年オルソ・オルシーニと結婚）と教皇アレクサンデル六世の関係があって叶った面が強い。醜聞の多いこの教皇は愛人の兄を一四九三年枢機卿にし、パルマ司教区を含む数々の聖職禄を付与した。

さて、メディチ家の同じ聖職者のほうは、フランス国王シャルル八世の侵攻により、一四九四年一一月兄弟らとともにフィレンツェを追われ、始めボローニャに行き、ローマに戻った。教皇アレクサンドル六世とは馬が合わず、一四九九と一五〇〇年はドイツ、低地諸地方、フランスを旅した。英国にも渡ろうと思ったが、渡海の危うさを言われ、断念している。ドイツではお忍びのつもりが要人――若いながら枢機卿！　たいへんな地位である――と分かり、神聖ローマ帝国皇帝マクシミリアン一世に歓待された。(9) 低地諸地方のサントメールでエラスムスと会っている可能性がある。(10) 一五〇九年、エラスムスはローマで歓待されるであろう。さらに一五一六年二月一日、校訂版『新約聖書』（*Novum Instrumentum*）をレオ一〇世に献呈するであろう。このオランダ人は常にこの教皇を慕っていた。さて一五〇〇年、聖年のローマに戻り、その後は支持するユリウス二世のもとで教皇領国家（ペルージャ、ロマーニャ地方など）の仕事を行った。フランスの動向は、政治的にも宗教的にも、教皇庁の頭痛の種であった。一五一二年四月ラヴェンナの戦いで一時虜囚の憂き身となったものの、神聖同盟国にマクシミリアン一世が加わり、フランス軍は追放された。同盟諸国はボローニャに集結し、イタリアの再建を話し合った。そこでフィレンツェにメディチ家が復帰することが決まった。近郊プラート占領を突破口に、フィレンツェの事実上の支配者としてメディチ家が帰って来た。フィレンツェ共和国政府の役人マキャヴェッリは失職した。

一五一三年二月二一日、戦闘に明け暮れたユリウス二世が死去すると、三月九日ジョヴァンニは教皇に選出された。ほぼシモニアなしであったらしい。甥ロレンツォにフィレンツェを託し、ローマから指令を出すのが、叔父レオの役割となった。三月一七日付ヴェネツィアのローマ大使マリン・ゾルジ書簡中に「教皇になり、言われたことには――教皇座を楽しもうではないか、神がこれを私たちに与えてくださったのだから、と。」ある。[11] システィーナ礼拝堂＝教皇礼拝堂（Capella papalis）での典礼音楽は隆盛を迎え、ポリフォニーが親しまれた。ピエトロ・マルティーレ・ダンギエーラ書簡（四月二〇日付け）には、新教皇が音楽に造詣が深かった様子が窺われる。教皇就任時に六部からなるモテットで祝われている。イザークやジョスカン・デプレなどの曲が嗜まれていた。[12] この間、四月一一日、レオ一〇世はアラブ産白馬に跨って、国内外の賓客を従えてラテラーノ宮殿まで、教皇の旧住まいであり、その時も実はそうだったところに華やかに行進した。あたかも異教のローマの凱旋行進のようであった。凱旋門の一柱は豪商アゴスティーノ・キージが建立したものだった。[13]

ヴォルテッラ出のローマ人文主義者トンマーゾ・フェードラ・インギラーミ

祭典の演出には異教文化に通じたヒューマニストのアイデアが欠かせなかった。レオ一〇世の周りには枢機卿時代から多くのヒューマニストが芸術家とともに集まってきていたが、フェードラと言われるトンマーゾ・インギラーミ[14]もそのひとりで、いろいろな催し物で活躍した。ここで彼に登壇願い、ローマ・ルネサンスの様相をさらに窺おう。

一四七〇年、トスカーナの旧都ヴォルテッラに生まれた。ヴォルテッラはエトルスキの町として名高い。生誕の年七〇年説には幾らか疑問がないわけではない。一四八六年、ポリツィアーノがジョヴァンニ・ロレンツィあての書簡で彼を「この上なく学究肌」（homo studiosissimus）と評しているためであり、一六歳に過ぎない若者に対して大学者がこれほどまでの表現を使うであろうかというわけである。地元の有力者一家であったが、幼いころ一家は惨憺たるヴォルテッラ事件に巻き込まれ、メディチ家の保護を受けることになる。[15] ローマに出たのはまだ少年の時であった。考証学的著作を物し、詩を書き、また葬送演説などから同時代人は彼をキケロと呼んだ。雄弁家の一面を併せ持ち、エラスムスは一五〇九年のローマ訪問の際にインギラーミから受けた、そのような彼の印象をあとで思い出しているが、説経自体には空疎感を吐露している。[16] インギラーミは一五一三年のコンクラーヴェおよびラテラーノ公会議での枢機卿会秘書官であり、ヴァティカン図書館の要職も歴任した。さらにサン・ピエトロ大聖堂、サン・ジョヴァンニ・イン・ラテラーノ聖堂双方の参事会員として、知らぬ者はないくらいの著名人であった。

セネカ『ヒポリュトス』(*Hippolytus*) のパイドラ (Phaedra) 役を演じたことからフェードラ (Fedra) という綽名が付けられた。女形が似あう美青年であったのか、ギリシア神話に基づくヒポリュトゥスの話とは以下のような筋になる。クレタ島の王ミノスはダイダロスに牛頭人身の怪物ミノタウロスを閉じ込める迷宮を建造させた。パイドラはミノスの娘で、ミノタウロスを退治した英雄テセウスの妻となった。彼女は夫があり継母ながら、テセウスの子ヒポリュトゥスに好意を抱き、言い寄ったが、拒否された。このため、ヒポリュトゥスに強姦された、と虚言を吐いて自殺した。ヒポリュトゥスのほうはポセイドン（ネプチューン）に殺害されるに至る。そのようなパイドラの役を演じて大成功をおさめ、フェードラと評されるようになったというわけである。

これは、一四八六年、ローマ・ヒューマニストの大立者ポンポニオ・レートとそのローマ・アカデミーの主催のもと、枢機卿ラッファエレ・リアリオの宮殿で演じられた。ルネサンスのフェードラはレートの後継者としてローマ大学修辞学教授になり、ナヴォーナ広場近くのサンタゴスティーノ聖堂に拠点を置く、ヨハン・ゴーリッツのアカデミーの一員でもあった。[17] さらに一五一三年、プラウトゥスの喜劇『ポエヌルス』(*Poenulus*)を演出、上演に努めた。[18] これは、前述のカンピドーリオで行われた主要催事のひとつとして企画された。ポエヌルスはカルタゴ人を意味し、登場人物全員が年若い男性によって演じられた恋の話である。この時すでに中年にさしかかっていた男フェードラから見れば、かれらは稚児のような年齢であり、この時代の「ギリシア趣味」が彼にはあったのかもしれない。[19] 別の年には、当時アゴーネと呼ばれていたナヴォーナ広場での「闘技祭」(Festa di Agone)のための寓意を込めた山車を立案した。その後ほどなくして、一五一六年ローマで死去した。ラファエッロの手になる肖像画(フィレンツェ、ピッティ宮殿)が残っている。果たして、これから名演技とその綽名を偲ぶことができるだろうか。

インギラーミが死去した同じ年、ヌムール公となった教皇の弟ジュリアーノが亡くなった。またその三年後には、ウルビーノ公と呼ばれるようになった教皇の甥ロレンツォが亡くなった。マキャヴェッリから『君主論』を献呈されたのは彼である。レオ一〇世も二一年には死去し、一三年のカンピドーリオ関係者はこうして舞台から消える。若死にするメディチ家の御曹司はこのあとも続き、一族存亡の危機が訪れることになる。この経緯は、本書第四章三節が幾らか関説している。

二 教皇たちのローマ復位――一六世紀へのプレリュード

頭《かしら》不在の町

一五世紀のイタリアでは、フィレンツェを中心にルネサンス・ヒューマニズム文化が開花し、ローマ教会にも影響が及ぶ時代となる。それはのちに、カトリック改革や対抗宗教改革に見られるようにキリスト教史の新たな段階を準備する。この節ではルネサンス文化の視点からローマとその教会の歩みを一四世紀に遡って検討し、その後のヒューマニズムとの関連を見るとともに、主要なローマ教皇たちがどのような形でヒューマニズムに貢献したかを描いてみよう。

ボニファティウス八世が定めた、初のジュビレオ（聖年）一三〇〇年、フィレンツェ人ジョヴァンニ・ヴィッラーニはローマに来て景観を見、旧都に代わってその娘フィレンツェが繁栄上昇する歴史観を構想して叙述を始めた。これが、フィレンツェに関わる『年代記』（第八巻三六章）[20]である。この頃、人口増のフィレンツェ共和国はアルノ川両岸に跨る地区を取り囲む壁を造成中であり、強力なフィオリーノ金貨を発行してまだ半世紀ほどしか経過していなかった。

市壁完成早々、一三四七年から四八年にかけてこの町もまた黒死病に襲われる。ヴィッラーニはこれで倒れた。フィレンツェでのこの惨状を『デカメロン』で描いたのはボッカッチョであった。彼はダンテとペトラルカを文学の大先達として崇め、ペトラルカには故国に戻るよう勧め、フィレンツェではダンテ『神曲』の講義を行った。フィレンツェ文化は着実に進展し、ルネサンスの枠を迎えることになる。ヴィッラーニの甥フィリッポ・ヴィッラーニも、一四世紀末から一五世紀初頭にかけてフィレンツェ大学で同じくダンテの講読を行ったひとりであった。[21]

これに対し、ローマはどうであったのか。ジュビレオもつかの間、教皇庁がローマからアヴィニョンに移され、ここは頭がなく、大事な四肢も欠け、もぬけの殻となる。フランス王室の権力の前にボニファティウス八世は屈辱を味わう。ラテン世界の宗教的中心が南仏に移り、ローマの人口は底をつく。ローマ人に限らず、移動、移住する人は多かった。「ローマ教皇庁を追い掛ける商人たち」（mercatores romanum curiam sequentes）の登場が決定的になる。フィレンツェの政争から追放の憂き目を見ていたペトラルカの父はアヴィニョンの地に活路を見出す。このため、ペトラルカが育ち、創作の拠点としたところは、アヴィニョンのあるプロヴァンス、ヴォクリューズであった。俗語詩集『カンツォニエーレ』の恋人ラウラは黒死病で命を落とす。『カンツォニエーレ』はペトラルカ主義としてその後のヨーロッパ抒情詩の伝統に一大寄与を成す、影響多き作品となる。[22] のちのヴィットリア・コロンナも彼の詩を愛唱したひとりとしてその歴史に名を連ねている。

最初の近代ヨーロッパ人と評されるペトラルカが桂冠詩人の栄に浴そうと願望したのは、フランスではなく、一三四一年、ローマのカンピドーリオの丘においてであった。[23] やがて、ローマには詩人が期待を寄せる革命児が現われる。古代ローマ共和政の再興を目指して奮闘するコーラ・ディ・リエンツォである。ヴィッラーニの予言は果たして的中したのだろうか。ローマの衰退とフィレンツェの上昇が。ルクセンブルク朝の皇帝カール四世の理解もあだとなり、またペトラルカの支持も空しく、護民官から皇帝となることを夢想したリエンツォの革命は失敗に終わった。

ローマはよく「永遠の都」と謳われる。この表現には時間を越えた不変のローマが意識されていようが、ここにはローマ皇帝が不在になってから一千年の月日が流れただけでなく、ローマ教皇もまたかなり長い間いなくなった。アヴィニョン教皇や大シスマ（分裂）、公会議の時代が存続し、ローマは、皇帝はおろか、教皇のいる地ではなくなったのである。

人文主義教皇たち

一四〇〇年代初期はシスマの時が継続しており、ローマに教皇庁が完璧に戻っていたわけではない。当地が次第に教皇のいる都市となるのは、ローマの大貴族コロンナ家出身のマルティヌス五世（在位一四一七―三一）からであった。次の教皇、ヴェネツィア出身のエウゲニウス四世（在位一四三一―四七）の登位により一定の安定期が始まるも、公会議が繰り返され、キリスト教世界におけるローマ教皇の首位権は脆い状態であった。彼が長くフィレンツェに滞在せざるをえなかったことにも、それは看て取れる。公会議はバーゼルからフェッラーラ、そしてフィレンツェに移動する。このため、ローマ教皇庁が依然として不安定な面を残しながらも、フィレンツェと同庁との関係がこれによってより一段と深まった意義は大きい。以下に述べるふたりの教皇はフィレンツェ生まれではないが、この町のある同じトスカーナ出身でフィレンツェ・ルネサンス文化から数多の滋養を吸収した。

最初はニコラウス五世（在位一四四七―五五）である。[24] 先の両教皇に較べれば、一五世紀半ばころのニコラウスのローマ時代は長くはないが、新たな都市構想が大きな前進を見、ルネサンスが本格化するという意味では画期的であった。再起したシスマが終焉したのは教皇就任の最初期であり、東ローマ帝国が滅亡したのはその末期の時であった。ニコラウスはトスカーナのサルツァーナ生まれ（一三九七年）で、一四一七年頃から二〇年にかけて、フィレンツェの有力者リナルド・アルビッツィやパッラ・ストロッツィをメチェナーテ（パトロン）に仰いだ。その後ボローニャで学位を取得する一方、ボローニャ司教ニッコロ・アルベルガーティの知己を得た。教皇名はこのニッコロ、ニコラウスに由来する。教皇の本名はトンマーゾ・パレントゥチェッリであり、同名の聖トマス（トンマーゾ）・アクイナスの祭日を定めた。

フィレンツェに知り合いの多かった教皇は大ヒューマニスト、ジャンノッツォ・マネッティ（一三九六—一四五九）を教皇庁に迎える。ローマ教皇の前に現われた学者はひとりマネッティだけではないが、彼の言語能力はヒューマニストの範型となる。ラテン語以外にギリシア語、ヘブライ語に長けてこれらを駆使することができたからである。彼の作品に見られる、ルネサンス思想の特徴を著わす人間尊厳論、彼の人間観は、フィレンツェ社会の現実を反映しながら、古典と聖書に通じたヒューマニストの教養の高さを示している。また、マネッティが執筆した『ニコラウス五世の生涯』は側近中の側近が記した伝記として、教皇の人となり、その業績を語る文献である。(25) ニコラウスは中世の文献だけでなく古典も重視して、ヴァティカンの収蔵書の充実を図った。また、ヴァティカン博物館の基盤ができ上がったのも、この教皇の時であった。サン・ピエトロ大聖堂を主要教会に、ヴァティカンを教皇の住処にして、ローマの威厳ある街づくりに取り組んだ。都市改造研究は学者の関心が高く、名著や労作に事欠かない。それだけローマが魔力を持った町ということなのだろう。(26)

一四五二年、ニコラウス五世によりドイツおよびイタリアの国王フリードリヒ三世（一四一五—九三）はサン・ピエトロ大聖堂で戴冠された。これはローマで行われた最後の神聖ローマ帝国皇帝戴冠式となった。この時、ポルトガル王アフォンソ五世（一四三二—八一）の妹レオノーラ（一四三四—六七）と皇帝との結婚式も同時に当地で行われた。アフォンソ五世は「アフリカ王」と綽名されたほどアフリカ海岸探検に熱心で、教皇はこの活動を高く評価していた。それは出された教書に如実に現われている。(27) 一五世紀半ばからおよそ一〇〇年の間、ジョアン三世（一五〇二—五七年）の頃までポルトガル王室の存在はヨーロッパ史において際立つ。さらにアジア、日本との歴史的関係からいってもこの国の動向は注目される。

ところで、彼らの成婚に尽力した人物は、ハプスブルク家フリードリヒ三世の秘書官だったエネア（アエネアス）・シルヴィオ（シルヴィウス）・ピッコローミニであった。彼はシエナの落魄貴族の出で、一四〇五年シエナ近郊コルシニャーノで生まれた。一八人兄弟の長子であったが、二人の妹を除いていずれも短命であった。妹ラウドミアの子がのちのフランチェスコ・トデスキーニ・ピッコローミニ、すなわちピウス三世（在位一五〇三年）となる。こちらは教皇としての在位期間がことのほか短かった。伯父が教皇ピウス二世（在位一四五八―六四）である。ラテン詩人の最高峰ウェルギリウスを重んずるエネアは、「ピウス（敬虔なる）アエネアス」より教皇名をピウス（ピオ）とした。またコルシニャーノを理想都市に改造して、ピエンツァと改名した（一四六二年）。異教文化に愛着があり、若い時は恋愛体験も少なくなく、また恋愛譚に筆も染めたが、ストア主義の道徳哲学に惹かれ、シエナの神秘主義にも無縁ではなかったようである。[28]「もう一人の聖パウロ」、シエナの聖ベルナルディーノの説教には感銘を受けた。シエナのカテリーナを聖女と認定したのは、一四六一年のことであった。

多情、多感な青年エネアは好学心も強く、一四二八年から三一年の間、フィレンツェ、ミラノ、ボローニャに遊学した。フィレンツェはこの頃は「市民的ヒューマニズム」の全盛期に当たっていた。もちろん地元シエナ大学での研鑽も重ね、敬意を抱くことができる学兄としてマリアーノ・ソッツィーニやアンドレア・ビリアを得た。[29]再び公会議の時代がきた。キリスト教世界の実力者、枢機卿ドメニコ・カプラニカの秘書として、バーゼル公会議（一四三一―四九）には、初め公会議主義者、反教皇派として来た。この都市を知り、文章に長じたシエナ人は町と会議の記録を残した。

一四三八年、スコットランド、オランダ、ノルウェイと、さらに北方の地域を奥深く旅して知見を深め、各地の指導者や名士と知己の間柄となった。四二年、オーストリアの支配者でドイツの名目上の統治者フリードリヒ三世の官房に入局した。フリードリヒは前述したように、神聖ローマ皇帝（在位一四五二―九三）となる人物である。彼はこの南方の出身者を桂冠詩人とした。ウィーンの宮廷と密接な関係もあり、また広くドイツを知ったヒューマニストとして、イタリア・ルネサンスと北方ヨーロッパ文化の関係を考察する際に不可欠な人物がこのピッコローミニであった。[30]こうして彼は「ドイツ人文主義の使徒」となった。[31]一五世紀の諸公会議などは、中央ヨーロッパにイタリア・ヒューマニズムを導入する機会となっただけでなく、南方のヒューマニストもこの地を知る機会となった。ウィーンとともに、ブダ、クラクフ、プラハなどはそのような都市であろうし、現地にはイタリアのメチェナーテに劣らぬ理解者も多かった。またイタリアの宮廷からアルプスを越えて嫁ぐ貴族女性――たとえばスフォルツァ家の女性たち――も少なくなかった。婚姻関係は外交面だけでなく、文化面でもその通い路が出来ることを意味する。[32]

やがてピッコローミニに転機が訪ずれる。従来の公会議主義の立場を捨て、教皇と皇帝による統一されたキリスト教社会を理想とし始める。それは一四四五年に出された、バーゼルでの行動を謝る教皇エウゲニウスあて書簡や、四七年フリードリヒとエウゲニウス四世間の調停を図ろうとしたことに現われている。翌年、新教皇ニコラウス五世との間にウィーン協約（コンコルダート）が結ばれた。[33]結果としてバーゼル公会議は窮地に陥り、四九年対立教皇のフェリクス五世（サヴォイア家出身で、かつてはアマデウス八世と名乗っていた）が退位して、公会議はエウゲニウスの後継者にニコラウス五世を承認して、終結した。

ニコラウスとピウスの両教皇はともにルネサンス絵画の傑作に姿を見せている。たとえば、ニコラウスはヴァティカン宮殿内のニコラウス礼拝堂にフラ・アンジェリコにより、またピウスはシエナ大聖堂内のピッコローミニ図書室にベルナルディーノ・ピントゥリッキョにより描写されている。若いピウスはなかなかの美青年であったことを今に伝えている。後者の一場面にはなお、カモッリア門前でフリードリヒとレオノーラが出会うロマンティックな情景が含まれる。彼らはシエナで会うことになっていたのである。自らが経験し、見聞したことに『覚え書』（*Commentarii*）と題したピッコローミニの名高い著作にもこの間の経緯は描きこまれている。この時彼はシエナ司教であり、船で来るポルトガル王女を港タラモーネで六〇日間気長に待たなければならなかったが、海上事情から予定と違い、上陸したところはリヴォルノとなった。ニコラウスはローマの食糧事情が芳しくないため、彼らのこちらへの到着が先に延びることを願っていた。(34)

修道会出身教皇の事業

前節の終わりではいささか文化面の優雅な記述に追われたかもしれない。教皇領国家を維持発展させるために、教皇ピウスが異教文化の愛好者、リミニの僭主シジスモンド・マラテスタに対していかに執拗であったかは想い起こしておきたいものである。一四六〇年クリスマス当日、サン・ピエトロ大聖堂前で彼の肖像画が焼却された。(35)異端者を屠る火あぶりの刑同然であった。この点で別の教皇も変わりなかったことを見てみよう。

一五世紀後半シクストゥス四世（在位一四七一―八四）の時、ローマ教会はメディチ家のフィレンツェとは交戦状態に入った。一四七八年、イル・マニフィコことロレンツォ・デ・メディチの弟ジュリアーノがミサの最中にサンタ・マリア・デル・フィオーレ大聖堂で暗殺された。この背後に、ジェノヴァ近郊の出身デッラ・ローヴェレ家のこの教皇とその一族がいて、トルファの明礬鉱発見が大きな引き金となったことはまちがいない。これはすでにニコラウス五世のときに発見されていたのだが、いよいよフィレンツェの基幹産業と銀行業に影を落とし、人間関係に微妙な好悪を生じさせる。

現在では、シクストゥス（シスト）四世といえば、システィーナ礼拝堂にその名を残していて、ローマとフィレンツェ、デッラ・ローヴェレ家とメディチ家間の血で血を洗う対立関係は遠い昔の話である。礼拝堂内の左右の壁に描かれたモーセの生涯とキリストの生涯を著わすフレスコ画は、ローマとフィレンツェの和解の結果、主にフィレンツェの画家たち、たとえばギルランダイオやボッティチェッリらによって完成した。だが、同じ礼拝堂の《天地創造》から始まる天井画も、《最後の審判》を描く祭壇画もシクストゥスの時代には関係がない。これらはすべて、一六世紀に入ってからのフィレンツェ人ミケランジェロの仕事であり、前者の天井画はシクストゥスの甥のユリウス二世、後者の祭壇画は先のジュリアーノの子教皇クレメンス七世や、ローマのファルネーゼ家出身の教皇パウルス三世の時代を待たなくてはならない。

　ギルランダイオ作であれ、その弟子のミケランジェロ作であれ、システィーナ礼拝堂の全壁画は有名であり、美術愛好家や学者の関心を引いて離さない。ルネサンス絵画の頂点のひとつがここにはある。それぞれ場面の各主題が興味と研究の対象であり、多くの研究者が解読・解説に時間を割き、今やその成果は百花繚乱の観がある。特にミケランジェロの作品に関しては、ルネサンスのプラトン主義やカバラ主義からの解釈が提示されている。

　他方で、システィーナ礼拝堂が教皇個人の祈りの場である以上、ここで執行されるキリスト教儀礼や典礼音楽の視点から壁画装飾全体の意味を考察する方法は斬新である。[36] また、教皇となった、ロレンツォ・イル・マニフィコの子レオ一〇世がラファエッロに描かせたカルトーン（下絵）があり、これに基づいてブリュッセルでタピスリーが制作された。これらが懸けられた状態で、儀式が執行されていたことも想像しなくてはならないだろう。綴れ織りの主題はまた、既成の壁画と調和するものであった。ヴィクトリア・アンド・アルバート美術館にはラファエッロ作品が一〇枚中七枚現存し、掲げられている。そのなかで、《アテネで説教する聖パウロ》は一五一三年一二月一九日、第五ラテラーノ公会議第八会期の教書アポストリキ・レギミニス（Apostolici regiminis）の反映と見られる。同書では霊魂の不滅が問題となっており、ルネサンス・プラトン主義の影響がここに現われている。そこには、レオ一〇世、あるいはむしろトンマーゾ・フェードラ・インギラーミと覚しき姿があり、注目される(37)。

シクストゥス四世の業績はシスティーナ礼拝堂だけに限定されがちであるが、これは彼としては不本意なことであろう。施療院オスペダーレ・サント・スピリトと、ヴァティカン図書館充実化を忘れることはできない。あまり知られてはいないオスペダーレ・ディ・サント・スピリトとその装飾のほうに教皇の意図は明確に現われている。ヴァティカン図書館長に任じられたのはプラティナ（バルトロメオ・サッキ 一四二一—八一）で、図書館の発展のために教皇の下で尽力した。プラティナ作『キリストとすべての教皇の生涯』にはローマは教皇が主導するとの歴史認識が示される。彼は同書でメチェナーテとしてのこの教皇を温かく描写する一方で、前任者の教皇パウルス二世（在位一四六四—七一）に批判の鉾先を向けた。冷や飯を食わされたため、ここでしっぺ返しを行ったのである(38)。

最後に、シクストゥス四世はマリアの無原罪説を熱心に唱えたフランチェスコ修道会出身の神学者であったことを言い添えておきたい。ドミニコ会はこれに強く反対した。正式に教義化されるのは一八五四年となるが、これは広く神の母マリア崇敬と関連付けてよいのではなかろうか。この時代に属する人には多く見られ、教皇アレクサンデル六世やイグナティウス・デ・ロヨラの場合はよく知られている。日本にも伝播し、影響が大きかった。ここにはプロテスタント信仰とは異なるカトリックの歴史があり、聖母の画家としての聖ルーカの役割、また巡礼地としてのロレートが高まるのは、転換期の時代の新たな動きとして注目される。

三　変貌するイタリアと近代世界

ヨーロッパ世界の先鋭化

先の節で述べたピウス二世は地理学への貢献も大きく、「地理上の発見」に影響を与えることになる。ピウスの書に学んだコロンブスは一五世紀末期に幾度か航海を敢行したが、彼の意識には一五〇〇年という区切りのよい時代――他方で聖年が近づき、コペルニクスなどもこの年、ローマに来る――が迫っているなか、終末論観があったことが指摘されている。造型表現ではルーカ・シニョレッリのオルヴィエート大聖堂内礼拝堂壁画《反キリストの諸行動》や、アルブレヒト・デューラーの《黙示録》木版画印刷出版に表現されている。(39) 新時代の技術革新、活版印刷術が果たした役割は情報伝達のうえで限りなく大きかった。デューラーの作品はこの意味でも早期の印刷物として画期的である。やがてドイツでは、一五一七年マルティン・ルターの宗教改革も起こる。他方で、主にイベリア半島を経由してルネサンス文化とカトリックの教えはヨーロッパ域外に広がり、かつてなかった交流が他世界との間に生まれた。

一五世紀から一六世紀の変わり目に教皇座にあった人物は、スペイン人のアレクサンデル六世であった。ボルジァ（ボルハ）家一門はすでに教皇カリストゥス三世（在位一四五五―五八）を出していた。カリストゥスの幸運は、教皇に選出されると目されていたドメニコ・カプラニカが急死したことによるという。近代の始まりはこの一門の名を聞くことが多い。イエズス会の第三代総会長フランシスコ・ボルハが直ちに思い浮かぶ。彼は日本との関係も浅くはない。アレクサンデル六世の場合、新時代の潮流が流れ来っている。イベリア半島では改宗運動は新キリスト教徒、コンベルソを生み、イタリアにも移住する人が増える。哲学者レオーネ・エブレオや役人で宗教家ファン・デ・バルデスはそのなかに数えられる。

新大陸発見などでスペインとポルトガルの海外植民地が生まれ、教皇の仕事も増えた。「コンスタンティヌス大帝の寄進状」に従い、アレクサンデルは海上に線を引き、世俗の支配者に割り当てなくてはならなかった。寄進状の批判と擁護が渦巻いた時代でもあった。ロレンツォ・ヴァッラの批判は名高いが、アゴスティーノ・ステウコはヴァッラの史料批判の弱点を攻め、寄進状を弁明した。[40]ヴァティカン宮殿内のコンスタンティヌス大帝の間には、キリスト教を公認したこの皇帝がレオ一〇世とクレメンス七世の両メディチ家出身者の栄光とともに描かれている。むろん教皇シルウェステル一世（在位三一四―三三五）に寄進する場面もある。[41]

中世以来、イベリア半島はイタリア半島の政局に深く関与してきたが、ルネサンスでもこれは変わらない。北ではジェノヴァ、南ではナポリ、シチリアなどがその領有地域である。イタリアが生みだした探検家と探検の記録者は少なくはないものの、アメリカ、アジアに植民地を持つことはなかった。ただ、スペインが密接に関わる地域がイタリア内にあったことが非ヨーロッパ地域とイタリアの繋がりを作った。そしてスペイン人デ・ロヨラがイエズス会の本部をローマに置き、ここから命令を出し、世界各地の情報を集めたことは、近代に入ったローマの新たな意義獲得でもあった。「地理上の発見」がもたらしたヨーロッパ世界の拡大のなかで、ローマはカトリック世界の中心として自らの立場を自覚し、その役割を果たそうとしたのである。

変貌するローマは、「ルネサンス」都市フィレンツェが持ち得なかった過去の遺産を有していた。教皇こそがローマ皇帝の、さらにはこれを越えてローマ建設の後継者であるとの自覚がそれである。フィレンツェ出身のレオ一〇世は政治的に最高祭司長（pontifex maximus）であるとともにヌマ・ポンピリウスとも称えられ、人々の間には黄金時代到来の意識が昂揚する。イタリアでの教皇による神聖ローマ皇帝戴冠は一五三〇年をもって最後となる。これは同じメディチ家出身の教皇クレメンス七世（在位一五二三―三四）の時であり、カール五世（一五〇〇―五八）のためにローマでなくボローニャで行われた。皇帝軍によりローマが劫掠されてから、まだ三年しか経過していなかった。教皇は命からがらオルヴィエートに逃げ込んでいた。教皇領国家のなかでボローニャはローマに次ぐ重要な都市であり、また安定をし、地の利もよかった。(42)

パウルス三世の権力とネポティズモ

この時代、フィレンツェやジェノヴァの銀行家一族の活躍は目覚ましかった。銀行業者にとり、アルプス北側ではニュルンベルクやリヨンは外国の重要な為替市場となっていた。一五世紀からすでにフィレンツェ人はナポリやローマで経済・金融活動を活発に行っていたが、一六世紀に入り、メディチ教皇時代はさらに目覚ましくなり、ローマが中心となった。この勢いは、メディチ家との間柄が芳しくはなかったファルネーゼ家の者が教皇になっても変わらなかった。有力なベンヴェヌート・オリヴィエーリやさらに強力でメディチ家とは対抗関係にあったビンド・アルトヴィーティなどは有名である。(43) フィレンツェ人の国民教会サン・ジョヴァンニ聖堂造営は故郷を同じくする者たちの団結の証しであった。その近くには造幣局もあり、これはメディチ教皇時代、フィレンツェ人に貨幣鋳造が任された。その前にはフッガー家がローマ教会から託されて牛耳っていた。

ふたりのメディチ教皇の間に、短いながらゲルマン圏オランダ出身の教皇が就いた。ハドリアヌス六世（在位一五二二―二三）である。カール五世の庇護を受けていたが、ローマ人やフィレンツェ人には受けがよくなかった。一五二三年三月二九日枝の主日、ローマに巡礼に来ていた、まだ誰も知らないスペインの若者がこの教皇から祝福を受けた。生真面目な教皇から次の世代への挨拶となった。青年の名はイグナティウス・デ・ロヨラと言った。(44) ハドリアヌスの墓はサン・ピエトロ大聖堂内になく、ナヴォーナ広場近くのドイツ人の国民教会サンタ・マリア・デッラアニマ教会にある。

一六世紀半ば頃までは、イベリア半島の君主はスペインが皇帝カール五世（在位一五一九［国王としては一五一六］—五六）、ポルトガルが国王ジョアン三世（在位一五二一—五七）であり、同時代、ともにかなり長い間君主の座にいた。それはイベリア半島の一黄金時代であろう。クレメンスの後を襲ったのはファルネーゼ家のアレッサンドロでパウルス三世となった。第一節で教皇になる前のことは少々言及した。ローマ出身者はマルティヌス五世以来で一〇〇年余りが過ぎてのことであった。教皇になった時、すでに六〇代半ばを過ぎていて、すぐに次の教皇に交替するのではないかと思われていたが、一六世紀の教皇中、最も長い在職期間となり、一五四九年までの一五年となる。

本名にアレッサンドロを有するパウルス三世はサンタンジェロ城の一室サラ・パオリーナにアレクサンドロス大王の一代記を画家に描かせた。もちろん、自分をこの皇帝に擬してのことである。(45) ミケランジェロが前教皇と交わしたシスティーナ礼拝堂祭壇画の契約は、この教皇の下でも続けられ、それが《最後の審判》となった。彼はこのファルネーゼのためにも多くの仕事をした。カンピドーリオ広場のことはすでに扱った。一族の大邸宅ファルネーゼ宮殿（現在フランス大使館）はアントニオ・ダ・サンガッロの手になるが、アントニオの故郷の大先輩ミケランジェロもこれに関わっている。邸内には一五四五年に発見された、巨大なファルネーゼのヘラクレス像がある。この像は雄大な像好みのミケランジェロを満足させたことだろう。

この教皇は縁者贔屓を進める典型的なネポティスタであった。ローマ教会・教皇領国家の仕事に就いたのは早かったが、聖職叙任を受けたのは遅く、漸く一五一九年のことであった。この間数人の父親となっていて、最初の子はピエル・ルイジといった。一五二四年に枢機卿会主席となった。一五三四年一〇月一三日、教皇になるや、一四歳と一六歳の孫を早速枢機卿に据えた。教皇領国家の一部を切り離し、ファルネーゼ家のためにパルマとピアチェンツァを公国とし、ピエル・ルイジを初代公爵にした。同名の孫アレッサンドロ・ファルネーゼ枢機卿は数えきれぬほどの聖職録のおかげで最裕福な教会君主（プリンケプス）となった。ジェズゥ教会（イエズス会）とカプラローラの別荘はこのアレッサンドロとともに語られる。もうひとりの孫オッタヴィオは皇帝カール五世娘マルガレーテ（マルガリータ）と結婚した（一五三八年）[46]。これでファルネーゼ家はハプスブルク家と縁者となった。

マルガレーテは暗殺された初代フィレンツェ公、アレッサンドロ・デ・メディチ（一五三七年一月殺害）の未亡人で彼らのあいだには子供がなかった。初婚前も寡婦後も彼女を花嫁として迎えたがる貴族はいた。ナヴォーナ広場近くのマダマ宮（現上院議会場）は、マダマ（敬称）・マルガレーテに由来するが、メディチ一家のローマの住まいだった。ここにはフィレンツェ出身で、当地で銀行業を営む有力者サルヴィアーティ家に嫁いだメディチ家女性も住んでいた。ルクレツィア・サルヴィアーティ（ロレンツォ・イル・マニフィコ娘）とマリア・サルヴィアーティ（ジョヴァンニ・ダッレ・バンデ・ネーレに嫁ぐ）の母子である。彼女たちは、教皇から立ち退きを要求されたが、受け付けなかった。

教皇の力を背景に、一五四七年、ファルネーゼ家は別の孫オラツィオ（ピエル・ルイジ四男）とフランス国王アンリ二世娘ディアーヌとの婚約に成功する。婚姻は一五五三年である。これはファルネーゼ家がフランス王家（ヴァロワ家）と親族関係に入ったことを意味する。孫娘でピエル・ルイジの一人娘ヴィットリアはウルビーノ公グイドバルド・デッラ・ローヴェレと婚姻した。これも一五四七年であった。教皇死去の二年前のことである。

カトリック改革と霊的人たち

ミケランジェロの晩年にトレント公会議の会期が重なっており、彼が死去する前年一五六三年に終結した。断続的に一八年続いた会議であった。キリスト教世界の改革が必須となって久しかった。公会議開催までに様々な紆余曲折があった。パウルス三世は一五三六年にはガスパロ・コンタリーニ枢機卿を中心とする委員会に対し教会改革に関する意見を求めた。ジャン・ピエトロ・カラファ枢機卿、ヤコポ・サドレート枢機卿、レジナルド・ポール枢機卿、フェデリーゴ・フレゴーゾ大司教、ジローラモ・アレアンドロ大司教、ジャン・マッテオ・ジベルティ司教らが名を連ねて、翌年、教会の悪弊を正すよう『教会改革進言』（*Consilium de emendada ecclesia*）を提出した。委員のひとりであったヴェローナ司教ジベルティは現地に在って司祭たちと信徒たちに理想的な教会指導者の姿を示したが(47)、枢機卿カラファは対抗宗教改革を代表する保守的人物であった。

パウルス三世がついに公会議開催を決断したが、開催地をどこにするかで皇帝との間で鍔迫り合いが繰り返された。カール五世は宮廷を随分と移動させ、また軍を率いて北アフリカに渡った皇帝でもあった。両者は話し合いをするために、年老いていたパウルス三世も、ルッカ、ボローニャとブッセートに滞在した。このため教皇庁会計院（Camera apostolica）も移動し、それに従い、「ローマ教皇庁を追い掛ける商人たち」、銀行家たちもこれに倣った。一五四〇年代初めの数年間がこれに該当する(48)。

宮廷が不在の間、当然のことながら、ローマはさびしくなった。パウルス三世側近の枢機卿やヒューマニストのなかには、一五四一年、ドイツ国会開催中のレーゲンスブルクでプロテスタントの神学者に会い、教義の違いを埋めようと努力を重ねた。コンタリーニなどには「二重義認説」の考えが生まれたが、正式にこの説はトレント公会議で否定されることになる。この年にイタリア宗教改革の中心人物バルデスが死去した。バルデスはアルンブラドス（照明、光明）派の影響を強く受けたコンベルソであり、検閲などが厳しくなったスペインを去り、主としてナポリで活動した。彼はカール五世帝国の能吏でもあり、非常に多面的な人物であったが、ルター同様の信仰義認説を抱くに至った。これがドイツ人からの影響なのか否かに関しては、研究者の解釈には相違がある。[49]四二年、バルデス思想を学んだベルナルディーノ・オキーノはピエル・マルティーレ・ヴェルミリとともに異端審問を恐れてイタリアを去り、教皇使節の身であるコンタリーニはボローニャで公会議模索中に死去した。イタリア半島でキリスト世界の分裂を避ける方向性が弱まり、反ローマ教会運動が勢いを失いつつあるなか、「信仰のみ」を説く（Sola fide）著述『キリストの恩恵』（*Beneficio di Cristo*）はひそかに広範な読者を得ていた。

コロンナの死が近づいていた。コロンナには異端審問所が異端嫌疑をかけ始めていた。このため苦悩し、また病に襲われ、一五四七年二月二五日に死去した。臨終の床の傍にはミケランジェロがいた。現在ヴァティカン図書館にはミケランジェロに贈られた、手書きのコロンナ詩集がある。署名はヴィットリアとのみあり、コロンナの名字は見えない。ソネット詩一〇三編は霊的（宗教）詩（rime spirituali）に属する。彼女もまた『キリストの恩恵』から学び、その影響が詩の核心に現われている、と研究者は指摘する。[50]彼女が亡くなったあと、まだピエトロ・カルネセッキとジュリア・ゴンザーガがいた。ジュリア・ゴンザーガはバルデスの『キリスト教入門――ジュリア・ゴンザーガとの対話』[51]の主要人物である。両人ともトレント公会議終結後間もなくして世を去った。一五六七年カルネセッキは異端者として処刑された。審問尋問のなかで、若い時にバルデスに接して改革思想に辿りついたことや仲間たちの交流が明らかになった。[52]

結びにかえて

思想史は、それが哲学であれ、宗教であれ、ある表現がどのような背景を有するものかを決め難い場合がある。また一個人の思考には伝統的な面と革新的な面が双方あり、いずれの比重が高いのか、判断し辛い場合がある。コロンナの詩を読むと、確かに「信仰のみ」が色濃く出ているかと思うが、反面、カトリックの伝統的な信仰形態もあり続けていることに容易に気付く。これは広義に捉えれば、中世的とかルネサンス的とかと評価されることにも当てはまるであろう。大事なことは、ある概念、ある用語の歴史的知識を深めることである。古代に遡るのであれば、古代思想を知り、その伝統に気付くようにならなくてはならないし、中世的であるのなら、どのような意味でそうなのか、やはり中世の神学や哲学を学ばなくてはならない。そのなかでアカデミックな判断が望まれる。

コロンナのソネットはきわめてヨーロッパ的で、ヨーロッパ域内のキリスト教信仰がプラトン主義に彩られてうたわれている。ペトラルカ主義も時代とともに特徴を示す。そのなかで一編だけ新世界の情報を感じさせる詩がある(53)。日本は出てこないが、同時代の日本を「キリシタンの世紀」としてヨーロッパと同じ土壌で考えられるのであれば、コロンナやカルネセッキは日本列島にも現われたのである(54)。ヨーロッパで正統とされたことがここでは異端とされた。イタリアの霊的人たち（spirituali）を知ることは、日本に来た、あるいは日本に生まれたキリスト教徒やキリスト教に惹かれた人たちの運命を知るよすがともなろう。

註

（1）Georgina Masson, *The Companion Guide to Rome*, revised by John Fort, Rochester 2003 (1965). 石鍋真澄『サン・ピエトロが立つかぎり――私のローマ案内』吉川弘文館、一九九三年第二刷。また本章全般に役立つ書物として、藤崎衛『中世教皇庁の成立と展開』八坂書房、二〇一三年、B・シンメルペニッヒ『ローマ教皇庁の歴史』甚野・成川・小林訳、刀水書房、二〇一七年。

（2）Christopher Thoenes, Renaissance St. Peter's, in *St. Peter's in Vatican*, ed. by William Tronzo, Cambridge 2005, pp. 64-92.

（3）Pio Pecchai, *Il Campidoglio nel Cinquecento sulla scorta dei documenti*, Roma 1950.

（4）G. Dickinson, *Du Bellay in Rome*, Leiden 1960, p.57.

（5）根占献一『イタリアルネサンスとアジア日本』知泉書館、二〇一七年、一三四―一三六頁。*Giuliano de' Medici eletto cittadino romano ovvero il natale nel 1513*. Relazione inedita di M. Ant. Altieri con prefazione e note di Loreto Pasqualucci, Roma 1881. *Le feste pel conferimento del patriziato romano a Giuliano e Lorenzo de' Medici narrate da Paolo Palliolo Fanese*, Bologna 1885.

（6）Adalbert Roth, Französische Musiker und Komponisten am päpstlichen Hof unter Leo X, in *Die Medici-Papst Leo X. und Frankreich*, hrsg. von Götz-Rüdiger Tewens und Michael Rohlmann, Tübingen 2002, pp. 529-545：542-545.

（7）G. B. Picotti, *La giovinezza di Leone X*, Milano 1927, p.57n.91.

（8）*Carteggio umanistico di Alessandro Farnese*, a cura di Arsenio Frugoni, Firenze 1950. Arsenio Frugoni, Per uno studio sulla giovinezza di Paolo III, in Id., *Momenti della Rinascita e della riforma cattolica*, Pisa 1943, pp. 49-63.

（9）*Vita e pontificato di Leone X. di Guglielmo Roscoe*, tradotta corredata di annotazioni e di alcuni documenti inediti dal conte. Cav. Luigi Bossi, Milano 1818, tomo II, pp.108-109.

（10）D.S. Chambers, Pope Leo X, in *Contemporaries of Erasmus*, ed. by Peter G. Bietenholz, Toronto 2003, II, pp.319-322: 320.

（11）Francesco Nitti, *Leone X e la sua politica*, a cura di Stefano Palmieri, Napoli 1998, p.22n2. John Shearman, *Raphael's Catoons in the Collection of Her Majesty the Queen and the Tapestries for the Sistine Chapel*, London 1972, p.14n.81. Quando il Papa fo fato, diceva: Juliano, godianci il papato, poche' Dio ce l'ha dato.

（12）Shearman, *ibid.*, p.13. Habemus pontificem eruditum, sed musicum.

（13）Bonner Mitchell, *Rome in the High Renaissance. The Age of Leo X*, Norman 1973, pp.60-61. 特定の研究課題ながら、メディチ教

皇時代の文化については、深田麻里亜『ヴィッラ・マダマのロッジャ装飾』中央公論美術出版、二〇一七年。

（14）Annamaria Rugiardi, *Tommaso Fedra Inghirami. Umanista volterrano* (1470-1516), Amatrice 1933.

（15）*Ibid*., pp.20-21. 根占献一『ロレンツォ・デ・メディチ――ルネサンス期フィレンツェ社会における個人の形成』南窓社、一九九九年（第二版）、一五八―一六〇頁。

（16）Domenico Gnoli, *La Roma di Leone X*, Milano 1938, pp.98-99.

（17）*Ibid*.,136-163.

（18）Fabrizio Cruciani, *Il teatro del Campidoglio e le feste romane del 1513 con la ricostruzione architettonica del teatro di Arnaldo Bruschi*, Milano 1968.

（19）*Le feste pel conferimento del patriziato romano* , pp.159-160.

（20）Giovanni Villani, *Cronica*, a cura di Francesco Gherardi Dragomanni, Firenze 1845, II, pp.38-39.

（21）Giovanni Calò, *Filippo Villani e il* liber de origine civitatis florentiae et eiusdem famosis civibus, Rocca S. Casciano 1904, pp.55-63. Roberto Palmarocchi, *I Villani (Giovanni, Matteo e Filippo Villani). Secolo XIV*, Torino 1937, p.99.

（22）Marius Piéri, *Le Pétrarquisme au XVIe Siècle. Pétrarque et Ronsard ou de l'influence de Pétrarque sura la Pléiade française*, Genève 1970 (Marseille 1895).

（23）Piéri, *op.cit*., p. 21.

（24）*Roma capitale (1447-1527)*, a.c.d., Sergio Gensini Pisa 1944. 有意義な論集。

（25）*Dignitas et excellentia hominis*. Atti del convegno internazionale di studi su Giannozzo Manetti, a cura di Stefano U. Baldassarri, Firenze 2008. Giannozzo Manetti, *Vita di Nicolò V*. Traduzione italiana, introduzione e commento, a cura di Anna Modigliani con una premessa di Massimo Miglio, Roma 1999.

（26）Torgil Magnuson, *Studies in Roman Quattrocento Architecture*, Roma, 1958. Carroll William Westfall, *In This Most Perfect Paradise. Alberti, Nicholas V, and the Invention of Concious Urban Planning in Rome, 1447-55*, University Park/London, 1974.

（27）Geo Pistarino, La sede di Roma nell'apertura del nuovo mondo, in *Roma capital (1447-1527)*, a cura di Sergio Gensini, Comune San Miniato 1994, pp.541-579: 550-551.

(28) Enea Silvio Piccolomini, *Storia di due amanti e Rimedio d'amore*, Torino 1973. Frugoni, Enea Silvio Piccolomini e l'avventura senese di Gaspare Schlick, in Id., *Momenti della Rinascita e della riforma cattolica*, pp.7-25. Berthe Widmer, *Enea Silvio Piccolomini in der sittlichen und politischen Entscheidung*, Basel/Stuttgart 1963, pp.74,85. Cfr. Luigi Guerrini, *Un pellegrinaggio secolare. Due studi su Enea Silvio Piccolomini*, Roma 2007, p.72.

(29) Guerrini, *op.cit.*, pp. 10-31.

(30) Enea Silvio Piccolomini, *Vienna nel'400* dalla *Historia Friderici III Imperatoris*, nel testo latino e l'italiano a fronte, Versione e prefazione di Baccio Ziliotto, Trieste 1958. Gianni Zippel, E. S. Piccolomini e il mondo germanico. Impegno cristiano e civile dell'Umanesimo, in *La Cultura*, XIX (1981), pp.267-350.

(31) Gioacchino Paparelli, *Enea Silvio Piccolomini-Pio II*, Bari, 1950, 146-170 (Capitol VIII Apostolo dell'umanesimo in Germania). Alfred A. Strnad, Der Reception von Humanismus und Renaissance in Wien, in *Humanismus und Renaissance in Ostmitteleuropa vor Reformation*, hrsg. von Winfried Eberhard und Alfred A. Strnad, Köln 1996, pp.71-135: 76n.20.

(32) Winfried Eberhard, Grundzüge von Humanismus und Renaissance: Ihre historischen Voraussetzungen im östlichen Mitteleuropa, Eine Einführung, in *ibid.*, pp. 1-28: 16-21.

(33) Cfr. Enea Silvio Piccolomini, *Deutschland. Der Brieftraktat an Martin Mayer und Jacob Wimpfelings Antworten und Einwendungen gegen Enea Silvio*, übersetzt und erläutert von Adolf Schmidt, Köln/Graz, 1962.

(34) Pio II (Enea Silvio Piccolomini), *I commetari*, a cura di Mino Marchetti, Siena 1997, I, pp. 36-39. L. Fumi e A. Lisini, *L'incontro di Federico III imperatore con Eleonora di Portogallo... in Siena*, Siena 1878. 後者は未見。

(35) Pio II, *I commetari*, pp. 418-419. Giovanni Soranzo, *Pio II e la politica italiana nella lotta contro i Malatesti 1457-1463*, Padova 1911, p.221. R.J.Mitchell, *The Laurels and the Tiara. Pope Pius II 1458-1464*, London 1962, p.194. シルヴィア・ロンケイ『ピエロ・デッラ・フランチェスカ《キリストの鞭打ち》の謎を解く』池上公平監訳、白水社、二〇一九年、四四〇頁。

(36) Carol F. Lewine, *The Sistine Chapel Walls and the Roman Liturgy*, University Park 1993.

(37) Shearman, *op.cit.*pp. 61, 72-73.

(38) Eunice D. Howe, *Art and Culture at the Sistine Court. Platina's Life of Sixtus IV and the Frescoes of the Hospital of Santo Spirito*,

Città di Vaticano 2005.

(39) 根占「ルーカ・シニョレッリの反キリスト」、同上『ルネサンス精神への旅——ジョアッキーノ・ダ・フィオーレからカッシラーまで』創文社、二〇〇九年、一四一—二五頁所収。Peter Krüger, *Dürers* Apokalypse. *Zur poetischen Struktur einer Bilderzählung der Renaissance*, Wiesbaden 1996.

(40) Ronald Keith Delph, *Italian Humanism in the Early Reformation. Agostino Steuco (1497-1548)*, University Microfilms International, 1987.

(41) Rolf Quednau, *Die Sala di Costantino im Vatikanischen Palast. Zur Dekoration der beiden Medici-Päpste Leo X. und Clemens VII.*, Hildesheim/New York 1979 ,p. 418.

(42) Uta Barbara Ullrich, *Der Kaiser im giardino dell'impero. Zur Rezeption Karls V. in italienischen Bildprogrammen des 16. Jahrhunderts*, Berlin 2006, pp. 141-142.

(43) Francesco Guidi Bruscoli, *Papal Banking Renaissance Rome. Benvenuto Olivieri and Paui III, 1539-1549*, Alder Shot 2007. Melissa Meriam Bullard, Bindo Altoviti, Renaissance Banker and Papal Financier, in *Raphael, Cellini, and A Renaissance Banker. The Patronage of Bindo Altoviti*, ed. by Alan Chong, Donatella Pegazzano, Dimitrios Zikos, Boston 2004, pp. 21-51.

(44) Guido Pasolini, *Adriano VI. Saggio storico*, Roma 1913, p.132.

(45) Richard Harprath, *Papst Paul III. als Alexander der Große. Das Freskenprogramm der Sala Paolina in der Engelsburg*, Berlin/New York 1978.

(46) Renato Lefèvre, *Madam Margarita d'Austria (1522-1586)*, Roma 1986.

(47) Angelo Grazioli, *Gian Matteo Giberti*. Verona 1955.

(48) Guidi Bruscoli, *op.cit.*, pp. 73-74.

(49) Edomondo Cione, *Juan de Valdés. La sua vita e il suo pensiero religioso*. Seconda edizione ricevuta ed aggiornata, Napoli 1963. José C. Nieto, *Juan de Valdés and the Origins of the Spanish and Italian Reformation*, Geneva 1970. Daniel A. Crews, *Twilight of the Renaissance. The Life of Juan de Valdés*, Toronto/Buffalo/London 2008.

(50) Vittoria Colonna, *Sonnets for Michelagelo*. A Bilingual Edition, edited and translated by Abigail Brudin, Chicago/London 2005.

Ead., *Vittoria Colonna and the Spiritual Poetics of the Italian Reformation*, Aldershot 2008.

(51) Giovanni di Valdés, *Alfabeto cristiano. Dialogo con Giulia Gonzaga*. Introduzione, note e appendici di B. Croce, Bari 1938.

(52) Antonio Agostini, *Pietro Carnesecchi e il movimento valdesiano*, Firenze 1899.

(53) Colonna, *op.cit.*, pp. 106-107 (number 63).

(54) Cfr. Elisabeth Feist Hirsch, The Discoveries and Humanist Thinking, in *Bibliotheca Docet*. Erasmus Buchhandlung, Amsterdam 1963, pp. 385-397: 391. the Christian century とある。

第三章　「時」の人フィチーノとコペルニクス

——暦・太陽・黄金時代——

はじめに

先の章ではローマ教会の文化的・政治的な動向を描写しながら、フィレンツェもしくはトスカーナの一門あるいは個人とローマ文化との関連性にも意を払った。具体的にはメディチ家とヴォルテッラ出身のフェードラ・インギラーミである。この章には、フィレンツェの「哲学者」マルシリオ・フィチーノとフィチーノを支援した家門メディチ家との関係を「太陽」の視点から検討する叙述が含まれる。これは時代の改暦に関わる広範な運動を背景に持っており、ローマ教会も当然この動向に深い関心を寄せた。一七世紀の科学革命を前に、一五・六世紀のルネサンスは科学研究が振るわなかったとよく主張されてきたが、本章では別の視点から必ずしもそうではなかったこと、またこの時代を代表する「科学者」コペルニクスが時代の特徴を如実に示す興味深い人物であったことが確認されるであろう。

一　宗教暦と星辰世界

フィレンツェ共和国の哲学者にして司祭であったマルシリオ・フィチーノ（一四三三―九九）の時間意識を問おうとする時、彼我の相違は先ず思い起こされるべきであろう。フィチーノの生の空間では一日の時間開始は日没から始まり、年始は三月二五日、受胎告知日からであった。宗教典礼は暦と密接に関わり、所定の時間の精確性はゆるがせにできなかった。年ごとに日付の変わる復活祭（Pasqua）の計算（computus. computo［伊］）はその最たるものであった。聖職の身にある者として、犠牲の子羊たるキリスト、そして甦りの意味を語る説教者であれば、この宗教暦への関心は一段と高かったろう。フィチーノの『太陽について』（*De sole*）では、毎年、死んだ冬の後、甦る命の春をもたらす牡羊座（白羊宮）の主、太陽を待望することが、キリストが最後に支配し、輝ける肉体の復活をもたらすイメージとともに語られている。[1]

キリスト教世界ではいかなる時代でも来る世の終わりと裁きが語られる。ルネサンス時代もこの例に洩れない。それは黙示録的世界であり、預言と啓示が信じられている。ここでもまた厳密な数字が求められよう。これまでにどれだけの年月が確実に経過したのか。暦数は月の運行（所謂太陰暦）か、太陽の回帰年かで決定される。『太陽について』では月は夜の太陽であり、両「惑星」は実に密接な関係がある。[2]古代のギリシア人たちは日周回転を「ニュクテーメロン、すなわち、昼夜の時の隔たりと呼ん[3]」だ、とニコラウス・コペルニクス（一四八三―一五四三）は書く。太陽、月に加えて地球の三者が陰に陽に関連し合う。日々の太陽の出没は、実際は地球が公転しているのだが、一日を規定し、積み重なって一年となる。その一年三六五日と思いこんでいる者には、必ずしも円周率ほど小数点以下〇・二四二二日は気にならないだろう。

暦が現代の壁を飾る「カレンダー」よりは強く宇宙空間と呼応したのは、相違する世界観のもとにあったからであった。マクロコスモスたる大宇宙と暦とともに生きるミクロコスモスたる人、小宇宙との間には照応関係が存在した。両宇宙は区別されながらも、緊密に関連し合って階序的世界をなし、占星術への高い関心を呼び覚ます。占星術は予言、予兆の領域に留まらず、個人と対象的自然との関係を考えさせる。星占いは現代でも見られても、その星辰の捉え方が根本的に異なる。人が生きているように、宇宙もまた生きている。(4) 生きていればアニマ、魂を持つ。天体はアニマを持って生きており、アニマであるならば、人のそれがそうであるごとく理性的部分があることになる。先の三者とともに、他に水星、金星、火星、木星、土星とある。(5) そしてこれらはすべて天球上にある。占星術と天文学を区別する哲学者や「科学者」がいなかったわけではなく、フィチーノやコペルニクスもそのような人たちであったが、違いを意識した人たちの間でも全般的にアニマを持った世界、宇宙は信じられ続けた。

天上世界はアリストテレスに従って月下世界と截然と区別されたうえで、月下世界にあるこの地上の人間に、ホロスコープ（オロースコポ、星占い）に示されるように影響を及ぼした。コペルニクスのホロスコープも存在し、それはこの時代にあっては不思議なことではなかった。ベルナルディーノ・バルディ（一五五三―一六一七）が物した大作『数学者列伝』（*Vite dei Matematici*）に含まれるコペルニクス伝（一五八八年）は、その生誕天宮図（thema nativitatis）に瑞兆を予告する。(6) グアスタッラの聖職者で、詩人、言語学者、博識な知識人（poliglotta）であったバルディは、この列伝に示されるように数学と「科学」に関心を抱き、レオナルド・ダ・ヴィンチ（一四五二―一五一九）の手稿を研究したことでも知られる。(7)

フィチーノはコペルニクスよりも遥かにホロスコープに関心を持ち、またこれを作成しているし、ストロッツィ宮殿創建の際は星占いで貢献した一人であった。彼の『太陽について』で四季が太陽と牡羊座、蟹座、天秤座、山羊座の各座に関わることが言われた後で、「現今における天上の星位が確認されたところで、正当にも時間が運行に由来するから、太陽は可動する四星座を介して四時季を区別する。同様に、各人の生誕の度と分へ太陽回帰により一年の各自の運命が変転する。加えて、惑星中の第一人者にして大御所のごとき太陽の運行は、アリストテレスが言うように単純極まるもので、他の惑星のように、黄道十二宮の中央から離れたり、それから退いたりはしないこととなる」(8)とある。

二　教会暦改革の時代

ところで、ルネサンス時代に可及的速やかに解決を迫られていた事柄に教会暦の改善、改良をめぐる問題(questione del Calendario)があった。これに関しては、優れた研究者であったデメートリオ・マルツィに『第五ラテラーノ公会議(一五一二―一七)における改暦問題』(9)の古典的研究がある。マルツィは古代からの暦の誤りを示しながら、フィチーノの時代にあっては枢機卿ニコラウス・クザーヌス(一四〇一―六四)が暦の改良に一定の貢献(*Reparatio Kalendarii*)を行い、パウル・デ・ミッデルブルク(一四四五―一五三三[一四四六―一五三四])からクリストフォルス・クラヴィウス(一五三七―一六一二)等の時代に至る年代学者(cronologo)たち、クロノス(時間)の学者たちに影響を与えた、と指摘する。(10)イエズス会士のローマ学院(コッレージョ・ロマーノ)教授クラヴィウスは、ユリウス暦に代わるグレゴリウスの暦採用に中心的役割を果たした数学者であった。それは一五八二年のことで、時の教皇グレゴリウス一三世（一五〇二―八五、在位一五七二―八五）に因んでグレゴリウス（グレゴリオ）暦と呼ばれ、今日に至っている。これは、復活の祭日と解釈を異にするユダヤ教会や東方キリスト教会と教皇庁間の対立に終止符を打とうとするだけでなく、時の管理者たるローマ教皇の政治意識の高揚化でもあった。(11) 改暦に成功した背景には、ルイジ・リリオ（ジリオ 一五一〇頃―七六）の没後であったとはいえ、彼の画期的な『改暦新理《ことわり》概説』（*Compendium novae rationis restituendi kalendarium*）がこの時教皇に献呈され、クラヴィウスがこれを理解したことが大きかった。(12) かつてトレント公会議（一五四五―六三）に出席したことのあった教皇は、この公会議でも継続されていた第五ラテラーノ公会議の改暦精神を実務的な算出法により活かすことになった。

キリスト教初代皇帝コンスタンティヌスの下で第一ニカイア公会議（三二五年）において決められた計算法に基づく、復活祭日の一〇日のずれはこうして解決された。この基準となる春分は三月二一日に固定された。ユリウス・カエサルによってそれは三月二五日と定められていたが、グレゴリウス一三世の登位までに一四日の「狂い」が生じていた。教皇の改暦行為には批判がなかったわけではなかったし、教皇を上位者として認めないプロテスタント諸国は従わなかった。王や皇帝こそがその事を行うことができるという批判には、カエサルは最高祭司長（pontifex maximus）としてこれを実行したのであり、ルネサンスの教皇は自分たちをこの称号で呼び、またヌマ王の継承者としての意識も高かった。ヌマ・ポンピリウスもまた暦を定めたと理解されたのである。(13)

日本にキリスト教が伝わったのはこのような一六世紀のことである。改暦時代に来日したキリスト教の各修道会士は、むろんこの新たな暦を意識して活動した。グレゴリウス一三世時代と日本との親密な交わりは、マルカントニオ・チャッピの木版画によく示されていて、この教皇の肖像の周りに日本と関わる場面数が五つという多数に上っている。総計四〇場面には「年次改革」（Reformatio Anni）と題された改暦を表わす場面もある。[14]

クラヴィウスに学んだことがあり、長崎に一六〇二年上陸したイエズス会士で日本管区の会計担当者、ジェノヴァの名門出身のカルロ・スピノラ（一五六四―一六二二年）は建築家であり、当時のヨーロッパの天文学や暦学、測量・測地学にも通暁した「理系」修道会士の典型であった。地理上の発見の、あるいは大航海の時代にあって、これらの学問は天文航法と関連性が高かったろう。一六一二年（慶長一七年）長崎で月蝕を観測したスピノラは、マカオで同一のことを行ったヴェネツィア共和国ブレッシャ生まれのジュリオ・アレーニ（アレーニオ。一五八二―一六四九）の記録と照らし合わせて、自分の居る場所、長崎の位置を東経一二七度三一分、北緯三二度四二分と確定した。スピノラはこれ以前、短期間とはいえ、在京時代には一種の自然科学的なアカデミーを指導したと考えられている。[15]

マルツィの研究に戻って時間を少なからず遡ろう。クザーヌスよりもう少しあとの同じく北方人、ゲオルク・ポイエルバッハ（一四二三―六一）、その弟子レギオモンタヌス（ヨハン・ミュラー一四三六―七六）の名も忘れ難いが、両人とも改暦の仕事半ばにして世を去った。ともに天文学に秀でたこの師弟は、プトレマイオスに関する洞察でベッサリオン枢機卿（後述）に高く評価された。[16] レギオモンタヌスはまたベッサリオンの秘書でもあった。マルツィは、フィレンツェを含むトスカーナの中世人たちの果たした役割を述べたあとで、クザーヌスの学友であり研究仲間でもあったパオロ・ダル・ポッツォ・トスカネッリ（一三九七―一四八二）、アメリゴ・ヴェスプッチ（一四五四―一五一二）、ルーカ・パチョーリ（一四四五頃―一五一七）、レオナルド・ダ・ヴィンチ及び他の人々が現われて数学的・天文学的思惟に重みが加わった、という。そして「彼らは長年メディチ家に頼るとともに、ガリレオとチメント・アカデミーへの価値ある準備となるプラトン・アカデミーに属している。[17]」

誰がフィチーノのプラトン・アカデミーに属していたのか、またこれと後発の別のアカデミーとの関係が如何なるものであったか、否そもそもこのアカデミーの起源はどこにあり、実態はどうであったのかなど検討すべき問題はあるが、ここではただ「アカデミー」の成立と展開は、ルネサンスから近代にかけての広範な文化史問題として日本を含めて扱わなくてはならないことを言い添えておこう。フィチーノは、アカデミーが数多く出現する一五〇〇年代（チンクエチェント）まで生きることはできず、また改暦問題の行く末を見極めることはできなかった。(18)

一五一二年に教皇ユリウス二世（一四四三―一五一三、在位一五〇三―一三）のもとで始まり、レオ一〇世（一四七五―一五二一、在位一五一三―二一）に受け継がれた第五ラテラーノ公会議は、フィチーノが主唱した「魂不死（不滅）論」が教会のドグマとなる一方で、マルツィの研究書が教えるように教会暦改革（riforma del Calendario）でも注目される公会議となった。フィチーノ理論と信仰箇条化を直結するには慎重でなければならないが、本稿の論旨と同様に時代の潮流として解釈することは可能であろう。レオ一〇世による改暦委員会のほうには、ドメニコ会士ザノビ・アッチャイウォーリ（一四六一―一五一九）や既出のパチョーリが含まれていたであろう。(19)特に問題は、本論の始めに述べたように移動祝日たる復活祭、キリストの犠牲を記念する日付の計算（computo pasquale）であった。

三　教皇庁とコペルニクス理論

この課題に中心的に従事した天文学者は、フィチーノの親密な交信者フォッソンブローネ司教パウル・デ・

ミッデルブルクである。先述のベルナルディーノ・バルディは、パウルの伝記でフィチーノは彼の親友であり、コペルニクスは同様に彼の友人であると書いている。[20] コペルニクスは自らの『天球回転論』(*De revolutionibus orbium coelestium libri VI, Norimbergae apud Joh. Petreium, Anno M. D. XLIII*) での教皇パウルス三世(一四六八—一五四九、在位一五三四—四九)あての序で、パウルからこの問題のために意見具申を求められたことを証言し、述懐している。[21] それは一五一四年のことであった。

イタリアにおけるコペルニクスの師として最も重要な一人、ボローニャ大学天文学教授ドメニコ・マリア・ノヴァーラ・ダ・フェッラーラ(一四五四—一五〇四)は既に亡くなっていたが、彼もこの時代の天文学者らしく改暦に一家言を有していた。改暦に貢献できることはこの当時の一流「科学者」の証でもあったろう。[22] 一四八三年から死去の年までの教授歴以外に、ノヴァーラは八四年から一五〇四年まで年ごとの予測を行う務めを果たし続けた。予知、予測(prognostica)の仕事はこの時代の天文学者(占星術師)であれば、珍しいことではなかった。彼とコペルニクスの師弟関係はティコ・ブラーエ(一五四六—一六〇四)、ヨハンネス・ケプラー(一五七一—一六三〇)等、天文学の歴史を作り変えた科学者によって語り継がれた。[23]

改暦関与はアリストテレスやプトレマイオスの理論と取り組むことであり、間違いなく自らの天文学的関心を高めたろうが、科学史家を除けば、コペルニクスのこの取り組みはそれほど知られていないのではなかろうか。[24] 確かに、彼は今日では教会暦改革に尽力したことよりも、徐々に長大な影響を及ぼし続けることになる、地動説に基づくその革命的な太陽中心説を提示したことで通っているであろう。そしてその際、ローマ教会の科学観に反していたためにその著作が禁書目録、インデックスに引っかかることになったと、ガリレオ・ガリレイ(一五六四—一六四二)同様のその悲劇性が語られるであろう。

だが、コペルニクス説は最初から危険視されていたわけではない。[25]瞬時にして早くもコペルニクスの説がカトリック世界のただ中で反映された、と覚しき興味深い挿話がある。それは、ミケランジェロ（一四七五―一五六四）の《最後の審判》（ヴァティカン、システィーナ礼拝堂。一五四一年一〇月末日、万聖節前夜完成祝典）中の神キリストの表出像に関わる。ここではキリストは画中に太陽神アポッロ（アポロン）のように描かれただけでなく、中央を占め、彼を軸に周りが明らかに動き、回転している。[26]このフレスコ画が完成した時に『天球回転論』はまだ公刊されてはいなかったとはいえ、この絵をシスティーナ礼拝堂に描くように注文した当時の教皇クレメンス七世（一四七八―一五三四、在位一五二三―三四）はメディチ家出身で、フィレンツェでもミケランジェロの制作と縁が深かったのだが、一五三三年ローマで、折しもコペルニクス理論の核心を聞き知り、関心を抱いていたことが分かっている。

同年夏ヴァティカンの庭で、教皇クレメンス及び他の高位聖職者――この中にはアゴスティーノ隠修士会会長エジディオ・ダ・ヴィテルボ（一四六五―一五三二頃）の職を受け継いだばかりのヴィテルボ司教ジョヴァンニ・ピエトロも居合わせた――を前にコペルニクスの地動説に関する講演を行い、この時の記録を残したのは、ヨハン・アルブレヒト・フォン・ヴィトマンシュテッター（あるいはヴィトマンシュタット一五〇六―五七）であった。[27]ヴィトマンシュテッターはエジディオや同時代のギヨーム・ポステル（一五一〇―八一）同様、シリア語などに関心を持つ東方学者として知られる。[28]教皇は翌一五三四年九月二五日に逝去するが、ヴィトマンシュテッターは枢機卿ニコラウス・シェーンベルクの秘書官となり、あとを襲ったパウルス三世の教皇庁とも縁が切れなかった。シェーンベルクがローマ発一五三六年一一月一日付けでコペルニクスにあてた書簡は彼らの人間関係を示していよう。[29]シェーンベルクは翌年九月七日に亡くなり、ローマ市内のサンタ・マリア・ソプラ・ミネルヴァ聖堂に埋葬された。

また、トレント公会議を境にコペルニクスの地動説理論の扱いに変化があったわけでなく、カトリック世界では問題なしに受け入れられていく。インデックスに登載されるのも随分と遅く、一七世紀に入った、先の『天球回転論』出版後の七三年目、一六一六年のことであった。コペルニクスの自序はその会議を始めたパウルス三世あてである。前教皇のミケランジェロへの画題《最後の審判》依頼を受け継ぎ、これを完成させたのはこの教皇である。同教皇はヒューマニスト的教会人であり、レオ一〇世やこの従兄弟クレメンス七世に劣らず、フィチーノら、フィレンツェ・ルネサンス文化人との因縁も深かった。パウルスことアレッサンドロ・ファルネーゼは教皇になるはるか以前、まだ枢機卿だった一五〇〇年に、ローマに滞在していたコペルニクスと知己の間柄になった可能性が高い(30)。

四　ルネサンス文化とコペルニクス

一四九六年から一五〇三年まで七年にわたってイタリアに滞在したコペルニクスとイタリア・ルネサンスとの関係、特にプラトン・アカデミーの頭首フィチーノとの思想的関係については、彼らを結び付ける、先述のドメニコ・マリア・ノヴァーラの名が挙がる(31)。その場合、ノヴァーラはフィチーノらがもたらした幾何学重視のピュタゴラス的傾向の一員とする古典学説があるが、フィレンツェ・プラトン主義とこのボローニャ大学教授との関係は不明である(32)。

フィレンツェ郊外カレッジの別荘壁面に「現今に喜びあり」(laetus in praesens)と記されたアカデミーでの

フィチーノの活動、及び彼自身の著作及び翻訳活動、そして数多くの書簡執筆により、イタリアを越えて彼の影響は広く及んでいたことはよく知られている。コペルニクスのポーランドも例外ではない[33]。その中で、フィチーノが訳出したヘルメス文書がコペルニクスの太陽中心論に影響を及ぼしたのではないかと言われ、次の一節が引用される。「そしてあらゆるものの真中に太陽が座している。というのは、一体誰が、この最も美しい神殿の中で、全体を一度に照らすことができる場所とは別の、あるいはもっと良い場所に、この炬火を置けようか。たしかに、宇宙の燈火、宇宙の精神、宇宙の支配者と人さまざまに呼んでいるのは不適切ではない。トリ［ス］メギストスは見える神（visibilis deus）、ソフォクレスの『エレクトラ』は万物を見るもの［と呼んだ］。かくして、いわば玉座に座すごとく、本当に太陽は周りをめぐる星々の一族を統べ治めているのである[34]。」この一文をめぐっては、最近ではイェイツによるヘルメス・トリスメギストスからの解釈がよく知られていよう。この実在人物と目された著者がコペルニクスに太陽に主たる関心を向けさせることになる力を有していたこと、コペルニクスはその文書が受け容れられたルネサンス時代の人であることが力説される[35]。

『天球回転論』の訳と詳細な解説を物した高橋憲一はしかし、ノヴァーラが新プラトン主義者ではなかったこと、コペルニクスのヘルメス文書の引用がそもそも、その作者と信じられた名前からして誤っていることからも見てとれるように心もとないこと、そして「見える神」という成句がヘルメス文書中にないこと、またフィチーノの『太陽について』は太陽中心説を主張しているわけではないことを明言している[36]。

惜しむらくは、これは科学史家の言であってもルネサンス文化史家の思惟ではないであろう。面白いことに、高橋の伝えるコペルニクス像は私から見れば極めてルネサンス的、人文主義的人物である[37]。書簡術に関して並々ならぬ努力をしているのは単なる筆のすさびではなく、コペルニクスも時代の子であったことを如実に示している。それはテオフュラクトゥス『道徳風、田舎風、恋愛風書簡集』（*Epistolae morales, rurales et amatoriae*）のギリシア語からのラテン語訳であり、クラクフで印刷され、ワーミヤ司教で伯父のルカス・ワッツルローデに捧げられた。プラトン書簡と目されたものなどを含む[38]、この書簡集は、ヴェネツィアの人文主義的印刷人アルド・マヌツィオ（一四四九―一五一五）がアントニオ・ウルチェオ・コドロ（一四四六―一五〇〇）に捧げた『ギリシア書簡雑多集』（*Epistolae graecae variorum collectae ab Aldo Manutio*, Venetiis 1499）に収められていた[39]。ウルチェオ・コドロはギリシア学に秀でた、個性的なボローニャ大学人であった。コペルニクスのギリシア語修得がこの地で進んだのは、この大学が人文主義教育も盛んであった証となろう。

新プラトン主義の概念規定も一義的に捉えるのではなく、時代の中で考えるべきであろうし、ヘルメス文書の読みも時代が示しているように多様であったと見なすべきであろう。またフィチーノ思想は、ヘルメス・トリスメギストスの名にのみ集約、還元はできない。「古代神学」（prisca theologia）の始まりをヘルメスでなく、プセロスに従って『カルデアの神託』（*Oracula chaldaica*）の作者と目されたゾロアスターに交代させる。フィチーノにとり、ゾロアスターの弟子たちこそが初めて星に導かれて、イスラエル生まれの新王と認めたのであり、この意義は小さくなかった。彼らは星を読む天文学博士であり、モーセのユダヤの弟子たちにはそれは出来ず、キリストと認識できなかった[40]。

科学的に厳密な太陽中心説ではないとしても、太陽象徴主義はフィチーノには明確にあり、文学的には主たる神を太陽に見立て、世界の中心に置く[41]。フィチーノ自身が『太陽について』や書簡で太陽を「見える神」（deus visibilis）と呼んでいる。したがってこの表現がヘルメス文書にのみ典拠があるのではない[42]。他方で、ヘルメス文書中の『ピマンデル』（*Pimander*）には「見える神」と解釈できる箇所があり、コペルニクスはこれを言い換えているとも解釈できる。[43] さらにはフィチーノには『太陽について』とともに出版された『光について』（*De lumine* 1493）があり、[44] これらの小品は時代の兆候を端的に表わしている。またこれより早い時期の小品に『光とは何であるか』（*Quid sit lumen* 1476）があり、[45] 光に関する新プラトン主義の伝統を想起させずにはおかない。『光とは何であるか』は、ヴェネツィア大使である「われらのポエブス・カペッラ」に捧げられている。ポエブスとは太陽神アポッロを指し、大使の友であるフィレンツェの哲学者には、日の光が太陽とともに比喩的に重要だったことはまちがいない。

イタリアの二人の哲学思想史研究者、エウジェニオ・ガレンとチェーザレ・ヴァゾーリはフィチーノを含む当時の哲学者たちの思想世界を描くことで、[46]『天球回転論』の理解に迫ろうとした。『天球回転論』に名の挙がった人物たちや作品名、その思想的傾向などが細部にわたって明らかにされる。彼らの研究をもってしてもフィチーノ自身の著作からの直接の引用は見出し難いが、幾つかのプラトンのラテン訳、特に『法律』と『ティマイオス』は良く読みこんでいることが見てとれる。[47] フィレンツェの哲学者に、同時代の東ローマ（ビザンティン）帝国の哲学者や神学者がかなりの影響を及ぼしている中、[48] ゲミストス・プレトンにも太陽賛歌に関わる作品があること、[49] プラトンがピュタゴラス主義者ピロラオスに会いにイタリアを訪ねたという話を含めて、『天球回転論』にはプレトンの弟子ベッサリオンの『プラトンの誹謗中傷者に』（*In calumniatorem Platonis*, 1469）からの引用が幾つか見られることなどは特に注目に値しよう。[50]

フィチーノはサビナ枢機卿ベッサリオンからその書を直に恵与されていたが、[51] この書を介してコペルニクスはプラトンとアリストテレスのいずれが優位であるか、ギリシア人たちがイタリアにもたらした論争を知ったことであろう。そしてラテン的中世で権威と化していたアリストテレスへの反駁を知ったことであろう。ベッサリオンの『プラトンの誹謗中傷者に』は、同じく東ローマ帝国からの亡命者ゲオルギオス・トラペツンティオスの『哲学者アリストテレスとプラトンの比較』（*Comparatio philosophorum Aristotelis et Platonis*, 1458. *Comparationes philosophorum Aristotelis et Platonis*, 1523［印刷］）でのプラトンや太陽崇拝者プレトン攻撃に対する応戦であった。ローマでのギリシア人同士間の論争という色合いが濃く、フィレンツェやその他の都市のイタリアのプラトン主義者やアリストテレス主義者がこれに参戦することはなかった。

だが、後日談がある。ゲオルギオスの息アンドレアが父のプトレマイオス『アルマゲスト』ラテン訳――この訳をコペルニクスやティコ・ブラーエらも利用する――を教皇シクストゥス四世に捧げた献呈文には、父の批判者ベッサリオンを支持するプラトン主義者フィチーノへの当て擦りが窺われると、研究者モンファサーニは指摘している。(52)

『天球回転論』に戻ると、その自筆本と違って印刷初版からは削除された「ヒッパルコスあてリュシス書簡」の意義はさらに一層検討に値するであろう。これもベッサリオンの『プラトンの誹謗中傷者に』に収録されたラテン訳を参照しながら、(53)自らの訳を作った。(54)真理のためには沈黙を守るピュタゴラス主義者たちの主張も、コペルニクスが「地動説」を純粋に数学的仮説または原理としたことにより、この書簡を掲載する意義は薄れたのであろう。(55)だが、ベッサリオンの伝えるこの書簡が彼にはいかに印象深いものであったかは、パウルス三世にあてた序でもこれに触れていることから明らかである。(56)

五　文化の黄金時代

『天球回転論』の作者はなかなかの読書家であったことを語っている。これまで見てきた文献以外に、研究上不可欠な古代や中世の諸文献、たとえばアリストテレスやプトレマイオス（『アルマゲスト』[*Almagest*]）や『地理学（世界形状誌）』[*Cosmographia*]）、キケロやプルタルコス、擬プルタルコス（『哲学者たちの見解』*Placita philosophorum*）などが直ちに思い浮かんでくる。活版印刷術の時代に入ったイタリアでの古典探訪は実りあるものであったろう。

他方、「時」の人らしく、フランスのサン・ディエで一五〇七年印刷出版されたマルティン・ヴァルトゼーミュラー（一四七〇―一五二二）による地図付きの『世界誌序説』（*Cosmographiae introductio*）にも通じていた。[57]『世界誌序説』は人気のあった書物で、「アメリカ」という地理的概念の成立に大きく貢献した。「アメリカ」の名を与えたアメリゴ・ヴェスプッチらの地理上の発見の影響が、コペルニクスにも及んでいることを示している。同様にクリストーフォロ・コロンボ（一四五一―一五〇六）らの探検家は、コペルニクスを魅了したレギオモンタヌスなどの天文学書を利用していた。前述のカルロ・スピノラもそうであったろう。

コペルニクスの読書上の不十分な理解や誤りを片々たる事実として軽視するのではなく、多種多様な情報が行き交う地に来ていたことは片時も忘れるべきではないであろう。活版印刷本が登場して書籍の入手が容易になった時代に彼は生きていた。しかも印刷業が盛んだった[58]ヴェネツィア共和国内のパドヴァ大学で学んでいた。北イタリアのボローニャ、パドヴァ、フェッラーラの諸大学に学んだ彼が、この地で数多の必要な書籍を出来る限り購入して、故国に帰る姿が想像できる。先に述べたように、一五〇〇年、つまり聖年のローマに居たことも分かっている。ここもまた出版業が盛んであり、読書と探索熱はルネサンス都市に変貌しつつある、ここローマでさらに高まったことだろう。[59]

この都市、特にヴァティカン地区の発展に寄与した高位聖職者のひとりがエジディオ・ダ・ヴィテルボであった。コペルニクスは、同時代人のこのエジディオのように新大陸の発見とその意義を黄金時代の兆しのひとつとしているわけではないが、この発見以前にあって、フィチーノは先述のパウル・デ・ミッデルブルクにあてた書簡（一四九二年九月一三日）[60]で、自分たちの世紀にその時代が再来したのではないか、と心情を吐露している。種々の分野に文化の革新と隆盛を列挙したあとで彼は言う。パウルに関わりの深いウルビーノでは君主フェデリゴとその子孫など[61]により軍事技術と人文学の徳が結び合わさっている。そのパウルにおいて天文学（astronomia）が完成されたようであり、フィレンツェではプラトンの教説が暗闇から光明へともたらされた。ドイツでは活版印刷術が登場したし、百年間にわたる天の相貌全体をたちどころに一時間で示す表も現われた。またこちらには天空の日々の運行を表示するフィレンツェの機具（machina florentina）もある、と。[62]

ここでは、表とはヴェネツィアで刊行されたレギオモンタヌスの『エペメリデス（天体位置推算暦）』（*Ephemerides* 1474）を、機具とは所謂アルキメデスの時計のことで、デッラ・ヴォルパイアの制作品を指すのであろう。[63]この書簡との関連で注目されるのは、これの直前に置かれたドイツの君主ヴュルテンベルク公エベルハルトあての書簡である。[64]公エベルハルトに『太陽について』を献呈するのだが、彼は君主の中の太陽であるから、プラトン的、ディオニュシオス的太陽を受け取るのは相応しい、とされる。太陽を神に擬えるのは、フィチーノによれば、プラトンとともにディオニュシオス・アレオパギテスも行っていることであった。フィレンツェの哲学者はプラトンを始め、ディオニュシオスの新訳をも成し遂げていた。

このようにプラトン的、新プラトン的哲学の復興をもたらしたフィチーノに、エジディオは私たちの時代が黄金時代であるとして、次のように書簡を寄越した。「プラトンの神秘神学がわれわれの聖なる原理に特に一致しかつそれに先立つと宣告するために、マルシリオ・フィチーノが神の摂理で送られてまいりました。」「今が私にはマルシリオのいうサトルヌス神の支配です。今がこんなにしばしばシビュラと預言者によって繰り返された黄金時代です。これがプラトンのいうあの時代です。[65]」この書簡作成の日時は先のパウルあてフィチーノ書簡とほぼ同じ頃のことであろう。

エジディオの場合に見られるように、黄金時代との時代認識は変わることはなく、一六世紀に持続する。むしろ新大陸発見やローマ教会の刷新によりこの感慨は一段と高まった感がある。これに対してフィレンツェではフィチーノの世紀末から一六世紀最初の三〇年間の間に、政治体制の崩壊と再建が繰り返されて、黄金時代はフィチーノ書簡に見られるように科学技術の進歩でなく、一個人や一族の力による安定した時期にあったという懐郷の念が強くなって行く。すなわち学芸復興を一五世紀のメディチ家統治に帰し、「祖国の父」コジモ（一三八九―一四六四）から「イル・マニフィコ」ロレンツォ（一四四九―九二）の時代こそが黄金時代であったという時代把握の成立である。これは今日に至るまでフィレンツェ・ルネサンスの全盛期をクワットロチェント（一四〇〇年代）とする解釈と連関している。

回顧という点で、ポッジョ・ア・カイアーノ別荘、正面破風フリーズ装飾中の五系列の諸場面ほど適切な作品はないであろう。この別荘建築にはロレンツォ・デ・メディチがその嗜好を発揮したことで知られている。建築設計はジュリアーノ・ディ・サンガッロの手になるが、玄人はだしの建築愛好家だったロレンツォの意向も十分に反映されていると見られている。起工は一四八五年。パトロンの生前には完成されなかったものの、その後、室内の大壁画などを含めてその子ジョヴァンニ、教皇レオ一〇世にその遺志が受け継がれた。さらに歴代のメディチ公、トスカーナ大公もこの別荘完成に力を傾注したため、メディチ一族の数ある別荘の中でも重要な建造物となった。ここで歓待された人物は多く、その中には天正遣欧使節も含まれる。

さて、そのロッビア風のテッラコッタ製フリーズ装飾であるが、これはロレンツォが亡くなる前には仕上がっていたか、あるいはこれまたその意匠は彼が納得済みであったと見られる。意匠注文を受けたのは、やはり彼が好んだベルトルド・ディ・ジョヴァンニ（一四二〇—九一頃）であった。ロレンツォがサン・マルコの庭に古代作品を蒐集し、それが一種のアカデミー、美術学校となり、彼に見出されたミケランジェロがここにいた時、ベルトルドが当学校の校長だったという話がある。ベルトルドが完了させることなくポッジョ・ア・カイアーノ別荘で死去（十二月末）したため、(66) アンドレア・デル・サンソヴィーノがフリーズ装飾仕上げを継続した。謎めいた数々の意味が意図されているため、これらの装飾の解読には多くの研究者が挑んできた。(67) プラトン『国家』第一〇巻中のエルの神話などを典拠とする解釈などは、その好例であろう。(68) エルの神話にはアナンケ（必然）女神の三人の娘たちに示されるように、過去・現在・未来の時間論も含まれている。

五系列の諸場面の中央に位置する像は、双面を有するヤヌス（Janus. イタリア語では Giano）神である。「時」の人フィチーノとコペルニクスを扱う本章、即ち時代と時間を論ずる本論には相応しい神であろう。一月（Januarius）の呼称がこのヤヌス神に由来していることは改めて言うまでもないが、この神は一方の相貌で過去の時を眺め、他方の相貌で未来の時を見る、まさに区切りの、境界の神である。その月の最初の日はロレンツォの誕生日でもあった。(69)

ヤヌス神（左端）

筆者は、このヤヌス神にエトルリアの「神話」を重ねたい。エトルスキ文明の地である中北部イタリアの各都市、特にフィレンツェでは、この文明にローマ文明より古い由緒が与えられ、しかもこのヤヌス神を大洪水神話のノアと系譜的に結び付ける歴史物語が展開された。やがてそれがメディチ家の祖先となるというイデオロギーが代ごとに形成されてゆく。研究者ジョヴァンニ・チプリアーニの好著(70)は主として文学作品中にそのあとを丹念に追究する。チプリアーニはフリーズ装飾中のヤヌス神をその系譜に位置付けてはいないが、この制作品もまた文字作品同様、フィレンツェのメディチ家神話を支える有力な表出像と見ることができるのではなかろうか。ヤヌス＝ノアの定住はやがてこの地に栄光をもたらす黄金時代の到来となる。ロレンツォがこのフリーズの中心にいるとすれば、ロレンツォやフィチーノ亡き後のチンクエチェント（一五〇〇年代）、一六世紀は、彼らの時代を時代の極致、黄金時代と見なすことになったのだろう。その象徴としてこの別荘はあることになる。[71]

フィチーノはロレンツォをポイボス、つまり太陽神アポッロと呼んだが、[72] フリーズ装飾中には太陽の子ヘラクレスと覚しき、静かな像があることも注目されよう。[73] ピュタゴラス派の言うヘラクレスによる善悪の正しい選択、そして一二の難事克服は、文学や美術の分野を問わず好んで用いられた。後者の行動は数の上では一二宮に比定される。[74] ヘラクレスのイメージはフィレンツェでは政治制度の変遷を越えて、共和国時代、公国及び大公国時代と引き続き使用され、その折々に人の力量の如何を彼に託している。神話的英雄が「科学的ないし哲学的な人物」(vir scientificus sive philosophus)、または自然との調和に秀でた存在と把握されるのは、時代の人文主義と新プラトン主義の特徴の現われであろう。[75] 先に見たように、フィチーノは晩年、次の時代を創造する新たな発明と発見に遭遇し、この出現に黄金時代の徴を見、黄金の才を讃えた。[76] それは、ウェルギリウスの『牧歌』(*Eclogae*, IV, 4-7) の詩句解釈に示されるように神の摂理による黄金時代の再来ではなく、人間知性によって歴史が華となる時代、との認識法であった。

六　フィチーノ思想と時代

本章は、時間についてのフィチーノの哲学的考察及び時間の重層たる時代についての彼と同時代人の認識を幾らかでも明らかにしようとしたが、前者の哲学上の考察は行われないままに本節に至った。時代相を考慮に入れず、彼の時間論のみを紹介することは筆者の任ではなかったことになるだろうか。[77] 哲学や科学の特定分野の研究者としてでなく、総合的な文化史研究者としてルネサンス時代を眺めやる中で改暦問題や黄金時代観などを取り上げた。フィチーノとともにコペルニクスに注視し、彼らの文化的接点をも求めたのも、時代理解のために意義あることと判断した。その結果、興味を惹く史実もいくらか明らかになった。

とはいえ、最初の課題に対する欠を補うべく、フィチーノの個人的な時間意識に一考を加えてみよう。彼の生涯の仕事はそのギリシア語学の研鑽に在り、その様子を窺える資料がある。一四五六年に若きフィチーノはギリシア語とラテン語の対照表を残している。やがて、プラトン、プロティノス、ポルフュリオス、プロクロス、イアンブリコスらプラトン主義、新プラトン主義の文献をことごとくラテン語に翻訳することになるフィチーノの、ギリシア語学習時期を窺うことができる貴重な史料である。(78)「時間論」に限って該当語を探せば、ホ・クロノスは tempus（時間）、ホ・アイオーンは aevum（永遠）とラテン語訳している。

テンプスとアエウムの関係は如何にあるのか。永遠があって、そこから時間は来ているのか。あるいは永遠とは時間の存続なのだろうか。フィチーノの中ではこれらの観念は異教とキリスト教の伝統がそれぞれに交りあい、織り成しあう。彼にあっては死後もなお生がある。生があれば時間があり、その中で霊魂不死は必須の条件である。人の霊魂が不滅でなければ、永遠自体が問題にならないであろう。時間論はこうして彼自身のこの根本的関心と触れあうが、キリスト教はしかし、霊魂だけを問題にせず、身体の復活を伴っている。ミケランジェロの《最後の審判》に見られる通りである。

ところで、個人的な時間意識とは内的時間と言い換えることができよう。内的時間と外的時間の区別には困難が付き纏うものの、時代の出来事に左右されない私的な時間意識を人は持つであろうし、移り行く時間意識に対し、不変の「現在」、「現今」感覚があるだろう。過去は今にあり、明日も今のままにある。(79)これは永遠とは異なるかも知れないが、人のほうにこの感覚があるからこそ、永遠の意識は生まれるのではないか。そのような過去があるからこそ、その記憶が、思い出が永遠を教えるのではないか。神の時間は永遠性そのものと認識され、一千年も、過ぎた昨日のごとくと言われる。ただルネサンスにあってはその時間が内在化、主観化されて、此岸の問題となったのではなかろうか。

他方で、人は自己が会い、見た体験から紡ぎ出される常時の今とは別の、客観的永遠の世界が存在することに気づく。この気づく行為は知的な体験の領域であり、そこに自分がいず、直接的に見知ることがなかったという意味で、永遠の、彼方の世界である。それは人の時間たる歴史よりも、宇宙の、自然の歴史に如実に表われていないだろうか。ルネサンスにあっては明らかに後者の歴史が広がり、宇宙の時代的在り様も大きく変わる。無限宇宙の到来である。このような無窮の時間と限定された時間の関係、無限の宇宙と有限の個人との関係性がルネサンスの問題となり、大きな時代転換が訪れているのではないだろうか。マクロコスモスとミクロコスモスとの対比関係は崩れ、マクロの世界は文字通り大きくなり過ぎた(80)。

キリスト教世界では、時間つまりクロノスの経過・時の刻みたるカイロスは、創造する神が宇宙を開闢してから始まり、それ以前は存在しなかったが、神はいたという。プラトンの『ティマイオス』もまた宇宙生成と時間の関係を述べているので、その相違は如何にあるのかが問われよう。あるいはまた時間はキネシス、運動とともに生じるのかも知れない。この運動は神か、不動の動者が与えたのかも知れない。星辰世界ではその運動は円運動を周期的に繰り返し、終わることがない。一年もまた周期的であることに変わりはない。他方で、その中にいる人は確実に時とともに、あるいは時の中で変わって行く。神による最後の審判を説く、キリスト教国の歴史的運動も、一直線に終末に向かって突き進む。

だが、ルネサンスの時代にヨーロッパは非キリスト教的他者と出会い、異なる別の時間が多様に存在したことに気づく。地域の歴史とヨーロッパのキリスト教的歴史の始まりと過程は異なっていたことが明瞭となる。一方、自然学的には普遍的に地上のどこにおいてもヨーロッパの「科学的」真理が妥当し、異教古典の語句に真理も再認識されるだろう。「黄金の連鎖」（aurea catena）という言葉、比喩がある。それはホメロスに端を発し、プラトン、プロティノス、マクロビウス、そしてフィチーノやパウル・デ・ミッデルブルクなどに用いられた。その謂いは太陽の光であり、すべては、神々にあるいは人に属するのであれ、これにより維持されている。社会も同様である。パウルは『パウリナ、復活祭の正しきお祝い』（*Paulina, de recta Paschae celebratione*）の中で、ホメロスが言う天上から地上に降りている黄金の連鎖は宇宙の調和であり、ピュタゴラスが完全協和音（diapason）と呼んだものである、という。[81] 室町日本でも明でもインカでも太陽は照っていた。太陽（ポイボス）や夜の太陽、同胞の月（ポイベー）[82] は変わらず、その下で、文明の多様性が発見されていくことになる。この太陽を、人は古代から象徴として重視してきたが、今やフィチーノが様々な比喩で豊かに表わし、コペルニクスが宇宙の中心に据えた。それがルネサンスの太陽であった。

註

（1） Marsilio Ficino, *De sole (Il sole)*, in *Prosatori latini del Quattrocento*, a cura di Eugenio Garin, Torino, 1977, VII, pp. 994-995. フィチーノ全集では以下の頁に所収。Marsilius Ficinus, *Opera omnia*, Torino 1962 (1959[1576, Basileae]), pp. 965-975. この全集は以下 Ficini *Op.* として引用。Ficino, *Concerning the Sun*, in *Renaissace Philosophy, I. The Italian Philosophers. Selected Readings from Petrarch to Bruni*, edited, translated, and introduced by Arturo B. Fallico and Herman Shapiro, New York 1967, p. 131. ガレンの版は羅伊対訳版だが、ロレンツォ・イル・マニフィコの長子ピエトロ・デ・メディチあての序は略されている。英語版は訳文のみで、また全訳ではない。イタリア語訳の新訳に Ficino, *Scritti sull'astrologia*, a cura di Ornella Pompeo Faracovi, Milano 1999, pp.

185-215. Pompeo Faracovi, *Gli oroscopi di Cristo*, Venezia 1999 は本論に関わる史料を含む。『太陽について』の邦訳は以下の通りである。フィチーノ「太陽論」根占献一・田中佳佑訳、『原典ルネサンス自然学』下巻、池上俊一監修、名古屋大学出版会、二〇一七年、八二九―八五三頁所収。

（2） Ficino, *De sole* (*Il sole*), pp. 982-983.

（3） 『コペルニクス・天球回転論』高橋憲一訳・解説、みすず書房、二〇〇四（一九九三年）、二一、四〇―四一頁。

（4） Marsilio Ficino, *Sulla vita*. Introduzione, note e apparati di Alessandra Tarabochia Canavero. Presentazione di Giovanni Santinello, Milano 1993, p. 188. このフィチーノの主著『生命論（生について）』は、彼の『プラトン神学』（*Theologia Platonica*）と並んで重要である。羅伊対訳版に Id., *De vita*, a cura di Albano Biondi e Giuliano Pisani, Pordenone 1991.

（5） 地球、太陽、月以外のこれらの「星々」はヨーロッパでは訳語と違い、「神々」の名を有し、極めて人格的である。占星術と天文学間の曖昧な線引きはこのようなことにも由来するのではないか。

（6） Manoscritto originale Celli nr.48. Bronislaw Biliński, La vita di Copernico dell'anno 1588 nei ritrovati manoscritti delle *Vite dei Matematici* di Bernardino Baldi, in Convegno internazionale sul tema *Copernico e la cosmologia moderna*, Roma 1975, pp. 45-60, 特に 50. 未見であるが、Biliński, *La vita di Copernico dell'anno 1588 alla luce del ritrovati manoscritti delle <<Vite dei matematici>>* , Ossolineum, Warszawa 1973.

（7） Biliński, La vita di Copernico dell'anno 1588 nei ritrovati manoscritti, 46-47. 数学に関わるピュタゴラス主義に関しては、Christiane L. Joost-Gaugier, *Pytagoras and the Renaissance Europe. Finding Heaven*, Cambridge 2009. またバルディに関しては、*Ibid*., pp. 55-58. また註55参照。

（8） Ficino, *De sole* (*Il sole*), pp. 974-975.

（9） Demetrio Marzi, *La questione della riforma del calendario nel quinto Concilio Lateranense(1512-1517)* con una fotozincotipia e con la *vita di Paolo di Middelburg* scritta da Bernardino Bardi, Firenze 1896. この *vita* は pp. 233-250 に含まれている。マルツィ自身による自作を補う小冊に、Id., *Nuovi studii e ricerche intorno alla questione del calendario durante i secoli XV e XVI. Comunicazione*, Roma 1906, pp. 637 (3)-650 (16) (Estratto degli *Atti del Congresso internazionale di scienze storiche*, Roma 1903). ここでは Cyprianus Benedicti の反改暦論等が詳しく紹介されている。*Ibid.,* pp. 11 (645)-15 (649). Cfr. Marzi, *La questione della riforma*, pp. 219-220.

（10）Id., *La questione della riforma*, p.5.

（11）Cfr. Vittorio Peri, *Due date, un'unica Pasqua: le origini della moderna disparita liturgica in una trattativa ecumenicale tra Roma e Constantinopoli (1582-84)*, Milano 1967.

（12）Marzi, *op.cit.*, pp.218-219, 221.

（13）Nicola Courtright, *The Papacy and the Art of Reform in Sixteenth-Century Rome. Gregory XIII's Tower of the Winds in the Vatican*, Cambrigde, 2003, pp. 33-40. カトリック世界の拡大と地図製作の展開の中で改暦問題を捉えるのは、Francesca Fiorani, *The Marvel of Maps*, New Haven and London 2005. 特に *Ibid*., pp. 244-249.

（14）Courtright, *op.cit.*, p.11 に図版がある。

（15）『カルロ・スピノラ伝』宮崎賢太郎訳、キリシタン文化研究会、東京、一九八五年。この伝記には迫害と殉教を主眼とするためか、世俗性の強い文化活動に関わる彼の叙述は多くない。ディエゴ・パチェコ『鈴田の囚人』佐久間正訳、長崎、一九六七年、の序（片岡弥吉の文）で「アカデミー」という表現が用いられている。

（16）Ludwig Mohler, *Kardinal Bessarion als Theologe, Humanist und Staatsmann. Funde und Forschungen*. In 3 Banden. *Kardinal Bessarion als Theologe, Humanist und Staatsmann*, Paderborn 1967 (1927), I, p. 300.

（17）Marzi, *La questione della riforma*, p. 7.

（18）Cfr. Eugenio Garin, Fra Cinquecento e Seicento: Scienze nuove, metodi nuovi, nuove accademie, in *Umanisti artisti scienziati. Studi sul Rinascimento italiano*, Roma 1989, pp. 229-248, 特に pp. 245-246. フィチーノのアカデミーと後の科学的アカデミーの関係は別にして、「音楽団体」、カメラータとのほうに繋がりがあるとの指摘は、根占献一「ラウデージのコンパニーア——音楽史上の位置と意義を巡るノート」『ルネサンス精神への旅』創文社、二〇〇九年、二六—三六、特に三五頁。Cfr. Raffaello Monterosso, Dalla Accademia platonica alla Camerata fiorentina: presupposti teorici e realtà musicali, in *Il neoplatonismo nel Rinascimento*, a cura di Pietro Prini, Firenze 1993, pp. 263-283, 特に p. 281.

（19）Marzi, *op.cit.*, p. 38 n.2. アッチャイウォーリとフィチーノの関係については、根占献一「フィチーノ」『哲学の歴史四　ルネサンス』伊藤博明編、中央公論新社、二〇〇八年再版、一七九—二一二頁、特に一九五—二〇六頁。数学者として高名なパチョーリとフィチーノの関係については幾分かの調査を要するが、パチョーリとレオナルドの緊密な関係は科学史上名高い。

(20) *Vita di Paolo di Middelburg*, in Marzi, *La questione della riforma*, pp. 233-250, 特に p.248. ウルビーノ出身のバルディは、ネーデルラント出身ながらウルビーノ公に仕えていたパウルに当然な関心を持っていただろう。Cfr. Bilinski, *op.cit.*, p. 54. バルディは公たちの伝記も書いている。

(21) 『コペルニクス・天球回転論』一七、一六八頁。一二一頁から一二四頁は訳者（高橋憲一）による解説（コペルニクスと革命）に相当する頁である。

(22) 当時の「先端科学」と改暦問題に関しては明のことではあるが、Pasquale M. D'Elia, S.J., *Galileo in China. Relations through the Roman College between Galileo and the Jesuit Scientist-Missionaries (1610-1640)*, translated by Rufus Suter and Matthew Sciascia. Forword by Donald H. Menzel, Cambridge, Massachusetts 1960, pp. 61-63.

(23) Edward Rosen, Copernicus and his Relation to Italian Science, in *Copernico e la cosmologia moderna*, pp. 27-38. この最終頁は質疑応答となっている。エドワード・ローゼンは、大学の講座名が占星術となったり、併記されたりする中で、ノヴァーラは「天文学」の教授であったことを指摘している。*Ibid.*, pp. 30-31

(24) 高橋憲一解説、一七八頁を比較参照のこと。

(25) もちろん批判が存在しなかったことを意味しない。Garin, La rivoluzione copernicana e il mito solare. Appendice: Alle origini della polemica anticopernicana, in *Rinascite e rivoluzioni . Movimenti culturali dal XIV al XVII secolo*, Bari 1976, pp. 255-295. このAppendice には、教皇パウルス三世の信任厚いバルトロメオ・スピナの遺志を受け継いで、コペルニクス批判（一五四六―四七年間執筆）を展開したジョヴァンニ・マリア・トロサーニ（一四七〇／七一―一五四九）の文が収められている。*Ibid.*, p. 283.

(26) Valerie Shrimplin-Evangelidis, Sun-Symbolism and Cosmology in Michelangelo's Last Judgment, in *the SixteenthCentury Journal*, vol. 21, no. 4 (Winter, 1990), pp. 607-644. ここで古典の邦訳を思い起こしてよいかも知れない。フランツ・ボルケナウ『封建的世界像から市民的世界像へ』水田洋 他訳、みすず書房、一九六五年、一〇三頁。ここは「フィチーノとコペルニクス」と題された節の核心の箇所である。

(27) *Ibid.*, 638. これは最近知られたわけでなく、一八世紀のジローラモ・ティラボスキの著名な『イタリア文学史』(*Storia della letteratura italiana*) ですでに指摘されている。これについては Cesare Vasoli, Copernico e la cultura filosofica italiana del suo tempo, in *I miti e gli astri*, Napoli 1977, pp. 313-350, 特に p. 335.

（28）Robert J. Wilkinson, *Orientalism, Aramic and Kabbalah in the Catholic Reformation. The First Printing of the Syriac New Testament*, Brill, 2007, pp. 137-169.

（29）『コペルニクス・天球回転論』一一頁。パウル・デ・ミッデルブルク、シェーンベルクそしてコペルニクス三者の関連はベルナルディーノ・バルディには強く意識されていた。Bilinski, *op.cit.*, p. 60.

（30）Bilinski, *ibid.*, p. 58. 同年にコペルニクスがパウル・デ・ミッデルブルクとも出会った可能性を示唆するのは、Joost-Gaugier, *op.cit.*, p. 135. 後者は、同時期の枢機卿でやがて教皇となるユリウス二世の後援下にあった。

（31）Cesare Vasoli, *op.cit.*, 313-350, 特にp.317では一四九六年と一五〇五年を滞在始終としている。*Ibid.* p. 335では、「フラウエンブルクへの帰郷とともに、一五〇六年初め頃に、イタリアの知的世界とコペルニクスの個人的な関係史は終焉する」と記している。しかし別の章が開始されるとして、興味深い事柄に移っている。その事例の幾つかはこの本文や註で言及している。

（32）Edwin Arthur Burtt, *The Metaphysical Foundations of Modern Physical Science*, London 1967 (1924), pp. 42-44. バートは手元のものでも幾度か版を重ねている。Dilwyn Knox, Ficino and Copernicus, in *Marsilio Ficino: His Theology, his Philosophy, his Legacy*, edited by Michael J.B. Allen and Valery Rees with Martin Davies, Leiden 2002, pp. 399-418, 400 n.1で、ノックスはこの説の由来を文献上明らかにしている。なお邦訳、バート『近代科学の形而上学的基礎』市場泰男訳、平凡社、一九八八年、四九—五一頁。

（33）Juliusz Domanski, La fortuna di Marsilio Ficino in Polonia nel secoli XV e XVI, in *Marsilo Ficino e il ritorno di Platone. Studi e documenti*, a cura di Gian Carlo Garfagnini, Firenze, 1986, II, pp. 566-586.

（34）『コペルニクス・天球回転論』三八—三九頁。Garin, *op.cit.*, pp. 276-277. Domanski, *op.cit.*, pp. 582-583. Knox, *op.cit.*, pp. 409-411. ドマンスキもノックスも次註のイエイツのように、この一文中の表現を重視しているとは言い難い。

（35）Frances A. Yates, *Giordano Bruno and the Hermetic Tradition*, New York, 1969 (1964), pp. 153-154. イエイツ『ジョルダーノ・ブルーノとヘルメス教の伝統』前野佳彦訳、工作舎、二〇一〇年、二四〇—二四一頁。

（36）高橋憲一解説、一七七頁。「トリストラム・シャンディ」に比して「トリメギストス」は明らかに「トリスメギストス」を指すと私には思われるが（根占献一『フィレンツェ共和国のヒューマニスト——イタリア・ルネサンス研究（正）』創文社、二〇〇五年、一〇一頁を比較参照）、このような綴り字以上に実はコペルニクスは文献の引用の間違いを犯していることは、研究者たちが指摘している。

（37） Introduction by Roy Porter, in *Science, Culture and Popular Belief in Renaissance Europe*, edited by Stephen Pumfrey, Paolo Rossi and Maurice Slawinski, Manchester and New York 1991, pp. 9-15. 高橋憲一解説、一六六、一六八頁。

（38） Frantisek Novotny, *The Posthumous Life of Plato*, The Hague 1977, p. 393.

（39） Cesare Vasoli, *op.cit.*, p. 334.

（40） Brigitte Tambrun-Krasker, Ficin, Plethon et les mages disciples de Zoroastre, in *Marsile Ficin. Les platonismes a la Renaissance*, Pierre Magnard (Dir.), Paris 2001, pp. 169-180, 特に pp.178-179. Ead., Ficin, Plethon et la doctrine de Zoroastre, in *Marsilio Ficino. Fonti, testi, fortuna*, a cura di Sebastiano Gentile e Stepane Toussaint, Roma 2006, pp. 121-143, 特に pp. 136-137. マギに関しては書を著わす用意があるが、この文脈と本論の関連で重要な研究書は Allen, *Synoptic Art. Marsilio Ficino on the History of Platonic Interpretation*, Firenze1998. Johannes Pannonius に関わる情報を始め、研究者としてのアレンのディテールへの拘りが生きている一冊。

（41） フィチーノの『太陽について』がコペルニクスの太陽中心説に影響を与えたとも、プラトン的形而上学における太陽の象徴的役割に出会うきっかけとなったとも記している論文に、James Hankins, The Study of the Timaeus in Early Renaissance Italy, in *Humanism and Platonism in the Italian Renaissance*, Roma 2004, II (Platonism), pp. 93-142, 特に 106-107. Id, Renaissance Platonism, in *ibid.*, pp. 399-415, 特に p. 414.

（42） Ficino, *De sole (Il sole)*, pp. 990-991. さらに詳細は Knox, *op.cit.*, p. 411n.50.

（43） Knox, *op.cit.*, pp. 409-410. ノクッスは、コペルニクスにとって重要なことは地球の自転であって宇宙における太陽の位置ではない、と主張する。Id., *op.cit.*, pp. 410-416. またノックスはこの典拠をコペルニクスの生前中では一四九九年ミラノ、及び一五一四年ヴェネツィアで出版された *Suda* に求めている。Id., *op.cit.*, p. 416.

（44） 光をめぐるフィチーノ哲学の初期から最晩年に至る明晰で体系的分析に Andrea Rabassini, <Amicus lucis>. Considerazioni sul tema della luce in Marsilio Ficino, in *Marsilio Ficino. Fonti, testi, fortuna*, pp. 255-294. 『太陽について』は註1参照。『光について』は Ficini *Op.*, pp. 976-986. 邦訳版は平井浩（ヒロ・ヒライ）訳による『光について』、平井浩編『ミクロコスモス——初期近代精神史研究』第一集（二〇一〇）、二九〇—三一九頁所収。なお本稿との関係では、平岡隆二「画家コペルニクスと宇宙のシンメトリアの概念」、同書、七〇—九三頁を参照。

（45）Marsile Ficin, *Quid sit lumen*, Paris 1998. Ficino, *Che cos'è la luce.*, Introduzione e postfazione de B. Schefer, traduzione di P. Frasson, Padova 2000. 後者は目下未見。

（46）Garin, La rivoluzione copernicana e il mito solare. Cesare Vasoli, Copernico e la cultura filosofica italiana del suo tempo. ともに既に引用。

（47）Knox, *op.cit.*, pp. 402-405.

（48）Sebastiano Gentile, Pletone e la sua influenza sull'umanesimo fiorentino, in *Firenze e il concilio del 1439*, a cura di Paolo Viti, Firenze 1994, II, pp. 813-832. 特にフィレンツェ公会議は重要で、これに取り組む本書には注目される論考が含まれている。二巻からなるが、頁は通し番号である。この公会議を含んでビザンティンの影響を丹念に描いているのは、Kenneth M. Setton, The Byzantine Background to the Italian Renaissance, reprinted from *Proceedings of the American Philosophical Society*, Philadelphia, v.100, n.1, February, 1956, pp. 1-76, 特に pp. 78-79 で、フィチーノのアカデミーの起源がビザンティンにあるという。

（49）Garin, *op.cit.*, p. 274. 皇帝ユリアヌス（背教者）の太陽賛歌を含む、同じくガレンの類似論文に Id., Platonici bizantini e platonici italiani, in *Studi sul platonismo medieval*, Firenze 1958, pp. 153-219. Ludwik Antoni Birkenmajer の研究に基づきながら、『太陽について』と『天球回転論』の比較は *Ibid.*, pp. 190-194. 註34参照。

（50）Ludwig Mohler, *Kardinal Bessarion als Theologe, Humanist und Staatsmann. Funde und Forschungen.* II. Band. *Bessarionis in calumniatorem Platonis libri. IV*, 56.10.（ギリシア語）57.11.（ラテン語）。コペルニクスは一五〇三年アルドゥス版のラテン訳本を用いた。Knox , *op.cit.*, pp. 401-402 .『コペルニクス・天球回転論』二一五頁。エドワード・ローゼンの研究がこれらを明らかにした。

（51）Ficini *Op.*, p. 616. Marsilio Ficino, *Lettere I. Epistolarum familiarium liber I*, a cura di Sebastiano Gentile, 1990, p. 34. Mohler, *Kardinal Bessarion* , I, pp. 384-385. ベッサリオンのローマでの生活、そして教皇エウゲニウス四世によりサビナ、トゥスクルムの司教に任命される間に真のルネサンスの開始に如何に彼が関わったかは、次の古典的研究を参照。Henri Vast, *Le cardinal Bessarion (1403-1472). Éudes sur la Chretiente et La Renaissance vers le milieu de XVe siècle*, Paris, 1878, pp. 154-173. また彼とフィチーノの関係についての最近の研究に Hankins, Bessarione, Ficino e le scuole di platonismo del secolo XV, in *Humanism and Platonism in the Italian Renaissance*, pp. 417-429, 特に p. 425.

（52） *Collectana Trapezuntiana. Texts, Documents, and Bibliographies of George of Trebizond*, edited by John Monfasani, New York 1984, pp. 788,798. Monfasani, Marsilio Ficino and the Plato-Aristotle Controvercy, in *Marsilio Ficino: His Theology, his Philosophy, his Legacy* , pp. 179-202, 特に pp. 188-189.

（53） *Bessarionis in calumniatorem Platonis libri. IV*, 13.23-15.34.『コペルニクス・天球回転論』六五―六七頁の訳註に収録。

（54） Paolo Casini, Newton, la prisca philosophia e il pitagorismo copernicano, in *Forme del neoplatonismo. Dall'eredita ficiniana ai platonici di Cambridge*, a cura di Luisa Simonutti, Firenze 2007, pp. 441-459, 特に pp. 450-451.

（55） Cfr. Garin, La rivoluzione copernicana e il mito solare , p. 266n9. 古代の新プラトン主義者イアンブリコスの *Protrepticus* によれば、ピュタゴラス哲学とは、数学諸科学とテオーリア（瞑想）を介した証明によって強化された堅固で不変の真理を提示することであった。この意味するところとルネサンス・ピュタゴラス主義に関しては、Christopher S. Celenza, *Piety and Pythagoras in Renaissance Florence*. The *Symbolum Nesianum*, Leiden 2001, pp. 1-83 (introduction), 特に pp. 18-19.

（56） Garin, *op.cit.*, p. 266. コペルニクスの自序、パウルス三世あてについては、特に西藤洋『枢機卿ベッラルミーノの手紙――科学思想史への一つの扉』未来社、二〇一二年、七六―八二頁。

（57）『コペルニクス・天球回転論』五二頁訳註。

（58） フェッラーラでは彼の学位取得がもっぱら話題になるが、当地のギリシア語教育には伝統があった。ここにはまた、地動説ではコペルニクスの先駆者とも称されるチェリオ・カルカニーニ（一四七九―一五四一）がいたことは重要であろう。宗教的にはニコデモ主義者であろうし、ヤーコプ・ツィーグラー（一四七〇―一五四九頃）との交流が注目される。Vasoli,*op.cit.*, pp. 336-337. 一五一八年ポーランドで再会したコペルニクスとの関係は Joost-Gaugier, *op.cit.*, p. 135.

（59） イタリアではローマ近郊スビアコ修道院で活版印刷術が始まったことについては、Vast, *op.cit.*, p. 162

（60） Ms. Monacensis lat. 10781, c.94r では一四日である。これについては、*Supplementum ficinianum*, a cura di P.O.Kristeller, 1973 (1937), I, p. 36. Rabassini, *op.cit.*, p. 256 n.3.

（61） Ficino, *Opusculum de stella Magorum* (Ficini *Op.* p. 849ss) はフェデリゴ・ディ・モンテフェルトロ（一四二二―八二）に献呈された。Maria Grazia Pernis, *Le Platonisme de Marsile Ficin et la cour d'Urbin*, Paris 1997, pp. 46-54. フェデリゴの後継者はグイドバルド（一四七二―一五〇八）、甥にオッタヴィアーノ・ウバルディーニ（一四二三頃―九八）がいる。ウルビーノ出身ラ

ファエッロの《アテネの学堂》にパウル・デ・ミッデルブルクが描きこまれている可能性は、Grazia Pernis, *op.cit.*, pp. 41-43. フェデリゴとフィチーノの関係ではプトレマイオス『地理学』(*Geographia*)を俗語訳したフランチェスコ・ベルリンギエーリ(一四四〇―一五〇〇)の名も逸し難い。Ficini *Op.*, p. 855.

(62) Ficini *Op.*, p. 944.

(63) Stephane Toussaint, Ficino, Archimedes and the Celestial Arts, in *Marsilio Ficino: His Theology, his Philosophy, his Legacy*, pp. 307-326, 特に pp. 315-316, 319, 321-322.

(64) Ficini *Op.*,p. 944. Allen, Marsilio Ficino and the Language of the Past, in *Forme del neoplatonismo*, pp. 35-50, 特に pp. 40-41.

(65) *Supplementum ficinianum*, II, pp. 314-316, 特に p.316.

(66) Wilhelm von Bode, *Bertoldo und Lorenzo de' Medici*, 1925, pp. 9-10.

(67) 諸説と典拠を示して明確なのは、Fabrizia Landi, *Le temps revient. Il fregio di Poggio a Caiano*, San Giovanni Valdarno 1986. レオ一〇世のサローネのフレスコ画も合わせて考察するのは、Litta Maria Medri, *Il mito di Lorenzo il Magnifico nelle decorazioni della villa di Poggio a Caiano*, Firenze 1992. 政治史的観点の邦語文献では、石黒盛久「時はめぐりぬ(Les temps revient!)――ポッジョ・ア・カイアーノ山荘のフリーズ装飾と一五世紀イタリアの君主観」、『金沢大学歴史言語文化学系論集 史学・考古学篇』第四号、二〇一二年、二二三―二四二頁。また桑木野幸司『ルネサンス庭園の精神史――権力と知と美のメディア空間』白水社、二〇一九年、第三章。

(68) Cristina Acidini Luchinat,Neoplatonism and the Visual Arts at the Time of Marsilio Ficino, in *Marsilio Ficino: His Theology, his Philosophy, his Legacy*, pp. 327-338, 特に pp. 332-338.

(69) 根占献一『ロレンツォ・デ・メディチ』南窓社、一九九九(一九九七)、二八頁。Ficini *Op.*, p. 375(『プラトン神学』XVI, Cap. V.)。フィチーノにとって人は永遠と時間に与かる双面のヤヌス(Giano bifronte)であった。Vasoli, Marsilio Ficino e la sua renovatio, in *Marsilio Ficino. Fonti, testi, fortuna*, pp. 1-23, 特に p. 19n.58. Liana Rizzo, *Durata, esistenza, eternita in Marsilio Ficino*, Lecce 2005, p. 95.

(70) Giovanni Cipriani, *Il mito etrusco nel Rinascimento fiorentino*, Firenze 1980.

(71) フリーズ装飾に限らず、この別荘全体の歴史的問題には後考を要する。なお当該時代を黄金時代と見ず、鉄の時代と見なす歴史把握の研究に、Amos Edelheit, *Ficino, Pico and Savonarola. The Evolution of Humanist Theology 1461/62 - 1498*, Leiden 2008. フィチーノの場合は、*Ibid*., pp. 254-255.

（72） Medri, *op.cit*., p. 17.

（73） Acidini Luchinat, La Scelta dell'Anima: la vita dell'iniquo e del giusto del fregio di Poggio a Caiano, in *Artista*, 3 (1991), pp. 16-25. Ead., In the Sign of Janus, in Renaissance Florence. The Age of Lorenzo de' Medici, 1449-1492, ed. by ead., London 1993, pp. 139-141.

（74） Michael J. B. Allen, Homo ad Zodiacum: Marsilio Ficino and the Boethian Hercules, in *Plato's Third Eye. Studies in Marsilio Ficino's Metaphysics and its Sources*, Aldershot, 1995, pp. 205-221, 特に p.210. John Dee によりコペルニクスがヘラクレスの一二の難事以上の仕事をしたと評されたことについては、Hermeticism and the Scientific Revolution by Robent S. Westman and J. E. McGuire, Los Angeles 1977. p.46.

（75） Cfr. Pierre Caye, Alberti e Ficin: De la question metaphysique de l'art, in *Marsile Ficin. Les platonismes a la Renaissance* , pp. 125-138, 特に pp. 137-138.

（76） Ficini *Op*., p. 944. フィチーノが黄金を太陽の金属としていたことと、『生命論』の箇所からの指摘は Rabassini, *Op.cit*., p. 276.

（77） 次の専門書はこの欠を補う。Liana Rizzo, *Durata, esistenza, eternita in Marsilio Ficino*. ここではルネサンス思想の研究者であった Giuseppe Saitta の immanentismo に基づくフィチーノ解釈などが注目されている。Rizzo, *op.cit*., 62-63.

（78） Marsilio Ficino, *Lessico greco-latino Laur. Ashb.1439*, a cura di Rosario Pintaudi, Roma, 1977, pp., 36-37. Rizzo, *op.cit*., pp. 20-25.

（79） フィチーノは、特に『プラトン神学』第一三巻が語るように、人間の霊魂は肉体及びその感覚から完全に分離（vacatio animae）できれば、未来の知識を得ることができ、預言の正しさもありうると考えていた。Vasoli, Marsilio Ficino e la sua renovatio, p.17.

（80） Cfr. Allen, Life as a Dead Platonist, in *Marsilio Ficino: His Theology, his Philosophy, his Legacy*, pp. 159--178, 特に pp. 176-177.

（81） Paul de Middelburg, *Paulina, de recta Paschae celebratione*, Fossombrone, 1513, f.364r. Grazia Pernis, *op.cit*., pp. 60-61. 黄金の

連鎖を神の光としてフィチーノにおける光の問題に迫る専門書とその関連頁は、Wolfgang Scheuermann-Peilicke, *Licht und Liebe. Lichtmetapher und Metaphysik bei Marsilio Ficino*, Hildesheim 2000, pp. 191-192.

（82） Cfr. Ficini *Op.*, pp. 949-950.

第四章　コロンナ、ミケランジェロ、ポントルモ
――イタリア「宗教改革」時代の研究から――

はじめに

これまでの各章で話題の中心となった都市はローマとフィレンツェであった。そして直前の章ではミケランジェロの《最後の審判》(*Giudizio Universale*)に言及した。再び登場するであろう。この作品が完成した時すでに宗教改革もかなりの進行を見せていたが、これに対抗するトレント公会議の会期期間すべてを、一四七五年生まれのミケランジェロは生き抜くほど長命であった。フィレンツェ市民の血を引く彼が命を終えた(一五六四年)ところはローマであり、最後の三〇年、フィレンツェに戻ることはなかった。

本章では、カトリックとプロテスタントに大きく分裂するヨーロッパ近代のキリスト教社会のなかで、ミケランジェロを含むこの時代の主要人物がどのように「宗教」問題と向かい合ったかを検討して、先行する章と後続する章の仲立ちをする内容としたい。

一　宗教と芸術をめぐる研究状況

ローマにいるミケランジェロ・ブオナッローティ（一四七五―一五六四）が交流した人物中、常に注目されてきたひとりはヴィットリア・コロンナ（一四九二―一五四七）であった。コロンナに対する歴史的関心はフェニミズム的視点を含む出版文化的およびプロテスタンティズム的視点を含む宗教的関心からさらに盛り上がりを見せ、この視座にはまたミケランジェロも含まれている。狭義のルネサンス芸術が終焉し、マニエリスム時代に入ったフィレンツェにあって、ミケランジェロから最も強い影響を受けた一人はヤコポ・ダ・ポントルモ（一四九四―一五五六）であったが、この個性的画家の時代的境位が問われ、同じく研究を賑わしている観がある。本章では、かなりの数に上る文献のなかからこれら三人の芸術家たちの研究の一端を紹介し、自らの問題意識を明示することにする。

コロンナとポール（一五〇〇―五八）に関わる未刊行史料、『ヴィットリア・コロンナとレジナルド・ポールに関する新史料』が公刊されて、より開かれた宗教上の議論を喚起することになったのは、今から三〇年前の一九八九年であった。これには、セルジョ・パガーノによる「ヴィットリア・コロンナと異端審問」とコンチェッタ・ラニエーリによる「史料テキストの歴史と分析」と題された論述と解説が含まれている。英国王ヘンリー八世に敵対し、一五三二年イタリアに亡命した、国王の従兄弟に当たる枢機卿ポールは、カトリック厳格主義者からは異端の徒に映じる一方で、ローマ教皇に選出される可能性さえあったカトリック改革派の指導者である。

ポールは一五四九年一二月のコンクラーヴェでは開票すると教皇座に就くには一票足らなかった。(4) 最終的な勝者はジョヴァンニ・マリア・チョッキ・デル・モンテで教皇ユリウス三世（一四八七―一五五五、在位一五五〇―五五）となった。(5) すでにトレント公会議は始まっていた。ユリウス三世死去後もなお、ポールを教皇に推す声は消えなかった。この後は、公会議史家として著名なイェディンが、真のカトリック改革の最初の教皇と呼んだマルチェッロ・チェルヴィーニ（一五〇一―五五）ことマルケッルス二世がわずか三週間在位しただけだった。(6) さらに彼に続いたのは、長年の角逐関係にあったジャン・ピエトロ・カラファことパウルス四世（一四七六―一五五九、在位一五五五―五九）であった。こうして改革派が教皇となる道は閉ざされた。

一九九七年にはヴィーンの芸術史博物館（Kunsthistorisches Museum）でコロンナの展覧会が開催され、そのカタログは充実した大著となって世に出た。(7) また、さらにこの数年後二〇〇五年、フィレンツェのカーザ・ブオナッローティ（Casa Buonarroti）での展示が同じく書として出た。(8) これらの目録にはいずれもポールの肖像画（エルミタージュ美術館、サン・ペテルスブルク）が収録されている。(9) コロンナと関わり深い、「霊的人たち」（スピリトゥアリ spirituali）(10) の間ではミケランジェロの作品が求められていた。その作品とは、ミケランジェロによるコロンナのための《ピエタ》（*Pietà*, Boston, Isabella Stewart Gardner Museum）と《十字架上のキリスト（磔刑）》（*Christ on the Cross. Crucifixion*, London, British Museum）である。(11) そして、これらよりかなり早い段階の《埋葬》（*Entombment*, London, National Gallery）が、若きミケランジェロに決定的に帰属するとの視点からロンドンで行われた、それらとは別個の展示カタログが注目されよう。(12) 以上の諸作品をめぐる神学上の解釈は興味深く、書物が幾つか著されている。(13)

また、近年一大修復が行われたミケランジェロのシスティーナ礼拝堂天井画も祭壇画も、ともに研究者の解釈に大いなる刺激を与えるとともに、美術愛好者の関心を惹きつけてきた。ここでは祭壇画のほうの《最後の審判》[14]に注目しよう。メディチ家出身のローマ教皇クレメンス七世（一四七八―一五三四、在位一五二三―三四）と交わした、この主題を描く契約は、ミケランジェロがローマ到着後すぐに教皇の死が起こったとはいえ、次の教皇パウルス三世（一四六八―一五四九、在位一五三四―四九）に受け継がれた。一五三五年、このフィレンツェ市民出身の芸術家は、この新教皇により「教皇庁付き画家・彫刻家・建築家」の称号を付与される。制作開始は同年か翌年かであろうが、完成するのは一五四一年である。

そのフレスコ大作から影響を受けて、フィレンツェのサン・ロレンツォ聖堂内陣席祭壇画に取り組んだ画家はポントルモであった。これに関わるマッシモ・フィルポの歴史研究[15]が注目されよう。この祭壇画は一八世紀に消失するが、多くの素描が残されていて、正統教義からは懐疑の念を抱いて見られ続けた図像を推測することができる。先輩が制作した《最後の審判》の研究のために、ローマを訪れたと考えられるポントルモ[16]はミケランジェロと違い、フィレンツェを去ることはなかった。このため彼にあってはフィレンツェ政治史とのより強い結びつきが問題となろう。この点は後述したい。ポントルモはアーニョロ・ブロンズィーノ（一五〇三―七二）やアレッサンドロ・アッローリ（一五三五―一六〇七）に先立つ、メディチ公国の宮廷画家であった。彼らはすべてミケランジェロの「物凄さ」（terribilità）からの影響を甚大に受けるとともに、「麗しき手法」（bella maniera）を見事に駆使した[17]。

二　イタリアのスピリトゥアリ、「宗教改革者」たち

宗教史的視点からの一六世紀イタリア女性研究は決して少なくはない。カテリーナ・チーボ（一五〇一―五七）もその一人であろう(18)。チーボの母はロレンツォ・イル・マニフィコ女子マッダレーナであった。メディチ家の血を引く者のなかからも「異端者」が出たことになる。彼女に較べ、割に高い関心が持たれてきた女性は、コロンナとは親族になるジュリア・ゴンザーガ（一五一三―六六）である(19)。その美貌と貞節はアリオスト（一四七七―一五三三）やベルナルド・タッソ（一四九三―一五六九）など、詩人や文学者たちにより讃えられてきた。物語的話題も名高い。また、イッポーリト・デ・メディチ（後述）の彼女に対する思いはよく知られている。ピエトロ・カルネセッキ（一五〇八―六七）への長年の支援的厚情も、劣らず広く知られている。カルネセッキは異端者として処刑されるが、その審問、裁判記録によれば、三四もの誤りが指摘された。そこには煉獄の存在や化体説への、告解やそのほかのサクラメントなどへの懐疑と教会の権威否認などが含まれる(20)。すべては「信仰のみ」(Sola Fide) の思想に誤謬のもとがある。ドンナ・ジュリアがナポリでの改革派サークル――後述するファン・デ・バルデスやベルナルディーノ・オキーノがその中心にいた――の重要な場に位置していたことは間違いない。このため後年のジュリアの行動は極めて慎重なように映ずる。

だが、彼女と並んで、あるいはそれ以上に高い関心が持たれ、研究されてきたのは、既述のヴィットリア・コロンナであろう(21)。近年も良書に事欠かない(22)。コロンナはジュリア・ゴンザーガに較べれば、異端追及の手が延びてくる前に死去した観がある(23)。その点ではガスパロ・コンタリーニ（一四八三―一五四二）に類似しているとは

いえ、ベルナルディーノ・オキーノ(一四八七―一五六五頃)との知己関係は彼女の立場を安穏なものにしなかった。二人の出会いは一五三四年に遡り、四二年夏にオキーノが離伊するまで深い絆が続く間柄となる[24]。コロンナはこののちにカトリック陣営に傾斜するというのが、ミケランジェロ研究の権威ド・トルナイの見解である[25]。研究者エミディオ・カンピは、先述のコロンナのためのミケランジェロ《ピエタ》などにオキーノの神学、宗教思想を関連付ける[26]。このカプチーノ会士と、一五三四年九月にローマ定住を決めたミケランジェロとを結び付ける文書史料は存在しないだけに注目される解釈であろう。

ところで、コロンナ研究の基本となっているのは、彼女の詩と書簡である。詩人ミケランジェロとともに研究されたものも珍しくない[27]。そのなかで彼女の書簡はその内容とともに交流範囲を示している点で重要であろう[28]。そこに新たな書簡(*Quinternus litterarum Marchionissae Piscariae*)が、異端審問機関でもあるローマ検邪聖省(Sant' Uffizio)(現在は Congregazione per la Dottrina della Fede)の古文書室で発見されて一書となったのが、既出の『ヴィットリア・コロンナとレジナルド・ポールに関する新史料』[29]である。両者間の書簡はこれまで二通知られていたが、新たに六通が増えた。すべてコロンナからポールあてである。カルネセッキの裁判において、この棄教者がコロンナとポールの間柄に関して証言していたことは夙に有名である[30]。新たな史料の出現は彼らの関係がやはり緊密であったことを示している。カルネセッキはフィレンツェ出身で当時の権力者コジモ・デ・メディチに信を置いていたものの、メディチ公国の政局が影を落とし、彼に悲劇をもたらすことになる。本章では後でこの公国成立期にいささか言及する。

そのほか、この新史料には別人あてのコロンナ書簡が含まれる。ポールの秘書官アルヴィーゼ・プリウリあて書簡(ヴィテルボ発。一五四三年)もその一通であり、このなかにミケランジェロの名を見出すことができる。年齢のせいか眼鏡またはその類が必要になった絵描きを伝えている。[31]古くからコロンナとミケランジェロ間には七通の書簡が知られている。うち二通が後者から前者への手紙である。[32]今回の史料は間接的ながら、後述する「ヴィテルボ派」の存在を証すものであり、同一文脈中にマルカントニオ・フラミニオ（一四九八―一五五〇）の名もある。コロンナとミケランジェロがいつ面識を得たかは明瞭でないものの、一五三六年か三八年と想定される。彼女はローマのサン・シルヴェストロ・イン・カピテ修道院に住んでいたが、ミケランジェロと会ったのは、ドメニコ会系のサン・シルヴェストロ・ア・モンテ・カヴァッロ修道院においてである。ポルトガル出身の画家フランシスコ・デ・ホランダの証言によれば、聖パウロ書簡に関する注釈をアンブロジオ修道士から聞いたという。一五四〇年と覚しきコロンナ宛書簡でミケランジェロは「今や私は、神の恩寵は贖われないこと、またそれを無視することは大きな罪だと分かった」（[Ho] riconosciuto e visto che la grazia di Iddio non si può, comperare e che 'l tenerla a disagio è peccato grandissimo）[33]と書く。これは研究者によってしばしば引用される文となっている。

ミケランジェロの長い生涯には、彫刻・絵画・建築の三分野にわたる芸術家としての発展もさることながら、一五世紀から一六世紀にかけてのヨーロッパにおける宗教上の展開もまた高度に反映されている。若い時代に遭遇する、厳格なドメニコ会修道会士ジローラモ・サヴォナローラ（一四五二―九八）の説教の響きは、いつまでも記憶に残った。あるいはまた一六世紀に入って幾人かのローマ教皇の命を受けて取り組んだ、先の三分野に関わる数々の制作は、ミケランジェロ自身が教皇側の人間であったことを事実として物語っている。サン・ピエトロ大聖堂改築が「宗教改革」の原因として真であるならば、この設計に深く関わった一人として、キリスト教界に分裂をもたらしたミケランジェロの責任も問われることになるかも知れない。確かにカトリック信徒としてミケランジェロの日常生活には形式主義的、伝統主義的側面が色濃くあった。

他方で、ミケランジェロと関係の深い先のヴィットリア・コロンナや、ジュリア・ゴンザーガたちを取り巻く宗教環境を究めようと、現代の女性研究者が中心となって新視点からイタリア近世の宗教問題に言葉鋭く肉薄しようとしているなか、この環境にいたミケランジェロの詩や文面には当代の改革的な信仰の発露が見られる。それにコロンナたちに関わる同時代の改革派の神学者や聖職者、ヒューマニストや詩人は多い。思いつくままに挙げても、コンタリーニ、ジローラモ・セリパンド（後述）、エルコレ・ゴンザーガ、カルロ・グアルテルッツィ、ジョヴァンニ・モローネ、ジャン・マッテオ・ジベルティ、ヤコポ・サドレート、ヴィットリオ・ソランツォ、プリウリ、フラミニオ、ルドヴィーコ・ベッカデッリ、オキーノ、ピエトロ・マルティーレ・ヴェルミリ、ピエル・パオロ・ヴェルジェリオなど枚挙にいとまがなく、まだまだ落ちている者もあるだろう。彼らに関する重要な研究も少なくない。無論、彼らを一枚岩のように同類の人物たちと捉えることはできない。挙げた最後の三人はカトリック信仰を完全に捨て、イタリアを去った。また近年の調査・研究成果もあり、カルネセッキとともにモローネのようにその異端審問記録が名高いものがある。

そのようななかで、時代の宗教環境を考えるときに忘れることのできない人物と著作は、一五三一年頃イタリアに移り住んだスペイン出身のフアン・デ・バルデス（一五〇〇頃―四一）と、一五四三年ヴェネツィアで出た『キリストの恵み』（*Beneficio di Cristo*. 正式な題は *Trattato utilissimo del beneficio di Giesù Cristo crocifisso verso i Cristiani*）であろう。フアン・デ・バルデスはローマ（一五三四年迄）、ナポリ（一五四一年の死迄）を拠点にルター的改革思想、即ち信仰義認説を広めたが、エラスムスからの影響も大きかった。(34)『キリストの恵み』の作者はベネデット・ダ・マントヴァでこれに加筆したのが、ヒューマニストで詩人のフラミニオと目され、照明説やベネディクト派を始めとする伝統神学の影響が窺えるとともに、十字架に架けられたキリスト信仰中心の救済観を説く。このあたりは第二章の終わり「カトリック改革と霊的人たち」で幾らか言及する機会があった。

彼らに関わりのある地は、ローマやナポリ、ヴェネツィアに留まらない。分けてもヴィテルボが重要で注目されて久しいが、[35]近年またこの町に集まったカトリック改革派の動向が究明されている。この町は「霊的人たち（スピリトゥアリ）」の集合地であり、フラミニオを始め、ポール、コロンナなどがいて、「ヴィテルボ派」とか「ヴィテルボ教会」（Ecclesia Viterbiensis）とか呼ばれ、独自の存在感を醸し出す。[36]ミケランジェロがこのグループと関係があったことは、たとえばコロンナとカルロ・グアルテルッツィ（一五〇〇—七七）間の書簡で明らかである。[37]

これらの「霊的人たち（スピリトゥアリ）」の関係を明らかにしようとする、最近の研究にはマリア・フォルチェッツリーノによるものがあり、[38]その際、彼女は特にコロンナ—ミケランジェロ間の書簡に注目する。先述の《ピエタ》や《十字架上のキリスト（磔刑）》、あるいは《サマリヤ人の女》（*Samaritana*）といった図像学的主題が彼らの間で好まれ、しかも特にミケランジェロの筆になるものが、コロンナを介して彼ら、特に「ヴィテルボ教会」の中心的教会人ポールに求められていたことを示している。フォルチェッツリーノはまた、受難（Passione）に関わり深い上記の主題や《哀悼》（*Lamentazioni*）の素描に、この頃から亡くなるまでの人生最後の時期を過ごすミケランジェロ自身も深く取り組んでいることを強調する。[39]

近年修復が終えたばかりのサン・ピエトロ・イン・ヴィンコリ聖堂内にある《ユリウス二世の墓》（*Tomba di Giulio II*）（一五四一—四五。開始は一六世紀初頭に遡る）にも、時代の宗教観に影響された彫刻家としてのミケランジェロの表現法を指摘する。《モーセ像》の両脇に立つ、伝統的な「行動的生活」や「観想的生活」の表出像も従来の解釈とは異なって、他のミケランジェロ作品、一六世紀初めのローマ教皇ユリウス二世（一四四三—

一五一三、在位一五〇三—一二）時代のシスティーナ礼拝堂天井画や、同じ礼拝堂の、先述のようにクレメンス七世から始まってパウルス三世の時に完成した《最後の審判》同様に、何か深い意味を持って甦ってくる。(40)

このような宗教的、図像学的文脈のなかで、ミケランジェロ解釈で注目された議論を提示したのは、アレクサンダー・ネイジェルである。(41) 文化人類学的な贈答・贈与論が歴史学で使われてきたが、見返りを必要としない、求めない無償の恵与は、カトリック側の善行の論拠を無効にするであろう。「恩寵のみ」（Sola Gratia）。ここにはまた、あるいはパトロンと制作者との社会史的な関係と、あるいはマーケティング的な制作品の価格や販路などとは無縁な世界がある。作品を介して、創作者と享受者が宗教改革者のキリスト教教義を映し出す関係となっている。コンタリーニなどがプロテスタント側との妥協を図るべく打ち出した「二重義認」の問題とともに、この議論は果たしてミケランジェロがそのような気持で求める人に自作品を与えたようとしたのかどうか、神学的議論と結びつくとみて構わないかどうかが検討されなくてはならないだろう。

また、コンチェッタ・ラニエーリは「意志」の問題を聖アウグスティヌスに端を発し、一四世紀のグレゴリオ・ダ・リミニから始まり、ルターの上長エジディオ・ダ・ヴィテルボ（一四六五頃—一五三二）、そしてジローラモ・セリパンド（一四九三—一五六三）に至るアウグティヌス修道会（アゴスティーノ会）の思想的系譜のなかで考察している。(42) 恩寵の問題も聖アウグスティヌスが深く考察しているところであり、聖パウロとともに改めて時代の受容に注目の必要があろう。パウロ神学が宗教改革の一根底にあるように、聖アウグスティヌスもまた近代の新たな泉となった。

聖アウグスティヌス思想とミケランジェロを含む芸術家との関連を扱い、実に刺激的な研究書を書いたのはメレディス・J・ジルである。ローマのサンタゴスティーノ（聖アウグスティヌス）聖堂、そして堂内のサンタ・

モニカ礼拝堂に関わる箇所は、ローマ定住を決める前にすでにミケランジェロがここで造形的に影響されていたことを示している。フィレンツェのサント・スピリト聖堂でも彼はすでにアウグスティヌス（アゴスティーノ）会士と出会っていたが、同会総長として枢機卿ともなるエジディオ・ダ・ヴィテルボがおり、またヨハネス・ゲリッツ（一五二七年死去）の文化的拠点でもあったところがここ、サンタゴスティーノ聖堂であった。[43] ミケランジェロのシスティーナ礼拝堂天井画解読の有力説にアウグスティヌス神学からの解釈があり、[44] 彼と古代神学者との出会いのひとつをここに求めることができるだろう。

三　ポントルモの画題――時代の転換期

本節では、時代的には同時代ながらフィレンツェを中心にした研究状況に話頭を転じたい。一五世紀末のフランス王シャルル八世のイタリア遠征から始まって、一五五九年まで続くハプスブルクの神聖ローマ帝国とヴァロワのフランス王国の争闘はイタリア半島に様々な桎梏と痛打と駆け引きをもたらしていた。この節で扱う一六世紀前半のフィレンツェもそのようなヨーロッパ情勢の渦中にあった。

メディチ宮廷画家の研究で大著二冊を執筆した研究者にジャネット・コックス＝リーリックがいる。ポッジョ・ア・カイアーノ別荘壁画、特に《ウエルトゥムヌスとポモナ》(*Vertumno e Pomona*) を扱う『メディチ芸術における公爵一統と宿命――ポントルモ、レオ一〇世、そして二人のコジモ』[45] と、コジモ一世とその妻エレオノラ・ディ・トレドの館となる『ヴェッキョ宮殿内ブロンズィーノのエレオノラ礼拝堂』[46] がそれである。また彼女にはこれより先に出されたポントルモ素描集[47] もあり、いずれも高い評価を受けている。

メディチ家略図

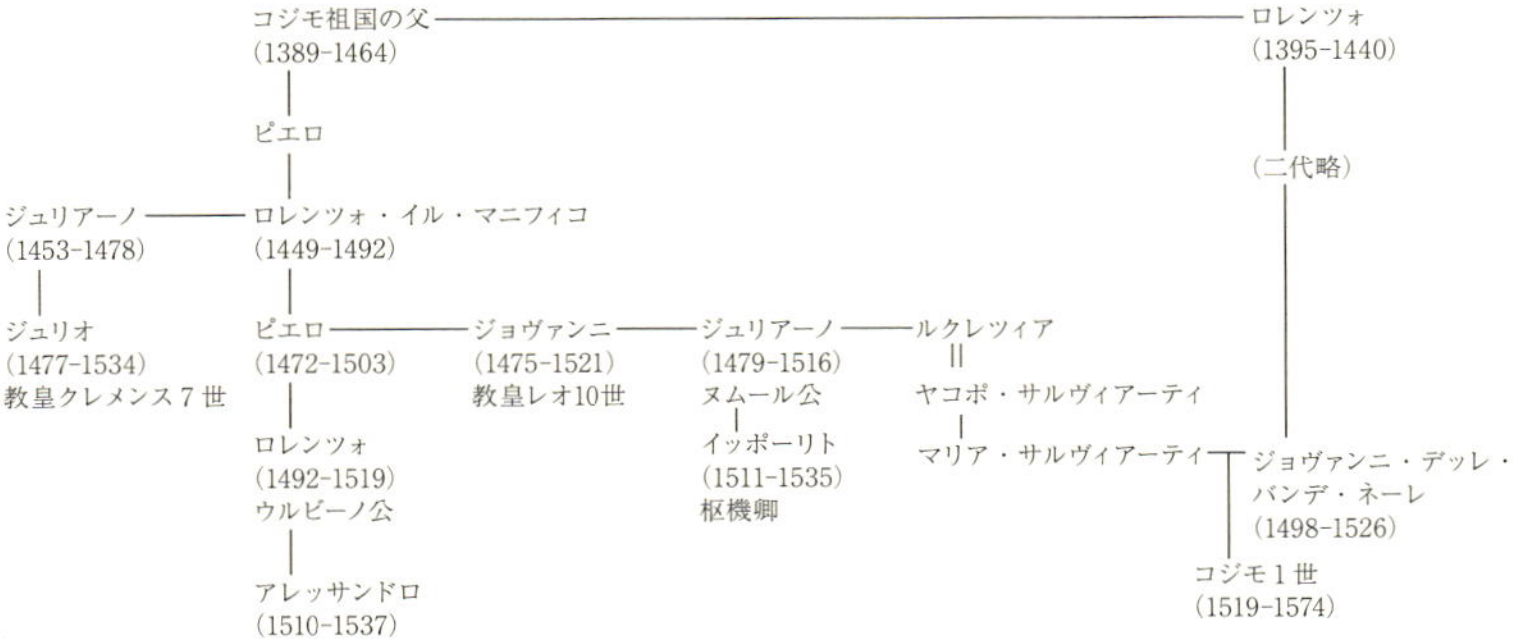

コックス＝リーリックの関心を呼ぶ画家は題名に表れている通りであり、最初の研究書では最初のコジモ、祖国の父、国父（Pater patriae）たる老コジモを描いた、ポントルモによる「国家肖像画」を問題にする。制作年代も特定でき、一五一九年の頃とされる。教皇はこの時レオ一〇世（一四七五―一五二一、在位一五一三―二一）でメディチ家出身最初のローマ教皇であった。一五一三年に教皇となり、この時点では実弟ジュリアーノはフランス貴族女性と結婚してヌムール公となり、甥のロレンツォは封土を得てウルビーノ公となっていた。こうして国父の孫ロレンツォ・イル・マニフィコの子孫による一統領域支配、宿願のフィレンツェ統治、そして終わりなきメディチ家繁栄は約束されたように思われた。

ところが、二人は一五一六年、一五一九年に若くして亡くなり、残された男系子孫はジュリアーノの子イッポーリトとロレンツォの子アレッサンドロのみとなった。二人とも庶出であった。それに果たして、アレッサンドロがロレンツォ・イル・マニフィコを曽祖父と仰げるのかどうかは怪しい。イル・マニフィコの暗殺された実弟ジュリアーノの子孫、つまりジュリオ（後の教皇クレメンス七世）の庶子とも考えられるからである。この二人のうちイッポーリトは後に枢機卿となり、アレッサンドロは神聖ローマ帝国カール五世の庶出女子マルゲリータを娶り[48]、フィレンツェ公となるも、正妻の間には実子（庶子は三人）がなく、やがて暗殺されることになる（一五三七年）。

話を制作年に戻すと、一五一九年にメディチ一族に嫡出子が生まれる。国父コジモの実弟ロレンツォの流れを汲むコジモ（後のコジモ一世。フィレンツェ公、そして最初のトスカーナ大公）がそれである。幸いなことにこのコジモにはロレンツォの血が流れていた。母がマリア・サルヴィアーティ、つまりイル・マニフィコの娘ルクレツィアがサルヴィアーティ家に嫁ぎ、生まれた子がマリアであったからである。これを祝して描かれた絵画が「国家肖像画」、ウッフィーツィ美術館蔵の《老コジモ・デ・メディチ（国父コジモ像）》（*Cosimo il Vecchio de' Medici* (*Ritratto di Cosimo Pater Patriae*)）である。ここには、途絶える老コジモ—イル・マニフィコ系譜を老コジモの弟脈が受け継ぎ、家門に新たな希望が生じたことを示しているとされる。ウェルギリウス『アエネーイス』（*Aeneis*）からの引用（VI, 143-144）が見られる。「（枝の）一本が折られても、別の枝が欠けずにある。」（VNO AVVLSO. NO［N］DEFIC［IT］ALTER）。

ところで、一九八九年クリスティでポントルモの肖像画として《矛槍人肖像画》（*Ritratto dell'alabardiere*）が競売にかけられ、ゲッティ美術館に所蔵されるに至った。この時、売買目録としてポントルモの肖像画が編まれたが、これを執筆したのはこの方面の権威となっていた、先述のジャネット・コックス＝リーリックで、そこでは収蔵品となった油彩画はコジモ一世とされた。このモデルが誰であるかに関しては議論があったが、(49) コックス＝リーリックに反論を加えた、最近の研究者はエリザベス・クロッパーである。(50) 彼女は著書『《矛槍人の肖像画》』で、それはコジモ一世を一五三七年に描いた肖像画でなく、一五二九—三〇年にフランチェスコ・グアルディ（一五一四—五四）を描いた肖像画であると主張する。彼女によると、コックス＝リーリックはこの肖像画成立年代を一五二七—二八年から一五三七—三八年頃に移したうえで、この絵には共和政時代（コジモの父ジョ

矛槍人の若者

老コジモ

ヴァンニ・ダッレ・バンデ・ネーレは一五二六年、ドイツ軍の前に倒れる）を偲ぶコジモの姿勢が表れているという。クロッパーに言わせると、服装いでたちから公爵となる人物をこのような衣装で描かせることはありえないのである。

肝心な点はその歴史把握、共和政解釈であろう。クロッパーはこの絵の所有変遷やグアルディ一族、そしてこの絵に描かれた背景に見える要塞などに詳細に言及する。これはすべて、各時代のフィレンツェの歴史と関連するが、特にクロッパーはこの絵がフィレンツェの最後の共和国時代、つまり一五二七—三〇年にかけて、フランチェスコ・グアルディがどのような形でこの時、生きていたかを詳らかにする。共和国市民は都市を包囲する神聖ローマ帝国軍隊からこの国を防備するために戦っていた。家名はまた防備（guardia）を想起させる。この絵画はその証であるというのが、彼女の主張である。参戦年齢が一五歳まで引き下げられたことも史料上明らかになっている。そして別の同名のフランチェスコ・グアルディが彼の前に生きていたが、この男性だと高齢すぎて年が合わず問題であったのだが、これでこの点は解決した。(51)

解釈に相違があるとはいえ、ともにアメリカの研究者が市民性を問題にしているのは、実に興味深い[52]。このようなアメリカの研究者に対して、イタリアの権威ルチアーノ・ベルティの筆は沈着であるとともに、クロッパーの主張の基調となっている。ベルティによれば、「ポントルモは当初から親メディチ派であった。彼がイッポーリトとアレッサンドロとともに枢機卿パッセリーニの国外追放に喜ぶ理由は全くなかった」。クレメンス七世からメディチの御曹司たちの支援を託されていたパッセリーニがフィレンツェから追われたことを指す。これは最後の共和国成立につながるローマ劫掠に端を発する、一五二七年のことである。そのようなヤコポ・ポントルモが「しかし少なくともヤコポの一作品、しかも傑作が、ある防衛者を不滅にしている。そしてそれが矛槍人である[53]」と書いている。

以上述べてきたことから、一六世紀のフィレンツェとローマを歴史叙述の対象として纏めることは有意義な試みに思われる。メディチ家を含む有力フィレンツェ商人がローマで活発な経済活動を展開したが[54]、一六世紀に入ると同家から教皇が出たこともあり、そして宗教改革の勃発、カトリック改革の進展、ヨーロッパの非ヨーロッパ地域への拡大など、新たな時代の展開のなかで、フィレンツェ出身者もカルネセッキの場合が示すように別の顔を見せ始める。有力市民間の協調と対立はフィレンツェ史の変わらぬ姿であるが、同世紀では舞台がローマに移った観がある。

このため、メディチ家と敵対する実力ある銀行業者である一方、特にラファエッロやチェッリーニへの芸術後援で知られるビンド・アルトヴィーティ（一四九一―一五五六）に関する専門論文の出現、展覧会の開催など注目すべき動きも起こっている[55]。メディチ教皇時代が終わった後のパウルス三世下でのフィレンツェ出身のベンヴェヌート・オリヴィエーリ（一四九六―一五四九）に関する研究書も現われた[56]。アルトヴィーティもオリヴィエーリもポントルモの同時代人である。そしてミケランジェロやヴァザーリとの関係も浅くはなかった。ヴァザーリが書いたミケランジェロ伝などには、ローマのジュリア通りのフィレンツェ人の「国民教会」（San Giovanni dei Fiorentini）の建築資金支援の話題が出、当地住まいのフィレンツェ人たちの協力ぶりを垣間見させてくれよう。

終わりに

このような研究や文化的催事に関心を寄せながら、本章で取り扱った宗教史的視点を今後も深めてゆかなければならないだろう。わが国では一六世紀の歴史的見方がかなり二項対立的図式に囚われていたことや、イタリアの改革者たちの研究に力が注がれることが多くなかったために、初期トレント公会議までの錯綜した宗教上の推移が知られる機会は乏しかった。

状況はしかしあまり変わっていないようにも思われる。それにこの分野の研究は決して容易ではない。私たちのヨーロッパの研究と理解には常に困難が付きまとうにしても、ここは生の信条と関連する点があり、いかなる視点で接近しようとしているかが問われることにもなろう。これまで特にイタリア・ルネサンスに関わる研究者として出版社である Edizioni di Storia e Letteratura（Roma）には随分とお世話になり、それは今後も変わらないであろう。この社から書籍を出した優れた研究者たちが、その序言でよくその名を挙げる Mons. Giuseppe De Luca（一八九八―一九六二）の名は社主として記憶に残った。

ただ、この敬称（Mons.）を深く気に留めることはなかった。本章を草するに当たり、いくらか調べることになり、『ヴィットリア・コロンナとレジナルド・ポールに関する新史料』のパガーノに改めて目を通すと、ジュゼッペ・デ・ルーカが宗教史研究を行う司祭であることを今度は明確に認識した。レジナルド・ポールの専門家トマス・メイヤーはこのデ・ルーカについて、研究者エリザベス・グリーソンの言として、異端審問関連文書が調査できるようになって急速にポールへの関心が冷め、彼とコロンナは人が考えるほど聖なる人間ではない、と語ったという。(57)

私たちは時代のみならず地域の上でも彼らの世界から離れている。現代の研究者は一先ず置いて、歴史的人間がキリスト教教義とこれの世俗的（temporal）なあり方がどうあるべきかを思考したり、表現したりしたかを問うてみたいものである。いかなる信仰告白を行った者か、「宗派」であるかの前に、いかなる解釈を行ったかに重きを置いて考察する方向を探りたいと考える。歴史というものはそのような研究により、問題は十分に解決されなくても、当該問題をよりよく理解することを可能にしてくれようから。(58)

註

（1）一書を挙げれば、Diana Robin, *Publishing Women. Salons, the Presses, and the Counter-Reformation in the Sixteenth-Century Italy*, Chicago and London 2007. コロンナが Giovanna d'Aragona, Laudomia Forteguerri とともに論述される。ダイアナ・ロビンの最初の本格的研究書は、筆者が知る限り *Filelfo in Milan. Writings 1451-1477*, Princeton, N J 1991. ロビンの新刊登場は、欧米で近年盛んになった女性史研究の影響を受けてのことでもあろう。

（2）Emidio Campi,《Non vi si pensa quanto sangue costa》. Michelangelo, Vittoria Colonna e Bernardino Ochino, in *Dall'Accademia neoplatonica fiorentina alla Riforma*. Celibrazioni del V centenario della morte di Lorenzo il Mgnifico. Convegno di studio, Firenze 1994, pp. 67-135. 以下に所収。Id., *Michelangelo e Vittoria Colonna. Un dialogo artistic-teologico ispirata da Bernardino Ochino e altri saggi di storia di Riforma*, Torino 1994. これには初出論文と違い Appendice: Documenti が含まれている。Bernardino Ochino の諸説教、Vittoria Colonna の *Pianto della Marchesa di Pescara sopra la Passione di Christo*, それに彼女とミケランジェロ間の書

箇である。これら一次文献はいずれもここが初出ではないが、一緒に集められ、重宝である。Maria Forcellino, *Michelangelo, Vittoria Colonna e gli "spirituali". Religiosità e vita artistica Roma negli anni Quaranta*, Roma, 2009, pp. 68-69.

（3） Sergio M. Pagano e Concetta Ranieri, *Nuovi documenti su Vittoria Colonna e Reginald Pole*, Città del Vaticano 1989. これはガリレオ・ガリレイ裁判に次ぐ、異端審問に関わる古史料集成である。Sergio M. Pagano, Vittoria Colonna e l'Inquisizione, pp. 21-62. Concetta Ranieri, Storia e analisi dei testi, pp. 63-88.

（4） *Ibid*., p.29 n12.

（5） この間の詳細な経緯は、Thomas F. Mayer, The War of the Two Saints: The Conclave of Julius III and Cardinal Pole, in *Cardinal Pole in European Context. A via media in the Reformation*, Aldershot 2000, IV (pp. 1-21).

（6） William V. Hudon, *Marcello Cervini and Ecclesiastical Government in Tridentine Italy*, DeKalb 1992, p.6. Hubert Jedin の言。この研究書は類書が少なく貴重であろう。

（7） *Vittoria Colonna, Ausstellungskatalog des Kunsthistorischen Museums*, Wien *Vittoria Colonna. Dichterin und Muse Michelangelos*, Silvia Ferino-Pagden mit Beitraegen von Agostino Attanasio, Hans H. Aurenhammer, Emidio Campi, Stefano Corsi, Romeo De Maio, Sylvie Deswarte-Rosa, Gigliola Fragnito, Michael Hirst, Dirk Hoeges, Pierluigi Leone de Castris, Luisa Martorelli, Gudula Mayer, Leatrice Mendelsohn, Giorgio Patrizi, Stefania Pitscheider, Adriano Prosperi, Tobia R. Toscano und Carlo Vecce, Skira Editore 1997.

（8） *Vittoria Colonna e Michelangelo*, a cura di Pina Ragionieri, Firenze 2005.

（9） *Vittoria Colonna. Dichterin und Muse Michelangelo*, pp. 251-254. *Vittoria Colonna e Michelangelo*, pp.114-117.それぞれSebastiano del Piombo, Perino del Vagaと違った画家に帰属されている。近年のポール研究の一大成果、Thomas F. Mayer, *Reginald Pole. Prince and Prophet*, Cambridge 2000, pp.386-438 にはポールの肖像画をめぐる全般的な議論が行われている。ここで引用されている研究者の一人は本文に出る Elisabeth Cropper である。

（10） Massimo Firpo（本章後述）の数多い研究は「霊的人たち（スピリトゥアリ）」に関わる。次の書はそのような一冊であろう。Firpo, *Tra "alumbrados" e "spirituali". Studi su Juan Valdés e il valdesianesimo nella crisi religiosa dell'Italia del '500*, Firenze 1991. このスピリトゥアリの用法に慎重な、あるいは皮肉な意見もある。この語は聖パウロに遡及して、carnale, temporale と対比的言葉であろうが、時代の「霊的人たち」がこれらに無縁であったかどうかは議論が分かれる。また時にそれは intransigente

とも対比されよう。これまた線引きが困難な場合もありえる。だが、Evangelismo とともにこの概念は時代解釈に関わり、議論上不可欠となっている。Elisabeth G. Gleason, *Gasparo Contarini. Venice, Rome, and Reform*, Berkeley and Los Angeles 1993, pp.190-196. Hudon, *op.cit.*, ch.1 なども参考になるところ大である。

(11)　十字架上の死をめぐる歴史的考察として Reiner Haussherr, *Michelangelos Kruzifixus fuer Vittoria Colonna. Bemerkungen zu Ikonographie und theologischer Deutung*, Opladen 1971. ライナー・ハウスヘルは始めに、ともにミケランジェロ伝を書いた Ascanio Condivi, Giorgio Vasari のコロンナとの関連叙述を問題にし、素描《サマリヤ人の女》（本章後述）は後者ヴァザーリの伝記のみに書かれているという。ミケランジェロと同時代人のこれらの著名な伝記には邦訳があり、特に前者コンディヴィは、コロンナとミケランジェロの繋がりを考察する上で極めて重要なフランシスコ・デ・ホランダ（本章後述）による関連箇所を註において詳細に紹介するほどの熱の入れようで、訳者の思いが伝わる。アスカニオ・コンディヴィ『ミケランジェロ伝――付＝ミケランジェロの詩と手紙』高田博厚訳、岩崎美術社、一九七八年。

(12)　Micheal Hirst and Jill Dunkerton, *Making and Meaning. The Young Michelangelo*, London 1994.

(13)　その一冊は Alexander Nagel, *Michelangelo and the Reform of Art*, Cambridge, Mass. 2000.《埋葬》は元来ローマのサンタゴスティーノ聖堂礼拝堂にあった。この聖堂はローマのルネサンス文化上、注目に値する。本章と他の章で少しく述べる予定である。

(14)　次の詳細な研究は、この図像問題から始まる。Romeo De Maio, *Michelangelo e la Controriforma*, Firenze 1990 (1978). 小文では触れないイエズス会士やヒューマニストなど、多様な同時代人と芸術家の関係がこの書では明らかにされる。

(15)　Massimo Firpo, *Gli affreschi di Pontormo a San Lorenzo. Eresia, politica e cultura nella Firenze di Cosimo I*, Torino 1997. 祭壇画分析の歴史は *Ibid.*, pp. 31-53. Cfr. De Maio, p.84.

(16)　Philippe Costamagna, *Pontormo*, Milano 1994, pp. 92-93.　祭壇画分析は *Ibid.*, pp. 252-266. *Micelangelo's* Last Judgment, edited by Marcia B. Hall, Cambridge 2004. こちらは《最後の審判》を美術史的、宗教史的など総合的に把握する試みである。分けても本論の関連では所収された、次の論文が重要であり、註に出る文献も充実している。Thomas F. Mayer, The Historical and Religious Circumstances of the *Last Judgment*, in *ibidem*, pp. 76-94.

(17)　ブロンズィーノは詩人でもあり、クルスカ・アカデミーの一員としても名を残している。

(18)　根占献一「カトリック復興期のヒューマニスト、フランチェスコ・セルドナーティ」、『学習院女子大学紀要』第一〇号

（二〇〇八）、五三—六五頁、特に六四頁。同「カトリック復興期のヒューマニスト、フランチェスコ・セルドナーティ補遺」、『学習院女子大学紀要』第一一号（二〇〇九）、六五—六七頁、特に六六頁。現在では根占『イタリアルネサンスとアジア日本』知泉書館、二〇一七年、第七章参照。

（19） 最近の研究に、Mario Oliva, *Giulia Gonzaga Colonna tra Rinascimento e Controriforma*, Milano 1985. Camilla Russell, *Giulia Gonzaga and the Religious Controversies of Sixteenth-Century Italy*, Turnhout 2006. ラッセルはこの時代に関わってきたイタリア研究者の分析を行っていて、示唆を受ける点が多い。*Ibid*., pp. 44-46. 邦語による研究者の動向では、高津美和「一六世紀イタリア宗教史の研究動向——デリオ・カンティモーリを転換点として」、『西洋史論叢』第三一号（二〇〇九）、九五—一〇八頁。

（20） *I processi inquisitoriali di Pietro Carnesecchi (1557-1567). Edizione critica*, a cura di Massimo Firpo e Dario Marcatto, Città di Vaticano 2000, II, pt. III, pp. 1371-1374. Russell, *op.cit*., pp.205-206.

（21） 眼を通すことができたのは、以下の通り。Maud F. Jerrold, *Vittoria Colonna with Some Account of Her Friends and Her Times*, London 1906. この巻頭図版は興味深いことにレジナルド・ポール枢機卿で、セバスティアーノ・デル・ピオンボ作とある。Amy A. Brenardy, *Vittoria Colonna*, Firenze 1927. これは伝記シリーズの一冊となっている。次にドイツ語圏では、Alfred von Reumont, *Vittoria Colonna. Leben, Dichten und Glauben im 16. Jahrhundert*, Freiburg 1881, 以来、彼女への関心は高い。Johann J. Wyss, *Vittoria Colonna. Leben, Wirken, Werke*, Frauenfeld 1916 は学術的著作である。Kurt Pfister, *Vittoria Colonna. Werden und Gestalt der Fruebarocken Welt*, Munchen 1950.

（22） そのなかで細密に及ぶ Suzanne Therault, *Un cénacle humaniste de la Renaissance autour de Vittoria Colonna chatelaine d'Ischia*, Firenze et Paris 1968 から、最近の研究に基づくのは Abigail Brundin, *Vittoria Colonna and the Spiritual Poetics of the Italian Reformation*, Aldershot 2008, まで多様である。

（23） *Nuovi documenti su Vittoria Colonna*, p. 31.

（24） オキーノについては、高津美和「ジュネーヴのベルナルディーノ・オキーノ——カルヴァンとイタリア人亡命者」、『史観』第一五六冊（二〇〇七）、五六—七三頁、特に六〇—六三頁。離伊する際フィレンツェからコロンナ宛に出した書簡は、*Carteggio di Vittoria Colonna Marchesa di Pescara, raccolto e pubblicato da Ermanno Ferrero e Giuseppe Mueller*. Seconda edizione con Supplemento raccolto e annotato da Domenico Tordi, Torino 1892, pp. 247-249.

(25) Charles de Tolnay, *Michelangelo vol. V The Final Period. Last Judgment, Frescoes of the Pauline Chapel, Last Pietàs*, Princeton NJ 1971, p. 68.
(26) *Michelangelo e Vittoria Colonna*, pp. 65-76.
(27) たとえば、Pierre de Bouchaud, *Les poésies de Michel-Ange Buonarroti et de Vittoria Colonna. Essai sur la lyrique italienne du XVIe siècle*, Paris 1912. これは第一部でミケランジェロ、第二部でヴィットリア・コロンナを扱い、後者にはコロンナの伝記も含まれる。
(28) 註24に既出の *Carteggio di Vittoria Colonna Marchesa di Pescara, raccolto e pubblicato da Ermanno Ferrero e Giuseppe Mueller*. これは当時の著名な歴史家 Alfredo Reumont の思い出に捧げられている。最近の書簡研究では、コロンナとマルグリット・ド・ナヴァルの往復書簡を取り上げた Bally Colett, *A Long and Troubled pilgrimage. The Correspondence of Marguerite d'Angouleme and Vittoria Colonna 1540-1545*, Princeton NJ 2000.
(29) 註3参照。
(30) カルネセッキによれば、il Pole<faceva professione di amarla[Vittoria Colonna]et honorarla come madre, et lei *e converso* teneva il cardinal per figliolo, et come tale mostrò di tenerlo in effetto, havendo lasciato herede di nove o dieci millia ducati che ella haveva sul monte della Zecca di Vinetia, …>. Estratto del processo di Pietro Carnesecchi, a cura di Giacomo Manzoni, in *Miscellanea di storia italiana*, vol. X, Torino 1870, pp. 187-573, 特に p.267. この箇所は *Carteggio di Vittoria Colonna Marchesa di Pescara* に所収された Appendice, pp.331-332 に含まれる。*Nuovi documenti su Vittoria Colonna e Reginald Pole*, p. 67 n.6.
(31) *Nuovi documenti su Vittoria Colonna e Reginald Pole*, pp. 149-151, 特に pp. 150-151.
(32) 『ミケランジェロの手紙』杉浦明平訳、岩波書店、一九九五年、三一一—三一二、三三一—三三二頁。ミケランジェロは在フィレンツェの甥レオナルド宛書簡でもよくコロンナについて言及している。特にコロンナ詩集に触れているのは、同上、五〇五—五〇六頁の書簡（一五五一年）。邦語文献で以下の本文と関わる論文に、宮田克人「『ロンダニーニのピエタ』について」、『ミケランジェロ研究』平凡社、一九七八年、二〇七—二三二頁、特に二一五頁以下。邦訳されたミケランジェロ文献では、ド・トルナイ『ミケランジェロ 彫刻家・画家・建築家』田中英道訳、岩波書店、一九七八年、一〇九—一三四頁。同『ミケランジェロ 芸術と思想』上平貢訳、人文書院、九四—一三九頁。

（33） 宮内、前掲論文の二三一頁註41。前後の文脈を知るには全訳の『ミケランジェロの手紙』三二一頁。Charles de Tolnay, *op.cit.*, p. 56.

（34） Charles de Tolany, *ibid.*, p. 54. ジュリア・ゴンザーガ宛書簡でコロンナがバルデスによる聖パオロ（パウロ）書簡注釈を受け取ったことが分かる。*Carteggio di Vittoria Colonna Marchesa di Pescara*, pp. 238-240, 特に 240. この書簡集の註によれば、バルデスがゴンザーガに捧げた聖パウロのローマ人宛書簡注釈を指す。

（35） 註21で挙げた Jerrold, *Vittoria Colonna* にはヴィテルボと題した章がある。Mayer, *Reginald Pole*, pp. 103-142 (*The Church of Viterbo?*) で、ナポリからヴィテルボに移動した観のある「霊的人たち（スピリトゥアリ）」を詳細に検討している。彼らとサヴォナローラ派との関係、コンタリーニとポールなどの人間関係、また思想の相違、『キリストの恵み』の内容と筆削問題など多様である。

（36） Mayer, *op.cit.*, pp. 103-104. イタリアの著名な研究者 Paolo Simoncelli や Massimo Firpo に比較して、メイヤーはこのグループ内の色分けに慎重な筆法を取る。この問題に関連するシモンチェッリの書は *Evangelismo italiano del Cinquecento. Questione religiosa e nicodemismo politico*, Roma 1979.

（37） *Carteggio di Vittoria Colonna Marchesa di Pescara*, p. 269 (CLVIII). この短い書簡にはルドヴィーコ・ベッカデッリ（表記は Lodovico Becadello）の名も見える。年代は一五四二—四三年八月二四日。Adriano Prosperi, Michelangelo e gli “spirituali”, introduzione a Antonio Forcellino, *Michelangelo Buonarroti: Storia di una passion erotica*, Torino 2002, pp. IX-XXXVII.

（38） Maria Forcellino, *Michelangelo, Vittoria Colonna e gli “spirituali” . Religiosità e vita artistica a Roma negli anni Quaranta*, Roma 2009.

（39） *Ibid.*, pp.128-130.

（40） *Ibid.*, pp.192-215.

（41） Alexander Nagel, Gifts for Michelangelo and Vittoria Colonna, in *Art Bulletin*, 79 (1997), pp. 647-668. さらにネイジェルの研究書は註13参照。Brundin, *op.cit.*, pp. 67-69.

（42） *Nuovi documenti*, pp. 81-88.

（43） Meredith J. Gill, *Augustine in the Italian Renaissance. Art and Philosophy fromo Petrarch to Michelangelo*, Cambridge 2005, pp.153-162. 根占献一「ピエリオ・ヴァレリアーノ著『学者たちの不幸』を読む――ヒューマニストたちの運命」、『学習院女子大学紀要』第一二号（二〇一〇）、六七―八二頁、特に七八―七九頁。本書の第五章を参照。

（44）Esther Gordon Dotson, An Augustinian Interpretation of Micelangelo's Sistine Ceiling, Part I and Part II, in *The Sistine Chapel,* edited with Intoroduction by William E. Wallace, New York and London, 1995, pp. 169-227. ページ番号は *Micelangelo. Selected Scholarship in English,* 5 vols 中の第二巻に所収されたものであり、初出の *The Art Bulletin* 61 (1979) に出たままの形で収録されている。いずれにせよ、ミケランジェロの英語文献だけでも膨大な数に達している。

（45）Janet Cox-Rearick, *Dynasty and Destiny in Medici Art. Pontormo, Leo X, and the Two Cosimos,* Princeton, NJ 1984. 邦語文献でフィレンツェ商人の事業家心理を老コジモを介して描くのは、西藤洋『神からの借財人コジモ・デ・メディチ』法政大学出版局、二〇一五年、である。本書表紙には肝心のポントルモの絵が使われている。

（46）Eadem, *Bronzino's Chapel of Eleonora in the Palazzo Vecchio,* Berkley, Los Angeles, and Oxford 1993.《モーセの生涯》（*Vita di Mosè*）解読がその中心をなす。こちらは主題上、本章初めから述べた宗教上の議論と繋がる点がある。

（47）Eadem, *The Drawings of Pontormo,* 2 vols, Cambridge, Mass. 1981 (1964).

（48）マルゲリータに関しては、Renato Lefevre,《*Madama*》*Margarita d'Austria,* Roma 1986. 未亡人となった彼女と直ちに Ottavio Farnese が再婚した。迎える側の思惑は Firpo, *op.cit.,* p. 314. カール五世庶出の娘はメディチ家を離れ、時のローマ教皇でファルネーゼ家出身のパウルス三世孫に嫁いだ。

（49）Salvatore S. Negro, *Pontromo,* Milano 1994, X,8, p.186 でコジモ一世とすることには大いに議論があると指摘する。

（50）Elizabeth Cropper, *Portrait of a Halberdier,* Getty Museum Studies Art, Los Angeles 1997. コックス＝リーリックは次の論文でクロッパーから受けた反論を指摘している。Cox-Rearik, Art at the Court of Duke Cosimo I de' Medici (1537-1574), in *The Medici, Michelangelo, and the Art of Late Renaissance Florence,* New Haven and London 2002, pp. 35-45. 本文（p.35）とキャプション（Fig. 21）に相違が見られる。この書はフィレンツェ（*L'ombra del genio: Michelangelo e l'arte a Firenze, 1537-1631,* Palazzo Strozzi）と米国で二〇〇二年から二〇〇三年にかけて開催された展示のカタログでもある。

（51）Luciano Berti, *Pontormo e il suo tempo,* Banca Toscana 1993, p.154.

（52）コックス＝リーリックの見解と変わらぬフランス研究者のそれは、Costamagna, *Pontormo* , p. 90. そしてここでも共和政府の遺産が示されているとする点では米国研究者たちと同一である。コスタマニャでは問題の絵画題名は《矛槍人の服に扮したコジモ一世の肖像》(*Ritratto di Cosimo I in divisa d'alabardiere*)。フィルポは彼の見解を支持する。Firpo, *op.cit.*, pp. 308-309.

（53） Luciano Berti, *op.cit.*, pp.152-159, 特にp.152.

（54） Cfr. Melissa Merian Bullard, *Mercatores Florentini Romanum Curiam Sequentes* in the Early Sixteenth Century, in *Journal of Medieval and Renaissance Studies*, 6 (1976), pp. 51-71.

（55） *Rapahel, Cellini and a Renaissance Banker: The Patronage of Bindo Altoviti*, (Isabella Stewart Garder Museum, Boston, and Museo Nazionale del Bargello, Firenze (2003-2004), Mondadori Electa 2003.

（56） Francesco Guidi Bruscoli, *Benvenuto Olivieri, I* mercatores *fiorentini e la Camera apostolic nella Roma di Paolo III Farnese (1534-1549)*, Firenze 2000.

（57） Mayer, *Reginald Pole*, p. 386 n. 129. ポールに関しては、Dermont Fenlone, *Heresy and Obedience in Tridentine Italy. Cardinal Pole and the Counter Reformation*, Cambridge 1972 とともに、W.Schenk, *Reginald Pole. Cardinal of England*, London, New York and Toronto 1950 を優れた研究書と見なすが、英語で執筆したドイツ人研究者ヴィルヘルム・シェンクに関するメイヤーの情報も興味深い。Mayer, *op.cit.*, pp. 383-385.

（58） ロレンツォ・ロット（一四八〇頃―一五五六）もまたこの時代の宗教史の展開と関わる画風の持ち主であったが、ロットに関わる次の論文は本論との関連で示唆が与えられる。Adriano Prosperi, The Religious Crisis in Early Sixteenth-Century Italy, in *Lorenzo Lotto. Rediscovered Master of the Renaissance*, Washington, New Haven and London 1997, pp.21-26. 特にp. 23。同じアドリアーノ・プロスペリの Edizioni di Storia e Letteratura から出た、次の書は再刊された。*Tra Evangelismo e Controriforma. G. M. Giberti (1495-1543)*, Roma 2009 (1969). その Prefazione にはこの時代の宗教問題に接近する際の方法が叙述されているのではなかろうか。さらに、白川太郎「イタリア中世史研究と「宗教運動」――その成果と課題」（仮題）、『早稲田大学文学研究科紀要』第二八五輯、二〇二〇年三月発行予定。これに基づく発表を聴く機会があり、本拙論に有意義な内容を有していると判断した。

第五章　ピエリオ・ヴァレリアーノ『学者の不幸』

――ヒューマニストたちの悲哀――

はじめに

先の章で時代の転換期を代表する芸術家や宗教人に言及した。この転換期は先ずは一五世紀末のフランス国王のイタリア半島遠征から始まり、世紀が改まると、アルプス北側では宗教改革が起こり、新段階を画した。フランスと神聖ローマ帝国が半島をめぐって長い戦争状態が継続する過程の中で「ローマ劫掠」が勃発し、世も末と思われた。またしばしばイタリア・ルネサンスの文化的繁栄はここに止めを刺されたとも評された。本章はこの出来事が当時の知識人に如何なる感慨を持たせるに至ったかを示す文献の紹介である。

一　ヴァレリアーノ『学者（文学者）の不幸』校訂版

中世から近世にかけての時代は、思想・芸術史上、ルネサンスと呼ばれる。この頃のイタリア諸都市は独立した国家として、独自の文化を誇った。たとえば、フィレンツェとパドヴァの両都市は、それぞれフィレンツェ共和国とヴェネツィア共和国の中心地であった。フィレンツェは共和精神と「プラトン・アカデミー」の町として、そしてパドヴァは大学都市として、イタリア内外の同時代人の関心を惹きつけ、訪れ、学ぶ者は多かった。両都市の異なる特徴はルネサンス思想を考察するうえで意義深く、前者は「市民的」ヒューマニズムとプラトン主義に、後者はアリストテレス主義の問題に深く関与する。

これに対し、ローマはどうであろうか。この都市は「永遠の都」としばしば俗称される。ここに、この都市を理解するうえでの陥穽がないであろうか。紀元前から栄え、地理学的にローマは常にローマである。だが、長い中世の間、皇帝はこの地にはいなかった。教皇もまた、ルネサンスの直前、あるいはその前史において不在の期間がしばらく続いた。所謂アヴィニョン教皇時代である。のみならず、教皇たちが並び立つシスマの時代もあった。一五世紀に入ってからも、公会議派の勢力は留まることを知らなかった。ローマが教皇の住む町となるのは、マルティヌス五世からであるが、同派の力に押された、次の教皇エウゲニウス四世もフィレンツェに長く滞在することを余儀なくされた。このため、近代ローマの始まりはこのあとのニコラウス五世から始まると言ってもよいであろう。ジャンノッツォ・マネッティの同教皇伝はその頃を知る傑作であり、興味深い記述に満ちている。ヴァティカンの建造物を伴う、ローマの発展する姿をここに見ることができる(1)。

こうしてローマ・ルネサンスの理解にはまた、先の都市とは異なる視点が重要であろう。それはキリスト教世界の一大中心地としてのローマである。当地には教皇領国家を率いるローマ教皇が君臨してイタリア内外の国家と競合関係にあるだけでなく、神聖ローマ帝国皇帝とは二大権威を担う間柄にあった。一五世紀末以来のフランスの度重なるイタリア進出は、フィレンツェ共和国を代表する正義の旗手やヴェネツィア共和国の統領（ドージェ）とともにローマ教皇に、アルプス以北の両大国間における困難な外交舵取りを切らせることになる。特にこの教皇位にメディチ出身者が就いた場合には、フィレンツェの掌握をめぐって、メディチ派と共和主義派の対立が国際関係を背景に激化する。

そのような時代を見るうえで数多くの史料と研究文献には事欠かないが、割と知られていず、また知られているとしても、この作者の高名な作品から先入見が生じやすいものといえば、ヴェネツィア共和国ベッルーノ（Belluno）出身、ピエリオ・ヴァレリアーノ『学者（文学者）の不幸』（*De litteratorum infelicitate, libri duo*, Venezia, 1620）ではなかろうか。今 NACSIS で調査すると、彼の別の著作『ヒエログリフィカ』（*Hieroglyphica*, Lyons, 1620［New York, 1976］）は現代語訳を含めて日本の大学図書館にかなり収蔵されている。[2] これはこの国における図像学研究の隆盛と少なからず関わるであろう。

筆者自身がピエリオ・ヴァレリアーノ（一四七七―一五五八）の名を強く記憶に刻まれたのは、エドガー・ツィルゼルの研究書を読んだ時のことであった。かれこれ三〇年以上前の昔である。懐かしさも手伝って、この書を小著『共和国のプラトン的世界』で引用した。[3] この一世代間、ヴァレリアーノの原書に接近する機会はほとんどなかったが、インターネット時代を迎えて古書の入手が容易となり、[4] また英語対訳版が現われたために、非常に身近な著作になった。[5] そこで本論ではこの対訳版に基づき、全二巻からなる『学者の不幸』の内容案内を試みたい。なお対訳版編纂者ゲイサー（Julia Haig Gaisser）はカトルス研究でも知られる古典学者で、古代ローマ詩人のルネサンス時代における読解研究で学術的貢献を果たした。[6]

二　『学者の不幸』第一巻

書の冒頭は次のように始まる。「最近、教皇（pontifex maximus）クレメンス七世崩御の根拠のない噂として評判が広がり、彼の甥たち、イッポーリトとアレッサンドロがこの上ない速さで旅路を急いでローマを目指した時に、私は（メディチ一族の）家人の随行者とともにもっと緩々と追って、この都市に入ったのだが、その翌日、私が青年初期から絶え間なく崇めてきた、天賦の才、学識、それにまことに最高の知恵を持つ、この高名な人物、ヴェネツィア共和国大使ガスパロ・コンタリーニを訪ねることよりも、もっと大事なことはなかった」(7)、と。この書き出しから、いつの時代のどのような状況下なのか、また著者の生き様が見えてくる。メディチ家出身の教皇の命が危なかったのは一五二九年一月であった。北イタリア出身のヴァレリアーノはメディチ家の若様に仕えていた。同月一〇日、イッポーリトは死期の迫る教皇により枢機卿に任じられ、ヴァレリアーノは彼の秘書官となった(8)。奉仕していた一族の教皇が危篤状態にある時に、ヴァレリアーノには好機到来とヴェネツィアの高官と会う機会を逃すまいとした。

だが、訪ねると、コンタリーニは不在であり、ローマの七大教会の巡礼に出ていた。時はちょうど四旬節（quaresima）にあたっていた。七大教会とは、聖パウロ・フゥオーリ・レ・ムーラ、聖セバスティアーノ、聖ジョヴァンニ・（イン・）ラテラノ、聖クローチェ、聖ロレンツォ・フゥオーリ・レ・ムーラ、聖マリア・マッジョーレ、聖ピエトロの各聖堂を指す。このヴェネツィア貴族はなぜローマにいたのか。教皇への派遣大使として、神聖ローマ帝国皇帝カール（カルロス）五世を説得してヴェネツィア陣営に加入させるとともに、教皇が領地として要求するヴェネツィア共和国の都市、チェルヴィアとラヴェンナを断念させるためであった。一五三〇年にはコンタリーニの外交努力も空しく、教皇はボローニャで皇帝を戴冠し、両都市は割譲の憂き目にあった(9)。

コンタリーニが留守であることを知り、ピエトロ・メッリーニを訪ねようとするが、このとき、ロレンツォ・グラーナとアンジェロ・コロッチに会うことになる。彼らもまたコンタリーニを訪問するところであった。訪問の目的を聞く中で、彼らは前の日もコンタリーニと会い、学識者が時代の不運と不幸に遭遇するために生まれてきたのではないかと言う疑念を、彼から払拭させられたことが明らかになる。コンタリーニとの対話の一部始終を、順を追って聞きたいと、ヴァレリアーノが願う気持ちを察して、メッリーニ家に向かい、ここの中庭に場面が移ってゆく。メッリーニもまた、不十分ながら、ジョヴァンニ・アントニオ・ポッリオからその会話を伺っていたので、全体を知りたいと願っていたところであった(10)。

グラーナが昨日、コロッチ、ポッリオとともに会った際のコンタリーニの話の内容を物語ることになる。ポッリオの発言もグラーナが行う。これによると、いずこの町よりもあまたの学者を生み、また招いて育てたローマに、一五二七年のローマ劫掠によってもたらされた悲劇が話題になっていることが明らかになる(11)。クレメンス七世も命からがら、その年の暮にローマを脱出してオルヴィエートに難を逃れた。ローマに戻ったのは一〇か月後であった。そのような教皇に使節代表として付き添っていたのがコンタリーニであった。このようなローマにやってきた知識人は、以前と同様、「哲学者たち、雄弁家たち、詩人たち、ギリシアやラテン文学の教授たち」(12)との出会いを求めていた。劫掠事件によってもたらされた学者の断末魔がその口から語られるものの、知識人たる対話者などの存在にコンタリーニは一定の安堵感を抱いた。

一般的に、ヴァレリアーノの作品はこの大事件による学者の惨状が主題であるとされるが、コンタリーニと同郷のアキレイア総大司教エルモラオ・バルバロの悲劇も、対話の中で語られたことが知られる。それは一五世紀末の出来事でローマ劫掠とは無関係であるが、ローマ教会とヴェネツィア国家間の相剋が、コンタリーニ同様、大学者であるバルバロの運命の暗転として、ポッリオが指摘することになる。さらにポッリオは、劫掠に際してスペイン人に殺されたクリストーフォロ・マルチェッロも語るが、やはりこの事件に無関係なカミッロ・ポル

ツィオ（カミッロ・ポルカーリ）とマルコ・ムスロの最期も紹介している。(13)

セーニ司教であるグラーナは次に枢機卿アドリアノ・カステッレージや同じく枢機卿アルフォンソ・ペトルッチの、特にレオ一〇世との対立を取り上げる一方、メディチ家の不運、不幸、レオ一〇世の親族たちの命運、若死にに言及する。ここもまた、ローマ劫略と関係はない。余りの悲運に語る人も黙し、聴く側も黙ってしまう。(14)この沈黙を終わらせたのはポッリオであったが、彼の語る話はもっと古い話で、ハンガリー王マッティアス・コルウイヌス（フニャーディ・マーチャーシュ）の恩顧を失った、クインクエエクレシアエ司教ヤヌス・パンノニウスの哀れな最期であった。(15)グラーナが再びアッコルティ一族の病魔を語り、学問に秀でた者たちの変わらぬ運命に考えさせられる。(16)またアントニオ・マロスティカ（マッテアッツィ）も同じく伝染病で亡くなったため、書籍を含む持ち物一切が焼却された。病気感染を防ぐためとはいえ、研究者には堪らぬ処置であった。ポルトガル人のロドリゴの若死にも似たようなものであり、ナポリ貴族ジローラモ・カルボーネも同じことだった。(17)この文脈で、ロドリゴがイベリア半島に使節としてきたエジディオ・ダ・ヴィテルボと会ったこと、カルボーネがポンターノやサンナザーロ（アクティウス）から評価されていたことが言われる。

さらにピエトロ・グラヴィーナが伝染病のため友から見捨てられたこと、ジョシフォンテの数奇な運命のこと、エルコレ・ストロッツィやジョヴァンニ・レジョ、コドロ・ウルチェオ、ムティウス・アレリウス、パオロ・ボンバチェ、ドナト・ポッリオの悪運のことが次々に紹介される。彼らは有為な人物ながら、殺された。ボンバチェはまさにローマ劫掠に際して命を落とした。(18)

ドナト・ポッリオがローマ大学の教授であったために、以下、アントニオ・フラミニオ、アントニオ・アミテルニーノ、アウグスト・ヴァルド、ジャノ・パッラシオ、トンマーゾ・フェードラ、カミッロ・パレオッティ、小フィリッポ・ベロアルドなど、同大学関係者の悲劇が語られる。(19) 中にはボローニャ大学からローマに移ってきた人もいる。それでもここでもまた、必ずしもローマ劫掠とは繋がらぬ人が多く、フェードラ・インギラーミの場合には現代風に言えば、交通事故に遭った観がある話で、それは彼の有名なエクスヴォート（奉納物。聖ジョヴァンニ・［イン・］ラテラノ聖堂美術館蔵）に残っている。事故については本書第二章でも言及した。

今度はコンタリーニが、北イタリアのマルカントニオ・サベッリコ、ジョルジョ・ヴァッラ、ジョヴァンニ・カルフルニノを語ることで、ローマの場合と同様に哀れな急死に言及する。ヴァッラを取り上げると、彼はキケロの『トゥスクルム荘対談集』を講義し、霊魂の不滅（不死）を熱心に論じているときに突然死を迎えた。こ の苦しみを伴わない死を幸運な例に数える人がいるが、キリスト教的見地からコンタリーニは否定する。(20) さらに、ヴァレリアーノの故郷ベッルーノの話が出、教師として著名なジョヴァンニ・バッティスタ・エニァツィオが物語る形に変わる。その中で、ジョシッポ・ファウスティーノの悲劇が取り上げられるとともに、ガレオット・ダ・ナルニの落命が言われる。ガレオットの場合は肥満体による下馬の失敗であるから、やや滑稽な死に方となっている。(21)

ここでポッリオがコンタリーニにヴェネツィアのパオロ・カナルのことを語って欲しいと求め、これにコンタリーニは応じて、プトレマイオス『地理学』（*Geographia*）の翻訳と研究で知られるカナルの夭折に触れる。カナルは宗教上も申し分なかった人物と紹介されてもいる。(22)

このの ち、コンタリーニは同郷のニッコロ・アンジェリコ、マッテオ・アルビノ、ジローラモ・ダ・ペザロ、ジョヴァンニ・カンパニを紹介する。この話の中でしか知られていない人物も含まれて興味深い。最後の人物はヴェネツィアとパドヴァで学び、医業を生業とし、ブルージュのイタリア商人たちの間で働いていたが、後には、ローマの「人々の光輝の中で生きようと、ローマに移住し」、「自然的事物の問題を練り上げ」る心積もりだった。(23)さらに、悲劇的最期を迎えることになる、医術に関わる学者が語られていく。学者には綺麗過ぎる妻をもらったベルナルディーノ・カムジ。アラビア医学を究めようとしたアンドレア・モンガイオ。ジュリオ・ドリオニの変転極まりない人生。マルカントニオ・トッリアーニの場合は、ヴェネツィア＝カンブレ同盟間の戦争のため、パヴィアに移住することになるが、そこで高熱に襲われ、死去する。熱病では、若くして世を去ったジョヴァンニ・コッタの話が次に来る。歳に不足はないものの、ダンテ・イル・テルツォ・アリギエリの場合も紹介される。(24)ついで、ジローラモ・ボロニ、ジャコモ・パガニ、ジローラモ・ドナト、ガブリエレ・ゼルビの話に引き継がれる。(25)統領として著名なアンドレア・グリッティ時代に関わるゼルビの体験はかなり詳細に紹介されている。ローマ教皇シクストゥス四世との論争やイスラム地区での活動はなかなか興味深い。(26)

今度はコロッチが発言し、延々と自殺者を羅列していく。(27)その死はこれまで語られてきた死の原因よりも、はるかにおぞましいものであることが力説される。事例は古代からも引かれ、デモステネス、カトーらの名が出る。それは宗教的にも受け容れ難いことが示唆される。(28)次いで、マルコ・カバッリーノ、ロレンツォ・ロレンツィ、ピエトロ・レオーニ、ジョヴァンニ・バッティスタ・アルビーノ、フランチェスコ・フォルトゥニオ、ジュリアーノ・ダ・カメリーノ、ジョヴァンニ・ヴァルデジオと続く。(29)「言語文献学者」(grammaticus)ジュリアーノ・ダ・カメリーノの話はローマ劫掠と直結する。彼はレオ一〇世の甥で枢機卿となるインノチェンツォ・チーボを教えるべく、雇用されていた。(30)スペイン人ジョヴァンニ・ヴァルデジオ（ファン・バルデス）の場合は婚約に纏わる話で、相手の女性はマルカントニオ・アルティエーリの娘であった。(31)そして最後に、コンタリーニと同郷で貴族のフランチェスコ・プリウリの自殺の試みが詳述される。この人物は占星術に秀でていて、レオ一〇世、特にアゴスティーノ・キージに気に入られたと紹介されている。気が狂れたらしく、キージは自害を阻止するよう召使に言い聞かせていたが、その甲斐は空しかった。窓から身を投げ、即死には至らなかったものの、瀕死状態に陥る。キージの命でローマに運ばれた。レオ一〇世の侍医シチリア人のフェルディナンド・バラミが呼ばれる。バラミとヴァレリアーノの懸命の努力にもかかわらず、プリウリは水さえ摂ろうとしなかった[32]。「まことに堅忍不抜この上ない五日間の断食に憔悴し、涙に暮れる、掛け替えないピエリオ（・ヴァレリアーノ）の腕の中で息果てたのであった[33]。」

この話に嘘偽りがないことがヴァレリアーノ本人から保証される。そこに外来の少年から、枢機卿アゴスティーノ・トリヴルツィオからグラーナへのある重要用件が伝えられる。フランスからの急便である。そこで、翌日、コンタリーニを交えたこの種の談話が再開されることが約束され、散会となる[34]。

三　『学者の不幸』第二巻

冒頭で、ふたりの人物、トンマーゾ・ピエトラサンタとジョヴァンニ・マリア・カッタネオが加わることが示される。そして早速、前者ピエトラサンタのもたらす情報が昨日の最後の節と関わることが明らかとなる。それはアンドレア・ナヴァジェロのフランスでの客死である。コロッチは彼の死だけでなく、これに先立つが、しかし同年一五二九年のバルダッサーレ・カスティリオーネのスペインでの客死にも言及し、イタリアの文化的損失が続く禍に言及せざるをえない[35]。それでもコロッチは学者の悲劇を物語ることで、昨日の談話を再開しようとする。すると、カッタネオが発言し、どのような人物の悲惨な状況が語られたかと問う。コロッチは長くなってし

まうので、昨日の細部は別の機会に自分たちに訊くことを求め、今日の話題に移っていく。(36)

コロッチは、ローマに生まれようが生まれまいが、われらとわれらのムーサイたちとあり、この共通の祖国を自らに選んだ者たちはローマ人であると宣言したのちに、シエナ出身のバンディーニ・プロレメーノの話をする。その中で、同じく若死にした、既出のパオロ・カナルの名が出、昨日の続きであることが示される。彼に劣らず、才豊かであり、その死を惜しまない学者はいなかった。同じく学識に満ち満ちた実弟ラッタンツィオを残したが、シエナ人もローマのアカデミーもただ悲嘆にくれるばかりであった。(37) 次いで、ローマ人の間で著名なニッコロ・デッラ・ヴァッレの、そしてカメリーノ出身者でローマ・アカデミーの賞賛を得たバルトロメオ・タルドーロの早世に言及する。そしてこのバルトロメオの父、ルーカのローマ劫掠との痛ましい出会いも添えられる。(38)

さらに、同劫掠の難には遭わなかったフランチェスコ・パルミエーリの不運に言及したあと、モデナ出身の学識ある能吏ジョヴァンニ・フランチェスコ・フォルニの若死にが語られる。マントヴァの枢機卿エルコレ・ゴンザーガに従い、劫略後、教皇クレメンス七世が難を逃れたオルヴィエートにやってきたが、重病に陥り、帰らぬ人となった、と。(39) ギリシア人でギリシア学芸の復興に貢献したデメトリウス・カルコンデュレスの祖国喪失の話に移り、その娘テオドラのジャノ・パラッシオとの結婚に言い及ぶ。そしてこのジャノはレオ一〇世によってローマ大学の教授となり、テオドラの生活に支障がないようにした、と。ところが、カルコンデュレスの息子たち、テオフィルス（ヤヌス・ラスカリウスの教え子）の殺害と、バシリウスの病死が語られる。若死にしなければ、どんなに立派な学者になったことかと、ひとしきり、運命を嘆く。バシリウスとムスロが去ったあと、ギリシア人で学者としての名声を保ったのは、ラスカリスだけとなった。その彼も病気には苦しめられたと言い添えられる。(40)

次に、ローマを舞台にしたベルギー出身――文中ではGermanogallusとある――のクリストフ・ドゥ・ロングィユに纏わる名高い事件が登場する。(41) かつてフランス国王聖ルイ九世を讃えたこの外国人に、ローマ市民権を付与することの意義が問われ、賛否両論、学者間を二分することとなる。その中で、ピエトロ・メッリーニ兄弟の悲劇が語られる。兄ジローラモの病による夭折に次いで、ロングィユに激しく抗弁した弟チェルソの悲しい結末である。この才豊かな雄弁なる外国人もまた、パドヴァで早死にする。ピエトロは、七年余り、弟の死（一五一九年とされるが、対話の時代と合わない）から経過しているにもかかわらず、表情が青ざめたと描写され、トラウマが残っていることが明らかとなる。(42)

次いで、カッタネオの発言となり、同じく若死にする弟子ジョヴァンニ・ボニファツィオ・ヴィットリオの、ローマ劫掠との遭遇、そして逃げ口を求める中、ルカニアに向かう船上での感染の話となる。ルカニア海岸沿いの彷徨の中で多くの犠牲者が出、教え子も例外でなかった。師は優れた弟子のために墓標のみを立て、その死を悼む詩を書いた。これに対しピエトラサンタが、ピエトロ・アルチョニオの文体をカッタネオは認めていないのではないかと、口を挿む。カッタネオはコロンナ一族との関係を踏まえてアルチョニオの人間性を問題にして反論している。次に、クリストーフォロ・バッティの場合には、パルマでのフランス軍侵略や伝染病に遭遇するさまが描かれ、感染を恐れて、不滅となっただかもしれない著作が焼却されたという。(43) このような話は前日にも出てきた。

さらに三人の悲劇が語られる。「言語文献学者」（grammaticus）のダニエレ・カエタニは主君フランチェスコ・マリア・スフォルツァと運命をともにし、タッデオ・ウゴレットはハンガリー王マッティアスの死後、貧困に泣き、ステファノ・ネグリも困窮に苦しんだ。彼らはともにポー川流域の人たちである。父親が北伊ブレッシャ出身と言われるアンドレア・マローネの名も忘れられていない。詩人として有名であったが、ローマの惨状に出くわし、哀れな死を迎えることになる。そのなかで、自分の書き物に対する運のなさに苦悩の限りを味わったのである。(44)

ピエトラサンタにより、トスカーナでの悲劇が除外されていると指摘され、メッリーニはそれに気づいていて自分が語る役を務める気があったが、その任は彼の役割となり、発言しだす。最初に取り出される人物は、ロレンツォ・イル・マニフィコの長子ピエロである。祖国フィレンツェを追われ、帰還の望みを抱きながら、溺死に至るまでの過程が描かれる。水死の観点から、次に兵士であるとともに詩人として名を馳せたマルッロ・タルカニオタが来る。その中で、マルッロを謳うヴァレリアーノの詩が朗誦される。マルッロの父は、コンスタンティノポリス陥落(一四五三年)後に亡命したギリシア人であった。このマルッロとの激しい論争でも知られるアンジェロ・ポリツィアーノが登場する。ポリツィアーノはイル・マニフィコのお気に入りの学者で、その子息たちの家庭教師を務めた。彼に関しても、ヴァレリアーノの著作の主題から、その死に言及するが、性癖として同性愛に触れている点が目を惹く。同じく学者ながら、フィレンツェ共和国の書記局官長マルチェッロ・ヴィルジリオに話題が移り、事故で発語が不自由になり、公生活に支障を来たすことになったという。ここでは人生の悲哀が語られている。(45)

悲哀の観点ではジローラモ・マッサイーニも同様である。君主の恩顧を当てにせず、生きていたが、ローマ劫掠に巻き込まれ、悲しみに圧倒される。その中で救われるのは、フェルトレ司教トンマーゾ・カンペッジョとの出会いであった。シピオーネ・カルテロマコの場合は、コロッチやレオ一〇世、その従兄弟ジュリオ・デ・メディチ(後のクレメンス七世)と友人に恵まれていたが、ピストイアで急激な発熱に襲われ死去した。メディチ家のこのふたりとの関係がジョヴァンニ・ルチェッライでは指摘される。枢機卿の地位に就けずに、運が味方せず、やはり熱を発し、亡くなったと言われる。(46) 教会政治の点では、サンタンジェロ城代ジョヴァンニ・フランチェスコ・デッラ・ローヴェレもルチェッライに似ていよう。ユリウス二世と同族で枢機卿位が楽しみだったが、教皇が亡くなってしまう。次のレオ一〇世からも将来性を期待されたが、今度はデッラ・ローヴェレが若くして死を迎える。(47)

同胞市民ピエトロ・マルテッリに話題を転じ、ギリシア語・ラテン語のみならず、ヘブライ語にも応えられる能力を有し、気品ある書簡を認め、見事なエピグラムを草したと言われる。ただ、病に苦しめられ、学識豊かな書が未刊のままに遺されたが、クレメンス七世に仕える息子のブラッチョが遺言に従い、数学（占星術）に関する著作を完成し、ローマ劫略から守ることができた。しかし、それらがピエトロ・アルチョニオの手に落ちたとき、再び日の目を見ぬように、発刊を抑えられた、と。同じくトスカーナ、アレッツォ出身のジェリオ・ヴァルダンブリノは、今教皇座に就くジュリオ・デ・メディチに目をかけられたが、急死した。チッタ・カステッロの主ヴィテッロ・ヴィテッリは軍人であったが、ラテン語とギリシア語ができ、道徳哲学、歴史学、宇宙誌などに関心を有していた。ヴィテッリが奉仕するクレメンス七世（ジュリオ・デ・メディチ）側がコロンナ家と戦う中、これまた急死した。急逝の話につづき、今度は裏切りの廉で残酷な死を与えられた若者二人が取り上げられる。ジュリオ・デ・メディチに対する陰謀を働いたヤコポ・ギアチェットとオラツィオ・バリオーニを風刺したアルメリコ・ミニアーティである。(48)

「コロッチが、ローマを自らのために共なる住まいとして選んだ者たちをローマ人と呼んだのに従って、私は同じ理由で、文学あるいはほかのものにフィレンツェで進歩した人たちをトスカーナ人に加えようが、優れた二人のピーコ・デッラ・ミランドラとジローラモ・サヴォナラーラはその中に入ろう」と述べ、まずピーコについて語る。それは九百の論題で嫌疑をかけられ、アレクサンデル六世に許された、有名な話に言及する。だが、ピーコが煩悶し、世を厭って亡くなったとされる。その同じ教皇と対立したサヴォナローラは自分が神に選ばれた人であることを公言したが、それが虚偽であるとされ、焼き殺された、これまた名高い史実が紹介される。(49)

ここで、メッリーニはたくさんの学者殺しを見たコルシの言を聞きたいと提案。これに対し、コロッチが賛同を表明した。そこでコルシの発言となる。(50)「激越な死の類いで片付けられた」好学の者たちとして、早速名が挙がるのがペーザロのパンドルフォとアンコーナのチンツィオである。前者はヴァレンティノ・チェーザレ（チェーザレ・ボルジア）により絞首刑に、後者はその父教皇アレクサンデル六世やユリウス二世に苦しめられたことが言われる。チンツィオの死はさらに、ファーノのオッタヴィオ・クレオフィロの、嫁資で騙した義父に毒殺される死を思い起こさせる。不当な死は、カルピの君主アルベルト・ピオに仕えていた、同地のシジスモンド・サンティも同様である。ヴェローナからトレントに大使として赴く途中で、金目当てで道案内人に殺害された。チェーザレ・サッキはトリヴルツィオ家と親しい間柄であったが、急死した。ラヴェンナのファビオ・カルボは老齢の身でありながら、ローマ劫掠の難にぶつかった。赤貧ゆえに解放される手立てもなく、惨めな死が待っていた。(51)

しかしファビオは、印刷出版業者ミニチョ・カルボの配慮により著作が世に出た分、運がついていたが、ガザのテオドルスは報いられなかった。アリストテレスの『生物誌（動物誌）』（*Historia animalium*）に関する、灯下での、無比に近い仕事（divinae propemodum elucubrationes）——教皇シクストゥス四世に献呈された——がもたらした報酬はわずかであり、これをテーヴェレ川に投げ捨てる挙に出た。そして学問の顧みられぬことに哀しみ、衰弱した。この点では、ウルビーノ公ロレンツォ・デ・メディチに攻撃された、ファーノのジャコモ・コスタンツィも同様で、著述が失われることに苦悩して果てた。ダルマティアのトリフォーネの場合は、人間不信、人間嫌いが拍車をかけ、悲劇となった。彼はヴェネツィアにてジローラモ・ドナのもとで訓育され、アルベルト・ピオの講莚に列したのだったが。(52)

ヴェネツィアが出たところで、ドメニコ・サッラントニオの名が出る。サッラントニオはマルカントニオ・サベッリコのもとで学を修めた。この地を襲った伝染病と戦争により、狂乱に陥り、当地の学識者たちの悲しみのうちに死去した。バルトロメオ・レオニコ・トメオはカンブレ同盟戦争の故に難を避けたものの、アリストテレスの翻訳で知られる兄弟ニッコロ・レオニコと違い、高熱に襲われて死去し、仕事を完成させるには至らなかった。パドヴァ出身で、ローマでのエルモラオ・バルバロとの友情で知られるガレアッツォ・ファチーノはベッルーノやトレヴィーゾで司教を務めたが、病に苦しめられ、悶死した。ヴェネツィア出身のニッコロ・ジュデッコは、ヴェネツィアではアルド・マヌツィオの、ローマでは当地のアカデミーの知識人たちと親しい交わりを結んだが、ローマ劫掠で惨死するに至る。(53)

次に、ローマの学者に転ずる。著名なローマ大学教授でアカデミーを率いていたポンポニオ・レートも極貧のうちに亡くなり、友の援助がなければ、葬式も挙げられないところだった。このような死は、ローマ劫掠に泣かされたマルカントニオ・カサノヴァも迎えたところであった。ドイツ人のゲオルク・ザウアマンもこれに遭遇、乞食となって野垂れ死にした。(54)

ドイツが出たところで、一六世紀前半のローマ・アカデミーを考えるうえで、極めて重要な人物の名が登場する。「どうしてヨハンネス・ゴーリッツ（ゲリッツ。ラテン名コリキウス）が文学者のなかに算入されないのでしょうか」、と。ユリウス二世からクレメンス七世のローマ教皇庁宮廷にあって、性格も学問もこの人ほど申し分のない人はいなかった。トラヤヌスのフォロに気持ち良い庭園を有し、アカデミーの面々に、また文学に令名を馳せた人々にこれが捧げられていた。また聖アンナの祝祭には集まりがあり、詩作競技が実施された[55]。聖アンナの祭日は七月二六日であり、ナヴォナ広場に近いサンタゴスティーノ（聖アウグスティヌス）聖堂内のゴーリッツ礼拝堂で執行された。サンタゴスティーノ隠修士会会長エジディオ・ダ・ヴィテルボはこの教会に関わる同時代人である。現在、ここに私たちは、ラファエッロの《預言者イザヤ》とアンドレア・サンソヴィーノの《聖アンナと聖母子》に時代を偲ぶ縁として、ルクセンブルク出身者の名とともに、これらの見事な作品を鑑賞することができる[56]。ゴーリッツはローマ劫略に遭遇し、貧窮に泣く破目となり、ローマを脱してヴェローナに行き、司教総代理カリスト・デアマデイスの恩顧を受けたが、死去した[57]。

ローマ教会関係者、またローマ大学で教鞭も取ったアンジェロ・チェージと、枢機卿となるその子パオロの運命が同じくローマ劫掠事件との関連で語られる。それはローマ・アカデミーが遭遇する難事である。ここから時代を遡って、ポンポニオ（・レート）、カッリマクス（フィリッポ・ブオナッコルシ）、（ジョヴァンニ・フランチェスコ・）ポッジョ、プラティナの名が出てくる。拷問にかけられ、ある者は投獄の憂き目に遭い、亡命を余儀なくされ、また別の者は高い身代金を払って解放された。ハドリアヌス六世が教皇に即位しても、知識人には碌なことはなく陰鬱な状況が続いた。野蛮なゴート人時代の再現であった[58]。

ポンポニオ・レート及びアンジェロ・コロッチ、ヨハンネス・ゴーリッツのローマ・アカデミーと、それぞれ関わる、ベルナルディーノ・カペッラの病苦、シエナ出身の富豪アゴスティーノ・キージに惜しみなく支援された、ヴィテルボ出身のコルネリオ・ベニーニョの実らぬ恋が、話題として続く[59]。このあとは、ピエリオ・ヴァレアーノとの師弟関係などがあるためか、デッラ・ローヴェレ一族の一親子、バルトロメオ・グロッソとジョヴァンニ・バッティスタの話が長々と語られていく。学問への嗜好と能力があるにもかかわらず、資金のうえで問題ない父親はこれに無理解で、子は別の仕事に就くことを余儀なくされ、事を察知した一親族の努力なども空しく早死にすることになる。さらに父バルトロメオとほかの子たちの冷酷な関係が綴られるなかで、父親の元を離れてサヴォナからローマに移動した、残された唯一の子の運命が明らかにされる。ローマ劫掠遭遇である(60)。

ここでヴァレリアーノの著述は、最初からその役割の大きいメッリーニがコロッチとグラーナに向かって言を発し、改めて本書の主題である学者の悲惨さの問題に立ち返る。暴力と掠奪がはびこるなか、荒々しくとげとげしい社会的現状を指摘する。これに参集者の発言が行われる。コロッチは言う――メッリーニと同意見だ。今現存中の文学者より、不幸なことはなにもない。なるほど、昨日、コンタリーニは、われわれが不幸と呼ぶのが常であった故人が単に不幸せでないばかりでなく、至福そのものであることを示した。だが、私、レリオ、ピンピネッラ、コルシが惨めであることをわれわれは納得していて、これが真実ごとでないと、コンタリーニも、プラトンも、ソクラテスも、エピクテトス自身も、われわれに決して得心させることはできないだろう、と(61)。

これに対し、メッリーニは自分が二人の兄弟ジローラモとチェルソを喪い、時間が経っても悲しみが消えないことを述べる。コロッチは、ポッリオが学識あることより不運なことはこれ以上ないと繰り返し言っていたが、コンタリーニは、ポッリオが、学者が不運なのはかくも多くの人たちが多事多難な生涯を送ったから、と考えているのは、間違った考えであると指摘する。納得しないポッリオに、コンタリーニはさらに禍そのものが文学者にいかなる根拠ある力をも揮わぬという。これにもポッリオは賛同しかね、いかなる損害も彼らを痛めつけないのであれば、運命を嘆いたりはしないだろう。あるいはさもないと、文人が不当であるという主張を余儀なくされることになろうが、これは言うに憚れることだ、と。コンタリーニは、私が言っているのはそういうことでなく、不当な行動は無知なる人の領域であるからだと応える。それなら、悪しきことと考えるものを喜んでわれわれは拒否し、良いことで役に立つと見なすものを熱心に求めるわれわれすべてはまちがっているのかというポッリオに、善悪の考察は別の問題だとして、コンタリーニは言う――皆が悪と考える事柄がいかなる文学者をもなぎ倒して、再び心の平静さを取り戻せぬほどに力を揮えるものかどうか、またいかに大きかろうが、悲嘆と絶望にはいかなる救いの機会もないのかどうか、と。コンタリーニは敷衍する。不運がいかなる領域にあるか、学者や賢人の意見なのか、あるいは大衆の考えなのか、それともこれに苦しめられて嘆く者の判断なのか。学識者と無知な人の間では幸運と不運の捉えかたが異なる。無知な人が非難する事柄でも、賢者は悪と見なさず、それどころか魂の平安に至ると宣言さえする。そしてしまいには、われわれも自身について、また自分のことについて誤まつ。われわれは不運の損害を避けることのできる真の原理を見出していない。かくしてわれわれは無知である。ある事柄が自分の力のなかにあるか、それとも他人のその中にあるかどうかが問われる。コンタリーニは言う――意志のみがあなたたち自身のうちにあり、ほかのすべては他者にある。名誉、富、健康、名声、利得などは死すべき者たちの精神を不安な状態に絶えず置く。他者に属するものはあなたたちには何も属さない。神に属するか、人間に属するかだ。もしもそれらが、欲したにもかかわらず、あなたたちに届かず、所有したと思ったにもかかわらず、奪い去られるにしても、あなたたちがこのことを嘆き悲しむことを欲しているかどうかはあなたたちの力の中にあるのだ。しかるに他の誰かの力の中にあるものについて嘆き悲しむことを欲することは、自らに損害を与えることである。それ故に、不運であることを欲しないなら、人は不運ではない。この点に関してはエピクテトスが多くを語っている、と(62)。

コンタリーニの主張に対し、今度はコロッチが発言する。コンタリーニの見解は理想的であるにしても、実際にはそのような人物はいない。マルクス・トゥッリウス・キケロも、ホメロスのオデュセウスも、ウェルギリウス・マロのアエネアスも不運を嘆き、不満を託ち、感情的になった。それゆえ、人間的不運に動揺させられないなら、それは獣的であり、石同然であり、あらゆる感情に欠けている、と。これに対し、コンタリーニはやはり悲惨な事柄がある人には命とりでも、他の者にはそうではないとして、何事にも煩わされず、平穏な生を送ったベッルーノのウルバーノ・ヴァレリアーノの名を挙げる。ウルバーノはピエリオの父ロレンツォの兄弟でフランチェスコ会修道士であった。以下詳細に彼の疲れを知らぬ旅の数々、度を越えない生活の清貧さが讃えられ、死に臨んでも笑顔だったと語り、仕合せな人生がいかにあるかを教える。亡くなったのは、クレメンス七世が教皇座に即位した初年度であり、八四歳の頃であった。ある物で満足し、欠けているとは思わなかった。[63]

コンタリーニの雄弁は続く。不遇と不興は知識人や無知な人かどうかを問わない。身分に関わりなく、運命に苦しめられる。学識者に災禍が相応しくないとでも言うのなら、それは人間らしくないということだ。わが友コロッチよ、この問題は学者、知識人に限定せずに人類の惨事として語られるべきであろう。だから、そのような人々の不運として嘆くのをやめよ。そのかわり、これに喜んで挨拶せよ、なぜなら運命の力に彼らは完全にはかき回されたりはしないから。労苦で自分のために不滅への道を開拓する者、崇める者のために永遠の命を確保するばかりでなく、自分のために不滅の記念碑を打ち立てる者について語ろうではないか。人に才ありといえども、神の助けなしにはそれは不可能なことであろう、と。ホラティウス、プロペルティウス、ユウェナリス、ルクレティウスの詩が引用されて、論拠が固められる。力や物の所持を冀う者はこれらを脇に置くことを厭うであろうが、人間的関心事の弱さを知った者はますます、この生から去ることは一層心地よい。[64]

以下、エルモラオ・バルバロを皮切りに、昨日、不運、不幸と呼ばれた者たちの悲惨極まる死が、実はそうでないことが列挙されていく。――アウグスト・ヴァルドのように著作が残されなくとも、彼の記憶は別の人の証言のなかに生きている。死すべき肉体よりも神的才を熱心に磨いたポエブスの神官たち、ムーサイたちの秘蔵子たちを歓呼せよ。私たちはこの世に生きている間は、世を去りし彼らの精神に敬意を表わし、その労が絶えることを許さないであろう。(65)

最後に議論から離れ、コンタリーニのコロッチへの言として、イタリアの政治状況が伝えられる。クレメンス七世の危うかった健康状態も見込みが立ち、カール五世との間に平和をもたらすべく、皇帝をイタリアに招くことが決定された。こうして現在の惨状に終りが来、禍が消えてゆく秩序回復の期待感が高まる。コロッチとグラーナはパラティーナの庭園にあるポッリオ宅に赴き、さらに教皇のもとへ用事で行くことになる。二人が去った後、メッリーニ、ピエリオ、ピエトラサンタ、コルシ、カッタネオが夕餉を迎えた。

終わりに

以上がピエリオ・ヴァレリアーノの両巻の内容である。学者、学識者、知識人などとさまざまに訳し分けた言葉は、統一されてヒューマニスト（人文主義者）という訳語でも良かったであろう。『学者の不幸』はローマ劫略に巻き込まれたヒューマニストのみが議論の対象ではないものの、この事件の余波が主題的に扱われていることは確かであり、事件後のクレメンス七世に期待が懸かっていることも明らかになった。

各巻の登場人物中には名前のみの者も含めて、コンタリーニやコロッチ、ゴリッツやエジディオ・ダ・ヴィテルボ、そしてフェードラ・インギラーミのように、さらに一人一人のモノグラフを著わしたい「ローマ・アカデミー」関係者が控えている。エジディオ・ダ・ヴィテルボについては既に別の小著『イタリアルネサンスとアジア日本』（知泉書館、二〇一七年）で取り上げ、フェードラ・インギラーミについては本書の先の章でいささか言及した。コンタリーニは『学者の不幸』での主役を担っており、俗語訳では『ピエリオ・ヴァレリアーノのコンタリーノ像あるいは学者の不幸』（*Il Contarino di Pierio Valeriano ossia l'infelicità dei letterati*）[66]となっているのは、当然であろう。今後の章でこのコンタリーニについてはさらに詳しく触れることになろう。コロッチとゴリッツはローマ・ルネサンスを考えるときに興味深い人物たちである。[67]「ローマ・アカデミー」の内実を窺うに足る、一五二四年刊行の『コリキアーナ』（Coryciana）は稀書であったが、現在ではリプリント版（Delhi, India, 2017）が出ていることを指摘して、この章を終わることにする。

註

（1）Giannozzo Manetti, *Vita di Nicolò V*, traduzione italiana, introduzione e commento a cura di Anna Modigliani con una premessa di Massimo Miglio, Roma 1999.

（2）手元にあるリプリント版は、Giovanni Pierio Valeriano, Hieroglyphica sive de sacris Aegypticorum literis commentarii. Mit einem Nachwort von Dietmar Peil, Georg Olms Verlag, Hildesheim/ Zurich/ New York 2005である。またドイツ語論文は入手し難かったが、今はKarl Giehlow, *Hieroglyphica. La conoscenza umanistica dei geroglifici nell'allegoria del Rinascimento. Una ipotesi.* Edizione italiana a cura di Maurizio Gherarde e Susanne Müller, Torino 2004. さらに邦訳と訳者解説つきのフランチェスコ・コロンナ『ヒュプネロートマキア・ポリフィリ［全訳ポリフィルス狂恋夢］』大橋喜之訳、八坂書房、二〇一八年。

（3）Edgar Zilsel, *Die Entstehung des Geniebegriffs. Ein Beitrag zur Ideengeschichte der Antike und des Frühkapitalismus*, Hildesheim/ New York 1972 (1926).『共和国のプラトン的世界』創文社、二〇〇五年、八七頁注80。本文八九頁で『文学者の不幸論』と訳題

をつけている。

（4）*La infelicità dei letterati di Piero Valeriano ed appendice di Cornelio Tollio*, Milano 1829. *Ibid.*,XXXVIIII-XLIV では死の迎え方に応じて登場人物が分類されている。

（5）Julia Haig Gaisser, *Pierio Valeriano on the Ill Fortune of Learned Men. A Renaissance Humanist and His World*, Ann Arbor, The University of Michigan Press 1999. 以下、数字のみで書の指示なきものはこれによる。

（6）Eadem, *Catullus and His Renaissance Readers*, Oxford 2001 (1993).

（7）80.

（8）19-20.（Gaisser 序論）教皇は一命を取り留めて一五三四年まで生きる。

（9）57-58.（Gaisser 序論）

（10）80-85.

（11）86-89.

（12）88.「哲学者たち、雄弁家たち、詩人たち、ギリシアやラテン文学の教授たち」とは所謂ヒューマニストのことである。

（13）92-95.

（14）95-101.

（15）101-105.

（16）104-107.

（17）106-109.

（18）110-115.

（19）116-121.

（20）120-123

（21）124-127

（22）126-129.『プトレマイオス地理学』織田武雄監修、中務哲郎訳、東海大学出版会、一九八六年。本文に出る人名が織田の解説に出ているわけではない。

(23) 128-133.
(24) 132-137.
(25) 136-139.
(26) 138-143.
(27) 142-157.
(28) 142-143.
(29) 142-147
(30) 146-147.
(31) 148-151. アルティエーリについては、根占献一『ルネサンス精神への旅』創文社、二〇〇九年、五八頁注2参照。
(32) 150-157.
(33) 157.
(34) 156-159.
(35) 160-163.
(36) 162-165.
(37) 166-167.
(38) 166-169.
(39) 170-173.
(40) 172-175.
(41) Th. Simar, *Christophe de Longueil humaniste (1488-1522)*, Cornell University Library 2000 (1911). 特に *Ibid.*, pp. 62-74.
(42) 174-177.
(43) 176-183.
(44) 182-187.
(45) 188-195.

(46) 194-199.

(47) 198-203.

(48) 202-205

(49) 204-207.

(50) 206-207. ピエトロ・コルシはここでいきなり現われた人物である。またヴァレリーノは、メッリーニの言をピエトロサンタの提案と記している。Gaisser によると、これは著書が未完の証拠である。p. 207 ns. 116, 117.

(51) 206-213

(52) 212-215.

(53) 213-219.

(54) 218-221

(55) 220-221.

(56) Virginia Anne Bonito, *The Saint Anne Altar in Sant'Agositino, Rome*, Ph. D. 1983, University Microfilms International, Ann Arbor, Michigan. 根占『ルネサンス精神への旅』一一二頁。

(57) 220-223.

(58) 222-227.

(59) 226-227.

(60) 226-233.

(61) 232-235. レリオ、ピンピネッラの名もこれ以前にはない。

(62) 234-239.

(63) 238-247.

(64) 246-251.

(65) 250-255.

(66) 註４参照。P.21 以下に所収されているのだが、その最初の頁の題名がそうである。

(67)　J. Ijsewijn, Poetry in a Roman Garden: The Coryciana, in *Latin Poetry and the Classical Tradition. Essays in Medieval and Renaissance Literature*, edited by P. Godman and O. Murray, Oxford 1990, pp. 211-231.

第六章　ガスパロ・コンタリーニの思想と行動

――トレント公会議への哲学的・神学的傾向を中心に――

はじめに

先の章で扱ったピエリオ・ヴァレリアーノ『学者の不幸』の基調をなすストア的世界観は、この書の主人公ガスパロ（ガスパレ）・コンタリーニ（一四八三―一五四二）によって披歴された。ヴェネツィア共和国の有力家門の出で哲学者的政治家であり、またローマ教皇庁の高位聖職者・外交官であった、このコンタリーニとは如何なる人物なのか、変転する時代の中でどのように行動したのか――彼の仕事と時代の意義を考察することが本章の主題である。

このためには「脱西欧」の視点も肝心であるので、以下その試みをしよう。

一　コンタリーニとその時代

コンタリーニは個人的に魅力ある人物であるが、その生涯が時代を画する出来事と重なる点でも興味深いものがある。生まれた年はマルティン・ルター（一四八三―一五四六）と同一年。またルターの改革、宗教改革こそが枢機卿コンタリーニの末年、一五四一年に重く圧し掛かって来ることになる。それが「レーゲンスブルクの対話」と呼ばれているものである。コンタリーニがボローニャで没した一五四二年は、ポルトガル史料では大隅国種子島に鉄砲が伝わったとされ、この彼最後の年は、教皇派遣大使（legato pontificio）として公会議開催に向けて彼がなお一層働いていた年でもあった。トレント公会議は間もなく一五四五年から始まる。

この公会議時代とその前後は日本が本格的にヨーロッパと接触し始めた点で注目されることは言うまでもない。その場合、イエズス会の役割は大きく、このために私たちはこの新修道会の動向に関心を持つことになる。一五四〇年九月二七日、パウルス三世（在位一五三四―四九）は勅書（回勅）『レギミニ・ミリタンティス・エクレシアエ』（regimini militantis ecclesiae）でイエズス会を公認するが、この認可裁定の過程にはコンタリーニの役割が大きかったことが知られている。[1] コンタリーニはまたイグナティウス・デ・ロヨラ（一四九一―一五五六）の『霊操（心霊修行）』を手ずから書きとめている。両者の間柄には親しいものがあった。

トレント公会議では、コンタリーニの改革精神は同時代のもう一人の枢機卿、ジローラモ・セリパンド（一四九三―一五六三）に引き継がれることになる。セリパンドはアゴスティーノ隠修士会出身で、同会の長にはエジディオ・ダ・ヴィテルボ（一四六九―一五三二）がいた。セリパンドの師に当たり、ルターの上長であった。ルターが一五一〇年ローマに来た時、エジディオとドイツの修道士は会ったようだ。[2] エジディオとセリパンドはともにプラトン主義者として、フィレンツェ・ルネサンスを代表する哲学者マルシリオ・フィチーノ（一四三三―九九）の新プラトン主義思想の衣鉢を受け継ぐ神学者として高名である。

新プラトン主義思想のラテン的伝統は聖アウグスティヌスに負うところが大きい。トレント公会議でセリパンドはコンクピースケンティア（concupiscentia, concupiscence）の聖アウグスティヌスの見解を守ろうとした。原罪と洗礼の関係、そして欲望、罪の残滓の問題は議論となった。[3] エドゥアルト・シュターケマイアの『アウグスティヌスをめぐる戦い――アウグスティヌスとトレントでのアウグスティヌス主義者たち』[4] は、教会・修道院の刷新性もしくはこれらの組織に属する個人、聖職者と修道士の清廉性が、霊魂の浄化を訴えるピュタゴラス的・プラトン的精神性と関連付けられていることを教える基本文献である。

同じくルネサンス・プラトン主義者でも保守的傾向があるアゴスティーノ・ステウコ（一四九七―一五四八）は一五三〇年に『ルター主義者を駁するキリスト教弁明』（Pro religione christiana adversus Lutheranos）を公刊した。[5] ルターの信仰義認説は敬虔を破壊し、このため人は本来の動物的本性に戻ってしまうだろうと警告する。コンタリーニはステウコと面識があった。「レーゲンスブルクの対話」の苦い経験とドイツで知った社会的混乱や秩序の乱れは、この書に対する一層の同意をコンタリーニに与えたかもしれない。

ステウコはボローニャのサン・サルヴァトーレ律修参事会員のアウグスティヌス信心会（la Congregazione agostiniana dei canonici regolari di San Salvatore）の一員であり、聖アウグスティヌスへの敬意の念は強く、本名グイドからその名、アゴスティーノに改めた人であった。一五三八年には教皇パウルス三世によりヴァティカン図書館司書（guida）と司教に任命された。彼の名を不滅にしている『永遠の哲学』（*De perenni philosophia*）が出たのは一五四〇年（近年復刻された版が存在）である。ここでは異教の哲学者に基づく伝統が重視されているが、そのことと同時代のプロテスタントの「異端者」を批判することは、彼の中で矛盾したことではなかった。[6] パウルス三世によりトレント公会議に派遣されるが、四八年ヴェネツィアで亡くなった。

フィチーノから始まり、エジディオ、ステウコ、セリパンドに受け継がれていくルネサンス・プラトン主義はヘルメス主義やカバラ主義とも通い合う、所謂「古代神学」（prisca theologia）と呼ばれるもので、「スピリット」

概念の展開に大きな影響を及ぼした思想であった。それは魔術とも無縁でない面が色濃くあり、その場合は特にフィチーノの『三重の生』(*De triplici vita*)が重要な役割を果たした著述であった。

ステウコが敵視したルター自身にもプラトン主義の影響が及んでいるが、[7]ルターの場合は中世末期の唯名論との関連がむしろ注目されていよう。同時代人のコンタリーニは、アリストテレス研究の盛んなパドヴァ大学出身者であるため、アリストテレス主義者のイメージが付きまとおうが、これだけに限定されないところに彼の知識の深さがある。コンタリーニ研究の専門家ジリオラ・フラニトは折に触れて、フィレンツェ・プラトン主義の伝統に直に接する機会が一五一五年に生じたことを明らかにしている。あとで述べるように、アレッツォ上方の山中カマルドリに来ることがコンタリーニには生じるのだが、[8]この時、同じトスカーナのフィレンツェの「ルチェッラーイの園」の面々と交流を持ち、特にフィチーノの弟子であったフランチェスコ・カッターニ・ダ・ディアッチェートとの関係は注目されよう。

カッターニ・ダ・ディアッチェートもまた「古代神学」の系譜に近しい人物であるけれども、その神学観はコンタリーニには影響を及ぼしていないというのが、現段階での筆者の考えである。後述するコンタリーニの師ピエトロ・ポンポナッツィが魔術観に批判的態度を取っていたために、このことが弟子に影響を及ぼしているかもしれない。

さて、コンタリーニを信任し、一五四五年にトレント公会議を開始したパウルス三世は四九年の秋に逝去する。この年の夏には、イグナティウスともにパリ大学神学部で学んだ、イエズス会の友フランシスコ・ザビエル(一五〇六—五二)はすでに来日していた。そして鹿児島でキリスト教信者獲得を求めて説教を開始していた。ザビエル以後、陸続として同会の宣教師が来日するきっかけとなった。トレント公会議はこの間、一五六三年に終結するまで断続的に開催され続けていく。[9]

コンタリーニの『著作集』（*Opera*）が出たのは、公会議終結後八年目の一五七一年パリにおいてであり、パリ大学神学部から公刊の許認可を得てのことであった。[10] 著作集を編纂したのはシャルル九世下のフランス宮廷でヴェネツィア大使を務めていたアルヴィーゼ・コンタリーニで、私たちのコンタリーニの甥に当たる人物となる。甥は枢機卿アレッサンドロ・ファルネーゼあての献呈文を伯父の著作に添えた。枢機卿ファルネーゼはパウルス三世の孫に当たる教皇庁の実力者で、ローマのジェズゥ聖堂（イエズス会教会）造営は彼の資金援助に基づいている。

パリ版出版がローマに伝わると、一五七二年二月一六日、ローマ聖省（the Roman Congregation）[11]の枢機卿シピオーネ・レビバ（Scipione Rebiba）は地方の異端裁判所にパリ版の販売を禁止するように通達を出した。トレント公会議以前に書かれたものである以上、改訂と訂正が求められるという理由からであった。史料によってはコンタリーニの『聖餐論』（*De sacramentis*）と『義認（義化）論』（*De justificatione*）のみが「不穏当な箇所が削除されるまで（donec expurgentur）」禁止されるとあるようだが、[12] 他方で、俗人のまま枢機卿となったコンタリーニの著作の広がりを抑えるべくトレント公会議の決議に沿っていることが前提となり、異端審問官が目を光らせ、好んで禁書目録の対象としたことも事実であった。

パリ版には『司教の職務』（*De officio episcopi. De officio viri boni ac probi episcopi.*）が初めて印刷された。ローマ・カトリック教会は高位聖職者批判を恐れた。[13] そもそも、ガスパロ・コンタリーニの「二重義認説」（duplex justificatio）は、カトリック側からもプロテスタント側からも帝国自由都市レーゲンスブルクで芳しい評価を得られなかった（後述）ばかりか、トレントでは早々に否定されてしまう。つまり「二重義認説」はローマ・カトリック教会の教理とはならなかったのである。グレゴリウス一三世教皇下の一五七八年ヴェネツィア版コンタリーニ著作集は修正を余儀なくされた。[14] コンタリーニがこうして地元に戻ったのは制限付きということになる。

一九世紀ドイツの歴史家フランツ・ディットリヒ（Franz Dittrich 1839-1915）は今日のコンタリーニ研究の基本を据えた。便利な『枢機卿ガスパロ・コンタリーニの目録と書簡』[15] について、伝記『ガスパロ・コンタリーニ 一四八三―一五四二。専門論考』を発表したからである。[16] こちらの題名は実に簡単で、一八八五年に出た。ディットリヒはドイツの「文化闘争」（Kulturkampf）期の学者であり、プロテスタント改革の世紀一六世紀に（新旧教会）統一の神学者であり、それゆえトレント以後のローマ教会とはもはや一致しないと目されるコンタリーニを選んで、詳細極まるこの大著を著わしたのである。

それは、ドイツとイタリアで近代国家ができ、第一ヴァティカン公会議（一八六九―七〇）後のことであった。ディットリヒはプロテスタント教会史家フランツ・オーファベック（Franz Overbeck 1837-1905）やカトリック教会から破門された神学者イグナーツ・フォン・デリンガー（Ignaz von Döllinger 1799-1890）と交わりつつ、トレント公会議に沿う教理に忠実であった。コンタリーニは同公会議以前に亡くなり、「レーゲンスブルクの対話」でプロテスタント寄りの解釈を示していたにもかかわらず、その大作ではコンタリーニ思想が同公会議の教理から外れていない、との見解をしばしば明らかにしている。[17]

二　コンタリーニとポンポナッツィ、ゴンザーガ、ヴァリニャーノ

ヴェネツィア版コンタリーニ著作集の翌年一五七九年、アレッサンドロ・ヴァリニャーノ（一五三九―一六〇六）が初来日をした。ザビエルのちょうど三〇年後のことであり、一世代の時が経過したことになる。日本におけるローマ・カトリック教宣教のうえでザビエルとともに忘れ難い、もう一人の重要人物ヴァリニャーノは、まさにトレント以後の司祭としてやってきた。ヨーロッパを離れて一五七四年にはインドに来ていたから、日本に来るまで五年の歳月がアジアで流れたことになる。イエズス会の先輩ザビエルがインドのゴアに来たのが一五四二年――コンタリーニが亡くなった年であり、まだトレント公会議は始まっていない――で、日本に来るまでには七年経っていたのに較べ、二年早かったことになる。ザビエルが日本に来た時はすでに同公会議が始まっていたとはいえ、当時の通信事情を考慮すると、この「東洋の使徒」は公会議以前の司祭と呼ぶことができるだろう。

ザビエルとヴァリニャーノが活動した時代は、たとえ遠方の地アジアであり極東の地日本であるとはいえ、ルネサンスとカトリック改革の時代性が反映しているように思われる。ヴァリニャーノが口之津（長崎県島原半島）に上陸した時のローマ教皇はグレゴリウス一三世（在位一五七二―八五）であった。ヴァリニャーノの考えで実現した天正遣欧使節がローマで会った教皇であり、一五八五年のこととなる。その直後にグレゴリウス一三世は亡くなり、使節はすぐに選出された、もう一人の教皇シクストゥス五世（在位一五八五―九〇）とも謁見することになる。タッキ・ヴェントーリは著名な『イタリアにおけるイエズス会の歴史』の書き出しで、一五三四年の

パウルス三世の教皇選出からグレゴリウス一三世死去までの期間のイタリアにおける宗教生活が明らかにされることほど研究に値する問題はあまりないと述べている。(18) この半世紀間に、六世紀の仏教導入以来、世界宗教たるキリスト教がその一千年後に日本に到来し、多くの信者が生まれ、新たな歴史が始まった意義は大きい。

イタリア南部キエーティの出身者ヴァリニャーノは、ヴェネツィア共和国の大学都市パドヴァで学んだ。コンタリーニも同じくここで学んだから、同窓ということになる。学部は地元のコンタリーニが一六世紀初めの人文学部、南部人のヴァリニャーノが同世紀半ばの法学部と違いが見られるが、学部の相違を越えてパドヴァ大学に共通する特色が明らかにされなくてはならないだろう。彼らの思考法には、アルプス以北やイベリア半島の諸大学とは異なるイタリアの大学の特色が影響を与えているように思われるからである。(19) 神学部が欠けるか、弱体であったイタリアの大学では、アリストテレス哲学が神学のために端女、侍女としてあったわけではない。経験と理性の範囲内で物事を観察し検討することが行われていた。パドヴァ大学には、研究の自由、批判の自由の伝統がトレント公会議を越えて存続していく。

この前例を示す哲学者がパドヴァ大学のピエトロ・ポンポナッツィ(一四六二―一五二五)で、「霊魂不滅」問題を考察した論文は彼の周知の作品のひとつとなっている。一五一六年に公刊され、話題を呼んだ。一五一三年の第五ラテラーノ公会議の決議で霊魂不滅は信仰箇条となっていたが、ポンポナッツィはアリストテレスの立場に立つなら、霊魂が不死であると決定できないとした。コンタリーニはこのポンポナッツィに学んだ一人で、師に反論するためにある人を介して批判文を送付した。これに影響されて師は一五一八年に『弁明』(*Apologia*)を著わして、一部コンタリーニに応えた。(20)

アリストテレスの霊魂観がアヴェロエスやアプロディシアスのアレクサンドロスの註釈に基づいて議論された。

師弟関係のこの交信はこれをよく示しているであろう。[21] 研究者アルド・ステッラはアヴィセンナ化されたアウグスティヌス主義（agostinismo avicennizzante）を、新プラトン主義の影響などが新たに加わったルネサンスの視点から考察しなおして、コンタリーニの霊魂観を分析する。またアンドレア・アルパーゴ（一四五〇―一五二一）が訳出したアヴィセンナの『未来の生に関する書簡』（*Epistola sulla vita futura*）がパドヴァ大学生に影響したとも述べている。[22] 宗教上の真理と哲学上の真理は異なるがゆえに所謂「二重真理」と呼ばれ、神学者や哲学者の真意がいずれにあったかが問題となる。

ポンポナッツィの弟子としてもう一人、マントヴァ領主の子息で後に枢機卿となるエルコレ・ゴンザーガ（一五〇五―六三）に触れておこう。この弟子は、小柄な体形から愛称をもってペレット（Peretto）と呼ばれた師に敬意の念を抱いていた。批判を蒙る機会が増えた晩年の師に永遠の休息の場を与えたのはゴンザーガ家であり、同家のエルコレであった。哲学者の死後、マントヴァのサン・フランチェスコ修道院教会に埋葬先を用意したのである。[23]

エルコレ・ゴンザーガはたいへんな愛書家として知られ、コンタリーニとともに常に教皇パウルス三世の側近として仕えていた。コンタリーニも二〇歳以上も若いマントヴァの貴族に意見を求めた。「レーゲンスブルクの対話」後、年長者は二重の義認、義化説の正統化を行うべく『義認論』をエルコレに送っている。またコンタリーニはエルコレから『聖餐論』を求められ、書き直したら、送付する約束をしている。[24] 後に、エルコレはトレント公会議ではカトリック改革派の重要人物として登場することになる。彼によると、ルターの根本思想、義化説は聖餐の問題と切り離せずと見、一五世紀のフィレンツェ公会議の決議などを思い起こしている。[25] この時はギリシア正教会との刷合わせが問題になったので、参考になったであろう。

ところで、「霊魂不滅」問題はザビエル以後日本にも及んだ。筆者はいろいろな機会にこの視点の歴史的意義を強調してきた。なぜ、彼以後、ヴァリニャーノを含めて「霊魂不滅」をわが国で強調したのか、ヨーロッパで白熱した議論があったればこそ、であり、このことが分かって初めて理解できる事柄であろう。したがって第五ラテラーノ公会議とトレント公会議は日本の思想史でも重要な意義を有しているのである。(26)

ヴァリニャーノに戻れば、彼は教皇領国家の役人としての道を考えて法学部を選んだのであろう。教皇領国家の第二の都市ボローニャ、ローマに次ぐ都になぜ学ばなかったのかは分からないが、教会法に留まらずローマ法への関心が高かったこともあったかもしれない。彼はヴェネツィアで女性への傷害事件を引き起こして逮捕(一五六二年)されている。有力者に助けられて急速にイエズス会入会(一五六六年)へと傾き、若くして巡察使(Visitator)という要職に任命されてヨーロッパを去ることになる。

コンタリーニの場合、身分上、卒業資格は必要でなく、やがて来るべき年齢になると、ヴェネツィア共和国内での種々の公務が待っていた。学生生活は一五〇一年――講義は一一月一、二日の祝日後に開始されるのが普通であった――から一五〇九年の五月まで八年間にわたった。この間、一五〇二年の短期間、父の死のためにヴェネツィアに戻り、カンブレ(Cambrai)同盟戦争の故に〇九年に大学は閉鎖されて、彼は人文学部を中途で放棄することになる。学んだ科目は自然哲学、神学、ギリシア語、数学、天文学で、特にアリストテレスの著作には親しんだ。(27)貴族の家門の彼が法学部を選んでいないのは興味深い。

三度に渡って日本に来るヴァリニャーノは堺の町をヴェネツィア共和国に擬えている。彼から見ると、堺はヴェネツィアと同じく自由闊達な商業都市だった。「堺は日本全土においても最も豊かで有名な町のひとつだ」。「多くの商人がいるが、同時に自由な町で、一種の共和国であろう」。この見方に「ヴェネツィア神話」が働いていると言えるかもしれない。この神話形成に一役買った書物がコンタリーニによって書かれた。『ヴェネツィア人の行政官と共和制』（*De magistratibus et republica Venetorum*）がそれで、一五二三―二五年の間に執筆され、三〇年代初期には出来上がっていた。最初に出版されたのは一五四三年のパリであるが、翌年にはフランス語訳が同じくパリで、イタリア語訳は祖国ヴェネツィアで出た。静穏なる（la Serenissima）と形容される共和国像を後世に伝えることになる。

推測を許してもらえれば、コンタリーニのこの著書はとても有名だったのでヴァリニャーノが知っていたとしても不思議はないのではなかろうか。読んだかどうかは別にして、堺をヴェネツィアと見たのは自然のように思われる。ヴァリニャーノが深く関わっているデ・サンデ『天正遣欧使節記』（*De missione legatorum Japoniensium ad Romanam curiam, rebusque in Europa, ac toto itinere animaduersis dialogus*, in Macaensi portu Sinici regni, anno 1590）[28]にも詳しい同国の制度への言及が見られる。これまた「ヴェネツィア神話」に寄与した対話編であろうし、トレント公会議以後の南欧状況をよく伝えている。既出の「最も偉大で富裕な」アレッサンドロ・ファルネーゼ以外に、ガブリエーレ・パレオッティら、この期の著名な枢機卿の名を容易に見出すことができる。[29]

コンタリーニは現在、訪ねる人が多くないマドンナ・デッロルト（Madonna dell'Orto）聖堂に同家礼拝堂――ヤコポ・ティントレットの《サンタネーゼ（聖アグネス）の奇蹟》が掛かっている――に眠っている。胸像のある墓碑銘には彼の清廉性（integritas）、学識（doctrina）、雄弁（eloquentia）が讃えられ、故国共和国と王侯の国家、教皇派遣大使として聖俗にわたって活躍したと刻まれている。ディットリヒのコンタリーニ伝の本文最終行はこの碑文の引用で結ばれている。半身像はアレッサンドロ・ヴィットリア（一五二五―一六〇八）の手になる。[30]

ヴィットリアはトレント出身で、ヴェネツィアで芸術家として成長した。コンタリーニ像は比較的若い時の彼の作品である。

かつて筆者がここを訪れたのはコンタリーニに会うためだけでなく、この界隈の住民であったティントレットの傑作のひとつ《聖母の神殿奉献》（*Presentazione al tempio della Vergine*）を見るためでもあった。正面ファサードは大理石でなくレンガ造りのゴシック風であり、中は静謐そのものだった。波乱に富み、失意のうちに世を去った外交官と、バロックを告げる、躍動感あふれる大画面を幾枚も描いた芸術家も今は静かに眠っている。コンタリーニ死後四〇年後の一五八二年に、長崎から出港した天正遣欧使節はここヴェネツィアでは老ティントレット一家に肖像を描いてもらうことになる。(31) 彼ら一行はここに一〇日間滞在した。

三　コンタリーニの「塔体験」（Turmerlebnis）とキャリア向上（cursus honorum）

ところで、一九四三年、ディットリヒの伝記を補う史料上の発見をしたのは、公会議史家として著名なフーベルト・イェディンだった。(32) イェディン以後、この史料に基づく研究文献はかなりの数に上り、それぞれ読み甲斐がある研究文献の山を作っている。

そもそも見出された史料とは何であろうか。ヴェネツィア共和国の有力家門の一員として公的な活動的・政治的生活が期待されるコンタリーニの友人たち、トンマーゾ（パオロ）・ジュスティニアーニ（一四七六―一五二八）とヴィンツェンツォ（ピエトロ）・クィリーニ（クエリーニ）（一四七九―一五一四）が隠修士となり、彼を同じ道に誘う書簡が出されたのである。この両修道士はローマ教皇となったばかりのレオ一〇世に教会・修道院改革を訴える一書を作成して、[33] 送付したことで名高く、折しも開かれていた第五ラテラーノ公会議に少なからぬ影響を与えた。これを読んだ印象を率直に述べれば、改革もさることながら、異教徒、なかんずくトルコに対する憎悪には驚嘆した。イスラム教からキリスト教への改宗の目的を強調するのだが、その前に異文化への嫌悪が立ち込める。隠修士とは言いながら、これほどまでに俗世に関心を抱くものなのかと、いささか読んでいて辟易したが、同時代のキリスト教世界の布教・改宗方針を知るうえで貴重な文献であろう。非キリスト教社会の日本がどのように見られる可能性があったかに示唆を与えずにおかない。

さて、先輩二人がいる場所はトスカーナのアレッツォの上手にあるカマルドリ修道会である。[34] カマルドリ会はラヴェンナ出身の聖ロムアルド（九五二—一〇二七）の創建（一〇二三年）になり、ベネディクト会系に属する。カマルドリに向かう中途には同じくベネディクト会系のヴァッロンブローザ修道院があり、こちらも同じく一一世紀に、フィレンツェ出身のジョヴァンニ・グアルベルトが創建した。現在は車で行けるが、フィレンツェ市内からはやはり遠く、高い山を蛇行しながら登っていくと、ようやく隠修士たちの住む場に辿りつく。

ディットリヒの『枢機卿ガスパロ・コンタリーニの目録と書簡』にあるように、[35] カマルドリをめぐる彼らの関係は残された書簡からある程度知られていたが、往復書簡三〇通（一五一一—一二三年）が揃って出てきたために、肝心のコンタリーニを知るうえで不可欠なものとなった。そしてイェディンはこれらの書簡から読み取れるコンタリーニの心境をルターの「塔体験」（Turmerlebnis）に擬える論考を発表し、[36] 話題となった。ルターが「塔体験」で辿りついた信仰上の核心との類似性、酷似性をそこに見た。このような判断にイェディンが至った書簡は、特に一五一一年四月二四日聖週間（復活祭の前の一週間）の土曜日、聖土曜日の日付のあるコンタリーニのジュスティニアーニ宛書簡である。ジュスティニアーニはヴェネツィア時代にプラトン主義に精通していたことが明らかにされている。[37] 友が隠修士として禁欲生活を送りながら、心の平安を見出さないでいるのなら、俗世の騒々しい中で生活をしている自分はどうなるだろうか、と。だが、とても聖なる会士の神父に自分の罪を告白したところ、彼は自分の悩みをよく理解してくれて、救済の道は人が思う以上に豊富であると慰めてくれ、安堵感を覚え、キリストの受難を信じることこそ大切であると思うに至った、と。

彼の信仰義認説を知るには、これとともに他の書簡全体とその後の彼の生涯と活動、著作から判断されなければならないであろう。三〇年後の「レーゲンスブルクの対話」で明らかになるように、コンタリーニが「二重義認説」とはいえ、「ただ信仰から」(ex sola fide)の義に重きを置いているのも確かなところである。ルター説以前、またルターを読む前に、ある共通な感慨を信仰に関して抱いたことは確実なように思われる。

イェディンが話の発端としたカマルドリ会士との関係に戻すなら、コンタリーニに隠修士になる意志があったかどうかは不確かである。カマルドリ山中に入って自分の罪を悔い、自己否定の形で修道生活を送っても、贖い感が得られない恐れがあるとしたら、と彼は友人たちの「体験」から自問自答を繰り返している。また彼らと違い、聖書読書、所謂 lectio divina にのみ喜びを見出していたわけではなかった。長い学生生活を送りながら、戦争のためパドヴァ大学を去らざるを得なくなったことを残念に思い、向学心はヴェネツィアに戻ってからも消えることはなかった。ある時には自分には聖書とともにプラトンがあるとも言っている。若さに伴う気持ちの動揺、時にメランコリックになるコンタリーニに出くわす。その時彼は聖書を読んでも気持ちは晴れず、また滋味にはならない読み物、と断言している。愛読した古典とは味わいが違うし、古代の教父文学ともまた異なるというのである。

大学生活を切り上げ、ヴェネツィア本島に戻ってしばらく要職がなかなか回って来ず、暗澹たる気持ちにもなったことであろう。一五二〇年代前半、二一年から二五年にかけては、神聖ローマ帝国カール五世の元に使いするヴェネツィア大使になっている。この結果、ドイツやフランドル地方に行く機会ができ、一五二一年四月二〇日にはヴォルムス入りを果たして、皇帝の宮廷にいる。この時ルターもここにいた。二三年五月以降になると、スペインの諸都市に滞在するが、彼の知的関心はここで脱西欧へと広がる。新大陸情報をピエトロ・マルティーレ・ダンギエーラから得、またコロンブスの長子フェルディナンド（提督）と知り合いになっている。[38]

このような外交官生活が活動生活として彼の日々の主軸となり、修道院での観想生活は若い時代の事柄となっていったことであろう。カマルドリ修道士たちと交わした書簡でもこの両生活がしばしば話題になり、その価値をめぐる議論が展開された。この議論自体は目新しくはなく伝統的なものだが、コンタリーニはヴェネツィア共和国公務を実践しながら「世俗内禁欲」に努め、妻帯することはなかった。

四　「レーゲンスブルクの対話」

コンタリーニは一五二五年にヴェネツィアに帰国してからは故国にいたが、二八年からは教皇の元に使いすることになる。前年のローマ劫略を受けて教皇クレメンス七世はローマを去ってヴィテルボにいたので、コンタリーリは二八年の一〇月初めまでここにいた。本書の先の章で見たコンタリーニ像と一致する。このあとローマに一年ほど滞在して、教皇がスポレートに移動した後、ボローニャ滞在が長くなる。ここからコンタリーニは元老院にあてて外交書簡を送ることになり、二九年一一月に帰還するまで続く。人文主義者として知られるピエトリオ・ヴァレリアーノの『学者（文学者）たちの不幸』（*De litteratorum infelicitate*, libri duo, Venezia 1620）には、この頃のコンタリーニが対話上の主要人物として登場するが、前章で見た通りである。[39] 作者ヴァレリアーノはヴェネツィア共和国のベッルーノ出身であった。

教皇パウルス三世はコンタリーニを枢機卿にするとともに、このベッルーノの司教にしている。一五三四年に、メディチ家出身のクレメンス七世から、ファルネーゼ家出身のこの教皇に交代し、コンタリーニの公務は教皇庁のほうに大きく舵を切ったと言えよう。彼は教会改革の期待がかかる一人となり、それは志を同じくする者たちとともに一五三七年の『教会改革進言』(*Consilium de emendanda Ecclesia*) となり、パウルス三世の期待に応えようとした。教会の要人となり、この頃から教会のイデオロギー、トマス神学の影響がコンタリーニの思想に現われると、研究者アルド・ステッラは見ている。[40]

教会の仕事で大きな仕事となったのが、カール五世の元へのレーゲンスブルク派遣である。ここで帝国議会が四月五日から開かれる予定だったのである。[41] かつてはヴェネツィア共和国の大使としてコンタリーニは神聖ローマ帝国皇帝の宮廷に派遣されたが、今回は教皇庁の大使として混乱を極めるドイツに赴くことになった。プロテスタント諸侯も増える中、フランスが同盟をチラつかせるトルコの脅威に皇帝は対峙しなければならなかった。そのためにも国内の平和と安定が何よりも望まれていた。

レーゲンスブルクに到着後間もなく、コンタリーニはドイツの現状を痛感することになる。既出のアレッサンドロ・ファルネーゼ枢機卿にはドイツ・カトリックの陣営分裂をも伝えている。この書簡は一五四一年三月一六日に急送された。コンタリーニがレーゲンスブルク(市壁外)に到着したのが一一日で、翌一二日に歓迎式典が行われたことが、遠縁のフランチェスコ・コンタリーニのヴェネツィア共和国元老院あて書簡から分かる。フランチェスコはこの時、国王フェルディナントに派遣されたヴェネツィア大使であった。

ガスパロ・コンタリーニの一行には、彼の秘書で伝記を書くことになるロドヴィーコ・ベッカデッリ[42]、また彼のベッルーノ司教代理ジローラモ・ネグリが含まれていた。コンタリーニの同伴者、補佐役に、最初は高位聖職者が数名提案されていたが、実現されず、結局同行したのは、若手で彼の考えに近い人たちであった。またコンタリーニ自身はグレゴリオ・コルテーゼとマルカントニオ・フラミニオの同伴を望んだが、彼らは健康を理由に断ってきた。マルカントニオ・フラミニオは詩人の人文主義者として高名で、今日、反ローマ教会の有力人物であることが明らかになっている。この立場を取った人びとは少なくなく、イタリアの福音主義者とか霊的主義者、霊的な人々などと呼ばれている。レーゲンスブルクで出会い、友情を固めることになる教皇使節のジョヴァンニ・モローネ（一五〇九―八〇）もその立場に属していた。彼はまだこの時三〇歳を越えたばかりの青年で、コンタリーニの影響を強く受けることになる[43]。状況は違うものの、教皇庁とイエズス会の巡察使としてヴァリニャーノがアジアを目指す際、イタリア、スペイン、ポルトガルからこれぞという関係者四〇人余りを選んで出発することになる。ポルトガル王室は彼の赴任先がポルトガルのパドロアード（保護権）であったために不満を持ったが、ヴァリニャーノは妥協せず、自らの基準で選抜した。このことがコンタリーニのこの場合に連想される。

　厖大な研究文献がある「レーゲンスブルクの対話」では、先ずは一六世紀の時代に立ちかえる必要があるだろう。たとえば教皇首位権の問題がある。一見すると、これこそが最重要であり、現代から見るとこのためにすでに話し合いは無駄になるだろうと思ってしまう。プロテスタントは認めていなかったのだから。だが、この首位権に対し、彼らは公会議優先主義を否定したわけではなく、またニカイア（ニケーア）以来の公会議の歴史、決議をもカトリック同様に認めていたのである。パウルス三世もドイツでの宗教上の対話に反対していたが、ルターにより提示された教義の問題は、ローマ教皇が招集する普遍的会議で解決されなければならないと言明していた。特に一五世紀以来、この公会議主義は優勢になったとはいえ、教皇権力があったればこその対立軸ではなかったろうか。「レーゲンスブルクの対話」はトレント公会議につながる。[44]トレント公会議以後、実に一九世紀後半まで公会議がなかったことはもはや対立軸が存在しなくなったことを意味し、この喪失性ゆえにキリスト教史上は昔日に見劣りする空白な時代とならないであろうか。

ところで、一五三〇年の「アウクスブルク信仰告白」にてプロテスタントはカトリックとの違いを明確化していたが、コンタリーニはカトリック内の合意も得たうえで対話が開始されなければならないと考えた。たとえば、聖餐をめぐる議論がそうだった。帝国内秩序維持に主力を注ぐ、カール五世の筆頭書記官ニコラ・ペルノ・ド・グランヴェルがルター派は聖晩餐の秘蹟におけるキリストの実在は認めたが、聖餐原料のパンの化体は否定している、と述べたのに対し、第四ラテラノ公会議で決着済みを蒸し返すことは、コンタリーニには認められなかった。公会議決議は何よりも優先されなくてはならなかったのである。また彼は言葉尻に関わると、分裂の元になることも「フィリオクエ」(filioque) 問題から分かっていた。

始まる前にコンタリーニは確かに「信仰からの義」の解釈次第では、両派の合意が達成され、分裂が避けられると見ていた。教皇首位権問題はその先にある問題と映じた。ローマ・カトリック教会が彼らを異端とすることだけは避けねばならなかった。ラテン世界外にはキリスト教にいろいろな宗派があった。フィレンツェ公会議ではローマと他宗派の話し合いの好例となっていた。しかし今はラテン世界内部で、看過できない教義に疑念が生まれていた。信仰義認で合意することこそが大事、とコンタリーニは見た。

書簡の体裁で一五四一年五月二五日作成された、その彼の『義認(義化)論』[45]は、当地、ケルン大司教ヨハンネス・グロッパーによって纏められ、レーゲンスブルクで提案された第五条と同じ解決を図ろうとする「二重義認説」となっている。罪人が、彼自身の内在（本来）的な義と、自由に神により人に授けられた、キリストに帰せられる義とを介して、義となると述べられている。そしてコンタリーニは第五条の表現と相違して、これを二重義認（duplex justitia）と何度も言っている。「私たちは二重の義に達する。すなわち最初の義は私たちに内在し、これを通して私たちが義となり、神的本性に預かれるようになり、私たちの心に愛が注がれたのである。二番目の義は内在せず、キリストとともに私たちに与えられたものであり、私はあらゆる彼の功績とともに（これを）キリストの義と呼ぶ。[46]」ここには所謂人間の側の善き行い、善行は言われていない。また「意志」の表現を避けて、ペラギウス主義に陥らないようにしているとも見られる[47]。

終わりに

ここまで述べてきたことを纏め、また今後の方向性を探ってみよう。パドヴァ大学で学んだコンタリーニがアリストテレス哲学に親しんだことは当然な学習プログラムであった。神学を専門的に学ばなかったとはいえ、これは後年の彼がトマス神学を理解する上で随分と役立ったことであろう。他方で、トレント公会議に至る道筋の中で、今回問題にした教義は、フィチーノ、エジディオ・ダ・ヴィテルボ、アゴスティーノ・ステウコ、そしてジローラモ・セリパンドらのプラトン主義者たちの哲学上の観点から見えてくることがあるように思われる。神の恩寵と愛、信仰の問題をプラトン的エロスに注目して考察してみればどういうことになるであろうか。そしてこの視点からコンタリーニのいう二重義認をよりよく理解できることにはならないだろうか[48]。

プラトン主義とラテンのその伝統、とりわけ古代のアウグスティヌスや中世のフランチェスコ派の神秘主義に注目すれば、アルプス以北の世界とは異なる人間観に気付こう。トレントにつながるステウコやセリパンドもその影響下にあった。ルネサンスは先行する過去の伝統をさらに豊富にして、古代・中世との連関を深めた。のみならず、所謂地理上の発見による異文化との接触がこの時代をさらに特別なものにし、緊張に富んだ時代を以後の時代に準備することになるのである。

註

（1） P. Tacchi Venturi, S. I., *Storia della Compagnia di Gesù in Italia*, Roma 1950. 4 voll, I, parte seconda [Documenti], p. 179.

（2） Cfr. Heinrich Böhmer, *Luthers Romfahrt*, Leipzig 1914. リプリント版による。

（3） Paul V. Murphy, *Cardinal Ercole Gonzga and Catholic Reform in Sixteenth-Century Italy (1505-1563)*, National Library of Canada 1996, pp. 293-94.

（4） Eduard Stakemeier, *Der Kampf um Augustin. Augustinus und die Augustiner auf dem Tridentinum*, Paderborn 1937.

（5） Cfr. Friedrich Lauchert, *Die italienischen literarischen Gegner Luthers*, Nieuwkoop 1972. Nachdruck der Ausgabe Freiburg im Breisgau 1912.

（6） *De perenni philosophia* by Augustinus Steuchus, with a New Introduction by Chanles B. Schmitt, New York/London 1972. Ronald K. Delph, *Italian Humanism in the Early Reformation: Agostino Steuco (1497-1548)*, University Microfilms International 1987, 2 vols, I, p. 137.

（7） A. W. Hunzinger, *Lutherstudien. Luthers Neuplatonismus in der Psalmenvorlesung von 1513-1516*, Lepzig 1906.

（8） Gigliola Fragnito, *Gasparo Contarini. Un magistrato veneziano al servizio della cristianità*, Firenze 1988, p.120.

（9） *Concilium Tridentinum: diariorum, actorum, epistularum, tractatum nova collectio*, ed. Societas Goerresiana, Freiburg i. B.: Herder 1901-38; reprint 1963-67, 13 Bde.

（10）　GASPARIS CONTARENI *Opera*, Parisiis 1571, apud Sebastianum Nivellium (…cum testimoniis doctorum theologicae facultatis Parisiensis, quibus haec a se probari et christiana veritate nihil discrepare asseverant. リプリント版出版。

（11）　Fragnito, The Expurgatory Policy of the Church and the Works of Gasparo Contarini, in *Heresy, Culture, and Religion in Early Modern Italy. Contexts and Contestations*, edited by Ronald K. Delph, Michelle M. Fontaine, and John Jeffries Martin, Kirksville 2006, pp.193-210, 特に p. 202.

（12）　Fragnito, *ibid.*, 203, n.36.

（13）　Fragnito, *Gasparo Contarini,* pp. 80-1. Elisabeth G. Gleason, *Gasparo Contarini. Venice, Rome, and Reform*. Berkeley/Los Angles/Oxford 1993, p. 93.『司教の職務』には英訳があり、好論つき。Gasparo Contarini, *The Office of a Bishop*, introduced, translated and edited by John Patrick Donnelly, S.J., Milwaukee 2002.

（14）　Fragnito, *ibid.*, p. 81n.7.

（15）　*Regesten und Briefe des Cardinals Gasparo Contarini.* (*1483-1542*), hrg. von Franz Dittrich, Braunsberg 1881. リプリント版出版。

（16）　Franz Dittrich, *Gasparo Contarini 1483-1542. Eine Monographie*, Nieuwkoop 1972. Nachdruck der Ausgabe Braunsberg, 1885.

（17）　Cfr., Kurt-Victor Selge, Conclusione del convegno, in *Gaspare Contarini e il suo tempo*. Atti del convegno Venezia, 1-3 marzo 1985, a cura di Francesca Cavazzana Romanelli, Prefazione di Giuseppe Alberigo, Venezia 1988, pp.243-254, 特に pp. 243-44.

（18）　注1参照。

（19）　Cfr. Philip McNair, *Peter Martyr in Italy. An Anatomy of Apostasy*, Oxford 1967, pp.86-115.

（20）　この間の経緯は結構複雑である。Martin L. Pine, *Pietro Pomponazzi: Radical Philosopher of the Renaissance*, Padova 1986, p.131.

（21）　Paul F. Grendler, Gasparo Contarini and the University of Padua, in *Heresy, Culture, and Religion in Early Modern Italy*, 135-150, 特に pp.139-40˙ James B. Ross, Gasparo Contarini and his Friends, in *Studies in the Renaissance*, 17 (1970), pp.192-232, 特に pp. 225-27.

（22）　Aldo Stella, Spunti di teologia contariniana e lineamenti di un itinerario religioso, in *Gaspare Contarini e il suo tempo*, 1988, pp.147-166, 特に pp.149-50, 153.

（23） Murphy, *op.cit.*, pp. 23-5.

（24） *Ibid.*, pp. 174-75.

（25） *Ibid.*, p. 281.

（26） 根占献一『イタリアルネサンスとアジア日本』知泉書館、二〇一七年。

（27） Grendler, *op.cit.*, pp.138-39, 143. 藤内哲也『近世ヴェネツィアの権力と社会――「平穏なる共和国」の虚像と実像』昭和堂、二〇〇五年。永井三明「カンブレー同盟戦争と貴族階級の意識――ガスパロ・コンタリーニの思想」、同『ヴェネツィア貴族の世界――社会と意識』刀水書房、一九九四年、第三章。

（28） デ・サンデ『天正遣欧使節記』泉井久之助・長沢信寿・三谷昇二・角南一郎訳、雄松堂、一九九〇（一九六九）年。二〇一六年に出たイタリア語訳版は、著者をアレッサンドロ・ヴァリニャーノにしている。根占『イタリアルネサンスとアジア日本』、二四三頁。

（29） 『天正遣欧使節記』三八七、四八九頁。

（30） Dittrich, *op.cit.*, p. 865. Fragnito, *op.cit.*, p. 77. *Gaspare Contarini e il suo tempo*, p. 18. 違う作者の見方は、*Chiesa della Madonna dell'Orto. Arte e devozione*, a cura di Luisa Riccato e Fiorella Spadavecchia, p. 42. ここでは Danese Cattaneo に帰されている。

（31） この小論発表後、ティントレットの息子ドメニコ・ティントレットによる伊東マンショの肖像画が発見されて、話題を呼んだ。描かれたことは史料上分かっていたが、肝心の絵が見つかっていなかった。

（32） Hubert Jedin, Contarini und Camaldoli, in *Archivio italiano per la storia della pietà* 2 (1959), pp. 59-118. イェディンはまたこれに関わる数多くの論考を発表してきた。Id., Vincenzo Quirini und Pietro Bembo, *Miscellanea Giovanni Mercati IV* (Città del Vaticano 1946), pp. 407-424. Id., Rom und Romidee im Zeitalter der Reformation und Gegenreformation, in id., *Kirche des Glaubens Kirche der Geschichte. Ausgewählte Aufsätze und Vorträge*, Freiburg/Basel/Wien, 1966, I, pp. 143-152. Id., Kardinal Pole und Vittoria Colonna, in id., *Kirche des Glaubens Kirche der Geschichte.* I, pp. 181-194. Id., Kardinal Ercole Gonzga, der Sohn der Isabella d'Este, I, pp. 195-205.

（33） Paola Giustiniani e Pietro Quirini, *Lettera al Papa. Libellus ad Leonem X (1513)*. Notizie introduttive versione italiana di

Geminiano Bianchini. Presentazione di Franco Cardini, Modena 1995. Id., *Una cristianità nell'alba del Rinascimento. Paolo Giustiniani e il <<Libellus ad Leonem X>> (1513)*, Genova / Milano 2005. Stephen D. Bowd, *Reform before the Reformation. Vincenzo Quirini and the Religious Renaissance in Italy*, Leiden/Boston/Köln 2002.

（34）*Annales Camaldulenses Ordinis Sancti Benedicti*, a cura di Johannes Benedictus Mitarelli e Anselmus Costadoni, Venezia 1755-73, 9 voll.

（35）*Regesten und Briefe des Cardinals Gasparo Contarini*, p.8.

（36）Hubert Jedin, Ein ,,Turmerlebnis', des jungen Contarini, *Historische Jahrbuch der Görresgesellschaft*, 70 (1951), pp.115-130.

（37）Cfr. Eugenio Massa, Paolo Giustiniani e Gasparo Contarini: la vocazione al bivio del neoplatonismo e della teologia biblica, in *Benedictiana* 35 (1988), pp.429-474. Id., Gasparo Contarini e gli amici, fra Venezia e Camaldoli, in *Gaspare Contarini e il suo tempo*, 1988, pp. 39-91. Id., *L'eremo, la Bibia e il Medioevo in umanisti veneti del primo Cinquecento*, Napoli 1992.

（38）*Regesten und Briefe des Cardinals Gasparo Contarini*, pp. 23, 24. Ross, *op.cit.*, p. 231.

（39）根占献一「ピエリオ・ヴァレリアーノ『学者たちの不幸』を読む――ヒューマニストの運命」『学習院女子大学紀要』第一二号（二〇一〇年）、六七―八二頁。これを補筆した本書第五章参照。

（40）Aldo Stella, *op.cit.*, pp. 155-56. Cfr. Hans Rückert, *Die theologische Entwicklung Gasparo Contarinis*, Bonn 1926.

（41）以下の記述は、Gleason, *op.cit.*, pp. 209-23 に負うが、以下も参照。Theodor Brieger, *Gasparo Contarini und das Regensburger Concordienwerk des Jahres 1541*. Inaugural-Dissertation zur Erlangung Doctorwürde in der Philosophischen Facutät der Universität Leipzig, Gotha 1870. E. Solmi, Gasparo Contarini alla dieta di Ratisbona secondo i documenti inediti dell'Archivio Gonzaga di Mantova, in *Nuovo Archivio Veneto* NE 13 (1907) pp. 5-33. 物語風に Orestes Ferrara, *Gasparo Contarini et ses missions*, traduit de l'espagnol par Francis de Miomandre, Paris 1956. Peter Matheson, *Cardinal Contarini at Regensburg*, Oxford 1972. Paolo Ricca (Intervento di), I Colloqui di Ratisbona: l'azione e le idee di Gaspare Contarini (Tavola rotonda), in *Gaspare Contarini e il suo tempo*, 1988, pp. 223-242.

（42）Ludovico Beccadelli, Vita di Monsignor Reverendissimo et Illustrissimo Messer Gasparo Contarino Gentilhuomo Venetiano et Cardinale della S. Romana Chiesa, in *Monumenti di varia letteratura tratti dai manoscritti di Monsignor Lodovico Beccadelli*, a cura di

Giambattista Morandi, Bologna 1797-1804, 2 voll: I,pt. pp. 2, 9-59. 未見。

(43) Cfr. Dermot Fenlon, *Heresy and Obedience in Tridentine Italy: Cardinal Pole and the Counter Reformation*, Cambridge 1972.

(44) フーベルト・イェディン『公会議史——ニカイアから第二ヴァティカンまで』梅津尚志・出崎澄男訳、南窓社、一九九三（一九八六）年

(45) その典拠に関しては、Gleason, *op.cit.*, p. 232.

(46) Gleason, *op.cit.*, p. 230. Gasparo Contarini, *Gegenreformatorische Schriften (1530c.-1542)*, hrsg. von Friedrich Hünermann, Münster i. W., 1923, pp. 29-31.

(47) Cfr. Antonino Poppi, Il libero arbitrio nella lettera del Contarini a Vittoria Colonna, in id., *L'etica del Rinascimento tra Platone e Aristotele*, Napoli 1997, pp. 215-230.

(48) ここでもイェディンの古典的研究は重要であろう。また注4の文献も参照。Hubert Jedin, Ein Streit um den Augustinismus vor dem Tridentinum, in *Römische Quartalschrift* 35 (1927), pp. 351-368. Id., *Girolamo Seripando. Sein Leben und Denken im Geisteskampf des 16. Jahrhunderts*, Würzburg 1937, 2 Bde. また根占献一「マルシリオ・フィチーノにおける哲学と宗教の関連づけとその史的発展」、『イタリア学会誌』二七（一九七九）、六四—七七頁。

第七章　エラスムスとルネサンス人文主義

——研究抄——

はじめに

本章で扱うロッテルダムのエラスムスはルネサンス人文主義（ヒューマニズム・ユマニスム・フマニスムス・ウマネジモ）の研究者には魅力ある人物である。アキッレ・オリヴィエーリは、エラスムスについて話し、論ずることは魅惑的な宿題であり、深めたり、確かめたりすべき課題と過程に満ち満ちていると言った。(1) 多くの精神的諸問題と関わるほどの著述活動と行動生活を行った人物が、このエラスムスであった。

エラスムスは先の章のコンタリーニ同様、時代のあらゆる相、すなわちヒューマニズム、宗教改革、そしてカトリック改革の重大な局面に立ち会う時代の証人であるが、著述活動における影響には同時代の如何なる人物にも勝る、甚大な影響力を行使した。このためその研究文献の量も膨大な数に上る。今回、以下のような文を綴って、ささやかながらも筆者自らの覚え書を作成し、本書の目指す所と関連付けようと試みた。

一　研究視角

近代の数々の精神的諸問題とはなにか。先ず、一四世紀のペトラルカから始まる人文主義の系譜のなかでエラスムスの占める位置の問題があろう(2)。これはある点でイタリア人文主義を特徴づける「キケロ主義」とも関わってくる(3)。文献批判と異教文化の視点からは、一五世紀の人文主義者（ヒューマニスト）ロレンツォ・ヴァッラの名が必ず挙がり、エラスムスにおける聖書解釈やエピクロス主義との関連が問題となる。それは、一六世紀北方の宗教改革の精神的・思想的背景となる一方で、ルネサンスを特徴づける異教主義となり、大いにキリスト教精神と衝突する(4)。宗教改革者たちについては欧米の研究は多く、また邦語文献も少なくはない(5)。

この方面ではドイツ語圏が注視されるなか、ここではフランスに敢えて言及したい。オギュスタン・ルノーデが描いた「プレレフォルム」（Préréforme）とユマニスムの関係、これにエラスムスやルフェーヴル・デタープルがどのように関わって行くのかが問題となろう(6)。シャルル八世が敢行した一四九四年のイタリア遠征以来、その後、ルイ一二世、フランソワ一世の二代に渡って同遠征は繰り返された。これは文化流入にも繋がり、パリを中心にイタリア人文主義やプラトン主義の影響を受けることとなる。改革前夜とその後の思想上の展開は、やがて当地でイエズス会が結成されることもあり、この状況を見極めておくことは意義深いことであろう(7)。

当然パリ大学のスコラ神学が俎上に上る。これに、イタリア・ルネサンス文化に影響されたエラスムスやルフェーヴル・デタープルらが如何に向き合ったのか。神学を学ばなかったルフェーヴル・デタープルは当地の神学者と対立し、また後のフランシスコ・ザビエルはここで神学を長く学んだが、学位を取ることはなく、新たなカトリック改革に向かうことになる。近年では「神学者」エラスムスの像が打ち出され、改めて広義のクリスチャン・ヒューマニズム問題が浮上した。[8] エラスムスはスコラ学の牙城パリが合わず、一五〇六年トリーノ大学で神学博士号を取った人とは言え、[9] 彼と神学者ルターの対決となると、彼は必ずしも専門ではない「神学」で対峙を迫られたのではないか。エラスムス批判はプロテスタント側にだけではなく、カトリック側にも数多く見出され、アルベルト・ピーオやアゴスティーノ・ステウコの著述はこの中に数えられる。[10] スコラ神学批判に対してはエラスムスと「中世思想」の関係を、ローマ教会からの逸脱批判に対してはエラスムスの「宗教思想」の実態を、ともに広く追究し、丁寧に検討することが重要であろう。[11]

イタリアとアルプス以北間の教会改革や福音をめぐる宗教上、神学上の問題は、後述するデリオ・カンティモーリの異端研究などが基本となって進展している。そのなかで注目される研究者は、シルヴァーナ・セイデル（ザイデル）・メンキであろう。セイデル・メンキの仕事は年とともに増えているが、最初はルターの書がどのようにイタリアに入ってきたのか、翻訳文献の探査が彼女の基本的仕事であった。これは、彼女の研究が目指していたイタリアとエラスムスとの関連からなされ、[12] やがて彼女の主著となる力作に至った。[13] イタリアとエラスムスの全般的な関係ならば、それまでもドゥ・ノラックやルノーデらによってなされてきたが、[14] 視点を異にする、異端者としてのイタリアにおけるエラスムス観は、カンティモーリ以後、今や新たな段階に達したのである。北方の二巨星エラスムスとルターがどのように受容されたかは、イタリアのスピリトゥアーリ（spirituali 霊的人々）やカトリック側の反応を知る上で必須である。[15]

冒頭で述べたように、エラスムスに関わる文献は膨大な数に上る。彼自身、書き物「工房」（officina）から書籍が生まれることを楽しみにしていたし、他者の物もまた喜び、これを祝した。[16] 生前彼は、版を重ねる書物を次々に印刷出版したことは余りにも有名だが、その死後にも、一八世紀初頭の大部なライデン（レイデン）版一〇巻[17]、二〇世紀にはこの版に入らなかったものを多く収めたファーガソン編の単著や[18]、エラスムスの三著作各版を収めたホルボーン編の単著としての版がある[19]。さらに全集としては一九六九年からの新たなアムステルダム版全集（*Opera Omnia*, Amsterdam, North Holland Publishing Company）、今も続くトロント大学英語版エラスムス著作集成（*Collected Works of Erasmus*）などがある。

ルネサンス文学・思想研究のひとつの鍵は書簡文学が握っている。特にエラスムスの場合、アレン（後述）による書簡全集の金字塔が打ち建てられている[20]。三一〇〇通を越える書簡で、政治や学問などの分野を問わず、当代の各国の指導者層と意見の交換を行い、常に話題の中心に居たのがエラスムスであった。個々の著作の校訂版、そして彼自身の著述の古今の各国語訳版などを、これらの上に加えると膨大な数に上り、まさに巨人として聳えるエラスムスが現在も眼前にいる。こうして彼と彼に関わる著作に取り組むこと自体もまさに「ヘラクレス的功業」[21]となることはまちがいない。

ホルボーンの編書に関して少し説明を加えたい。彼による案内（Einleitung）はまさに導入としてエラスムス像に的確に至らしめる文となっていて[22]、ハンス・フォン・シューベルト（一八五九―一九三二）の思い出に献呈されている著述でもある。シューベルトの名を初めて知ったのは、このドイツ福音派の神学者・歴史家が出版したパウル・メストヴェルトの作を知った時である[23]。若くして、一九一四年フランスの戦場に倒れたメストヴェルトは、青年エラスムスの知的・宗教的形成にデヴォティオ・モデルナ（devotio moderna 近代的敬虔）とイタリア・ルネサンス文化、すなわちフマニスムスとプラトニスムスの協働を見た。その後、これらの研究は非常に進み、デヴォティオ・モデルナとエラスムスの関係如何には否定的側面もある[24]。この点では彼の解釈には問題があるにしても、イタリアとエラスムスとの関係は必ずしもそうはなっていない。早くに、ランベルト・ボルギはメストヴェルトが強調したデヴォティオ・モデルナとの関連は強く否定したが、イタリアのヒューマニズムやプラトニズムからの影響は彼よりさらに積極的に評価した。[25]この視点はその後も変わらず、研究の課題と方向が維持されていると言えよう。

二　論集に見る諸研究の特徴

生誕後と没後に閲した、区切りのよい年に纏わる論集は、特にその時の研究の状況と関心事を教えるところがある。[26]先に、一九三六年にエラスムスと縁《えにし》が深いバーゼルで出た、エラスムスの没後四〇〇年忌論集を見てみよう。

年忌論集

序言（Geleitwort）を書いたエドゥアルト・ヒス（Eduard His）の他、別の一九人による論文が掲載されている。[27]このうちバーゼル関係者が序言執筆者を含めて一二名に上っている。ドイツ語論文が序言を加えると一五本、イタリア語論文が二本、英語、フランス語、ラテン語各一本となっている。ドイツ語論文のなかにはライデン大学のヨハン・ホイジンガが含まれる。題名はラテン語だが、本文はドイツ語というのもある。ラテン語はヒューマニズム研究で知られるハンガリーの学者ラディスラウス・ジュダス（Ladislaus Juhdaz）である。

イタリア語論文は、ベネデット・クローチェとデリオ・カンティモーリが筆者である。この時クローチェはイタリア王国の上院議員であった。名前に閣下（eccellenza）がついている。カンティモーリは学士（dottore）とあってローマとあるので、ドイツ研究に関わるイタリア研究所（Istituto italiano di studi germanici）に身があったときのこととなる。これは、ファシスト政権下で文部大臣を務めた哲学者ジョヴァンニ・ジェンティーレの力による。二〇年代から三〇年代を経て四〇年代前半まで、研究・出版機関などの多くの要職を兼ねていたのがジェンティーレであった。かつての友クローチェとは袂を分かつことになる。ジェンティーレにより研究者としてのカンティモーリはその能力を高く評価され、後にピサの高等研究所（Scuola normale superiore di Pisa）に招かれる。(28)

特に異端研究で名を挙げるカンティモーリは、エラスムスの影響が異端者にも強く及んでいることを示している。主著『一五〇〇年代のイタリアの異端者たち——歴史的研究』（*Eretici italiani del Cinquecento. Ricerche storiche*, Firenze 1939）が、ヴェルナー・ケーギによるドイツ語訳『後期ルネサンスのイタリアの異端者たち』で出たのはバーゼルにおいてであった。序言冒頭にジェンティーレの名前が出る。バーゼル大学のケーギによると、四〇年代初めには訳文ができていたようだが、出版が遅れたのである。(29) ケーギは没後四〇〇年の論集に「一八世紀のエラスムス」を発表している文化史家である。エラスムス思想は同時代への影響のみならず、一八世紀の啓蒙主義との関連が深く、関係者や出版状況、宗教動向を含めてこの論考から多々啓発される。(30) またその思想は啓蒙主義に限らず、自由主義とも関わることも重要であり、双方はヴィルヘルム・ディルタイとエルンスト・トレルチにより示されていた。(31)

英語論文は、エラスムス書簡集の編者として高名なパーシィ・スタッフォード・アレンであるが、この年にはすでに死去（一九三三年）していたため、未亡人ヘレン・メアリ・アレン（Helen Mary Allen）の短文が冒頭に挙がっている。彼女は近代日本の忘れ難い英国人アーネスト・メイソン・サトウの姪に当たる。寄稿者のなかには、のちに古典学史に関わる英語の本を著わすルドルフ・プファイファーがいる。妻がユダヤ人であったため、四〇〇年忌論集出版一、二年後には英国で教えることになる。この論集に彼が書いたのは、エラスムスの『反蛮族論』(*Antibarbari*) であった。[32]『反蛮族論』はエラスムスの若い時の作品（一四九四年頃）であるが、公刊されたのは生前とは言え、かなり後年になってからである。プファイファーは生涯このエラスムス作品に関心をいだき、ここにヒューマニスト・エラスムスの原点を見ている。[33]

目下、プファイファーの生涯を詳らかにできるほどの資料を集めていないが、珠玉の短編『フマニタス・エラスミアーナ』[34]は、ヴァールブルク蔵書叢書として公刊された。彼は若いころ、出来たばかりのハンブルク大学で教えていたことがあり、この時にアビ・ヴァールブルクの関係者と繋がりができたのであろう。同論文には、同大学やヴァールブルクと関係が深い、エルンスト・カッシーラーの『ルネサンス哲学における個と宇宙』[35]からの引用が見られる。それは、エラスムスとプロメテウス神話の関係を論じる箇所においてである。

以上、纏まった形での年忌論集は管見の限り、バーゼルで出た一冊だけであり、次に述べる生誕記念論集の数とは較ぶべくもないが、中身には面白い顔ぶれが揃っているとも言えよう。形式を問わなければ、一九三六年は単独の学術誌に多くのエラスムス関連の論文が出ているので注意を要する。

生誕記念論集

エラスムスの生年は必ずしもはっきりしないが、一四六六年から六九年の間と目されている。[36]このため一九七〇年を含めて生誕五〇〇年記念関連の論集が一九六〇年代後半に出た。いずれもフランス語が発表の中心となっている。この点で先に見た没後四〇〇年忌とは違っている。本覚え書の趣旨に従い、それぞれを簡単に紹介しよう。

（Ⅰ）

Colloquium erasmianum. Actes du Colloque International réuni à Mons du 26 au 29 octobre 1967 à l'occasion du cinquième centenaire de la naissance d'Érasme, Mons 1968.

エラスムス生誕に基づく国際集会開催年が最も古く、すべてがフランス語論文、総頁数およそ三五〇頁である。エラスムス神学の解釈に専門書を著わしたエルンスト‐ヴィルヘルム・コールズも、ここではフランス語に翻訳され自由意志を論じている。[37] 同時期に、アウグスティヌスのエラスムスへの影響を論じた専門書を出しているシャルル・ベネと、一〇数年後に、オリゲネスを愛読するエラスムスを論じる専門書を公刊するアンドレ・ゴダンなどの名が見出される。[38] エピクロス―ヴァッラ―エラスムスの線をめぐるキリスト教的エピクロス主義の論考は共同執筆となっている。[39] このあと紹介する書物同様に、幾度となく顔を出すマルセル・バタイヨンとジャン‐クロード・マルゴランの名前がある。

（Ⅱ）

Actes du congrès e Érasme, organizé par la Municipalité de Rotterdam sous les auspices de l'Académie Royale Néerlandise des Sciences et des Sciences Humaines. Rotterdam 27-29 octobre 1969, Amsterdam/Londres 1971.

セム・ドレンスデンがエラスムスの紹介を行う。全体はこれを含んで、フランス語七本、ドイツ語四本、英語二本の論考から成る。[40] 英語の一作は有名なクレイグ・R・トンプソンの手になる。ロマンス語学者として知られるフリッツ・シャルクがアカデミーを含む「文芸共和国」を論じている。(41) また同じくドイツ語でカジミエルス・クマニエキが『反蛮族論』で書いている。(42) マルシリオ・フィチーノの専門家であるレイモン・マルセルがエラスムスとイタリアの関係を取り上げている。(43) マルセル師はこの主題に関心が深く、他の学術誌や専門書に幾つか論考を発表していることを付け加えておきたい。

(III)

Scrinium erasmianum. Mélanges historiques publiés sous le patronage de l'université de Louvain à l'occasion du cinquième centenaire de la naissance d'Érasme, Leiden 1969, 2 vol.

ルーヴァン大学のJ・コパンの編集になる二巻本。コパン自身、あとの巻に論文を執筆している。最初の巻にある序言（avant-propos）冒頭で、彼はエラスムス生誕以来、「私たちの国がこれほど壮観にこれほど一致して彼に栄誉を授けたことはかつてなかったと」し、註のなかで一九六九年の出版の数々に触れている。また、「ルーヴァンの町はエラスムスが長い滞在をしたネーデルランドの唯一の都市（la seule ville des Pays-Bas）」といい、註で、それは一五〇二年から一五〇四年、一五一七年七月から一五二一年一〇月としている。続けて本文で、「エラスムスがパルク修道院でヴァッラの新約聖書に関する註釈を発見したところ」とも記している。この序言に続く最初の論文はM・ナウヴェラールツの「ルーヴァンにおけるエラスムス」であり、特に一五一七年以降を追っている。(44)

各巻は全体で一二〇〇頁に迫る大作であり、充実した内容を保持している。うち最初の巻は四五〇頁余りである。あとの巻は文献目録や全体の索引の関係で頁が増えている。英語、フランス語、オランダ語、そしてドイツ語の論文があるなか、最初の巻にラテン語論文もあり、目を惹く。筆者は著名なJ・イセェヴィン（Ijsewijn）

である。[45] 他にも、同巻には興味深い論考があるが、第二巻にはビュルトォのエピクロス主義やドレスデンのフマニタス概念をめぐる論考が収められている。[46] ここでは後者はあとで触れたい。エラスムス神学の解明に成果を挙げたコールズとジョン・B・ペイン[47]は両巻に分かれて執筆している。

(Ⅳ)

Collquia erasmiana turonensia, Tour, 3-25 juillet 1969, Paris 1972. 2 vol.

コールズも書いているが、すべてフラン語論文で二巻から成るが、頁は通し番号で最後の頁数は九七三である。第一巻にはバタイヨン、ドレスデンと言ったお馴染の研究者とともに、テーマとしてはエラスムスとイタリア、エラスムスとキケロ、エラスムスとペトラルカが扱われる。マーガレット・マン・フィリップスは二部に分かれて、M・A・スクリーチ、H・ブラバントたちは二本続けて執筆している。他にも複数書いている人がいるのが本書の特徴であろう。第二巻は、ドレスデン、マルカドゥールが二本、ゴダンが二本、うち一本はエラスムスとオリゲネスである。さらにコッパン、H・メイランたちが二本となっている。この巻には主題としては、同様にエラスムスとイタリア、エラスムスとキケロとともに、エラスムスとレオ一〇世などがあり、またマルセル、M・P・ギルモアも執筆している。無論、バタイヨン、マルゴランも顔を見せている。またイタリアの研究者も見られる。魔術思想が専門のP・ザンベッリ、人文主義研究のG・ヴァッレーゼ(二本)らである。ギルモアはヴィッラ・イ・タッティ(Villa I Tatti フィレンツェ)のハーヴァード大学ルネサンス研究所の所長時代である。

最後にこの(Ⅳ)では特にひとつの論文に注目したい。それはA・ジェルロの「書簡作成」である。[48] これはエラスムスの作品そのものの題名でもある。ジェルロもまた、このあとの巻にも執筆しているのだが、ここでは始めの巻である。すでに述べたように、書簡文学はルネサンス文化の特徴でもあり、彼はここではそれ以前の、古い時代の歴史から書き起こし、ユストゥス・リプシウスの時代にまで及んでいる。ジェルロには『エラスムスとその肖像画家たち』[49]という書物があるにしても、筆者の認識では彼はこの分野の専門家として、他の論文もまた知られている。[50]「キリシタンの世紀」の日本に関して、通辞ジョアン・ロドリゲスをこの書簡術から解釈する研究書があることは、研究の視点が共通していて興味深い。[51]

以上のすべてにおいて頻繁に名が出るのは、マルセル・バタイヨンであり、五本に上る。（Ⅰ）では開会の辞、（Ⅱ）ではエラスムス『痴愚神礼賛』（*Moriae encomium*）のスペインへの影響を論じ、彼の得意分野となる。（Ⅲ）ではアンドレ・デ・レセンデのファン・ルイス・ビーベス揶揄を扱い、あとの巻ではエラスムスの肖像画を簡単に論じている。（Ⅳ）の最後の書では、締めくくりとしてエラスムスの現在的関心を論じている。

次に引けを取らないのはマルゴランであろうか。（Ⅰ）では大会の挨拶とエラスムスの読者ギュイ・パタン、（Ⅱ）では『キリスト教徒兵士エンキリディオン』（*Enchiridion militis christiani*）、[52]（Ⅲ）ではエラスムス『新約聖書』（*Novum Instrumentum*）の読者ヨハンネス・ア・ラスコ（ジャン・ラスキ）、（Ⅳ）ではエラスムスと真理などとなっている。リベルタンのギュイ・パタンに関わる論文ではリプシウスの名が散見され、近代思想に及ぼした新ストア主義思想の問題を考えさせられる。これはディルタイが重視した近代ヨーロッパ文化の観点であり、自由思想とも関わる。蔵書家ガブリエル・ノデ（ノーデ）はこの意味で筆者自身関心を持っている人物であるが、文脈上、言及があって有り難い。[53]

この他、バタイヨンやマルゴランに劣らない研究者は広く見られ、またシャルクのように狭義にエラスムスの専門家とは言えない者も交じってはいるが、ここでは割愛したい。ある意味でこのような記念の年に幸いにめぐりあえた学者がかなりいるとの証左でもあろう。

その他の論集

他方、年度をこのような意味ある年に限定しないのであれば、管見の限り他に二冊の論集が浮かんでくるので、こちらも同様に簡単に紹介したい。ひとつはアウグスト・ブック編の『エラスムスとヨーロッパ』である。[54]このなかにはマルゴランの名もあるが、先に見た論集にも名前が出ているオットー・ヘルディング、レオン・E・アルカンなどが寄稿している。コルネリス・レーデイクについてはライデン版のところで引用した。[55]アウグスト・ブックはこのような論集の仕事を多くした研究者だが、ここでも短いながら、適切な導入（Einleitung）を行っている。

もう一点は『エラスムス、ヴェネツィア、そして一五〇〇年代のポー川流域文化（la cultura padana）』である。[56]これまたマルゴランの名前がある。彼はこの論集の巻頭に執筆し、エラスムスとイタリアの関係について、特にヴェネツィア文化との視点から新たな文献を加えたことになる。[57]開催地がイタリアであるので、内外のルネサンスの専門家が揃っている。たとえば、ポステルの専門家マリオン・レザース・クンツがエラスムス思想との関係を扱っている。[58]エラスムスがイタリア、ヴェネツィアに滞在した一五〇八年に的を絞ったジーノ・ベンゾーニの論文も目を引くが、[59]これよりもはるかに学術的な論文を書いているのはルーカ・ダァシャである。エラスムスとツヴィングリの間に立つチェリオ・セコンド・クゥリオーネの思想を明らかにしていて興味深い。[60]

三　『痴愚神礼賛』と『天国から締め出されたローマ法王の話』――新旧訳の問題点

ラテン語作家であったエラスムスが西欧近代の各国語訳されて、フランス語、ドイツ語、オランダ語、イタリア語などで読まれるようになった意義は決して小さくないことは当然である。日本語は言語学上まったくこれらすべてと異なるがゆえに、エラスムス邦訳の意義はさらに比較にならないくらい絶大である。以下に紹介する文献の訳者たちの業績は揺るがず、実に大きい。その上で彼我の文化差もまた大きく隔たるために、訳者たちが余り意識しなかったかのではないかと思われる問題点もまた垣間見られる。敢えてこれを指摘し、広くヨーロッパ思想の精粋として検討したい。(61)

エラスムスの一著作、邦訳題名『痴愚神礼賛』(62)は高校の教科書にも出るくらいポピュラーであり、場合によっては高校生が読む、唯一のルネサンス人文主義者の文献であろう。筆者もまた例外でない。また挿絵（ホルバイン作）が付いていて、これを見ているだけでも、エラスムスの揶揄した対象が分かる気がした。ボッカッチョの『デカメロン』から始まった、好色、堕落した修道士、聖職者の像にこの揶揄は集約される。そして彼らがスコラ学の達人であれば、その批判は二重に増す。エラスムスはルネサンスに生きていた「ヒューマニスト」であったので、中世的な学問であるスコラ学と、これに裏打ちされたカトリック教会の教義を批判した。その態度はきわめて理性的で人間的であった。これが教科書的な説明であり、理解であろう。

また教科書には指摘されてはいなかったが、彼の思想的態度は、その後の啓蒙主義に小さからぬ影響を及ぼした。ルネサンスと一八世紀ではキリスト教の位置付けは異なるにもかかわらず、エラスムスを啓蒙主義者あるいはその先駆者として捉え、彼のキリスト教に対する態度をあたかも合理主義者のように解釈する見方は興味深いが、エラスムス理解を限定しているとも言える。つまり、『痴愚神礼賛』として知られる読み物への接し方は後世からの視点だけで良いのだろうかということである。ましてやそれが日本では彼の「主著」とされて来、エラスムスの全体を示しているとなれば、問題は大きい。主著とは何だろうか。特にエラスムスのように著作の種類が多い人の場合、何を以って主著とされるかは研究関心が向かうところで主著が変わりうる。

ところで、この書物がいかに難しく、誤解・誤読を招きやすいかは、エラスムスの友人ゲラルドゥス・リストリウスが同時代にあって指摘したところであった(63)。『痴愚神礼賛』は一五一一年にパリで初版が出た後、通常は、一五一五年バーゼルのヨハンネス・フローベンによる出版からはリストリウスの註釈書とともに世に出、その後長く影響を与え続けた(64)。『痴愚神礼賛』で批判されているのは聖職者や修道院関係者だけではなく、あらゆる社会層の人間が批判されているのであり、(スコラ)学者もただその例外ではなかったことが往々に忘れ去られている。このような社会観は中世以来の有機体的社会観に基づくものであろう。各社会層に宛がわれた任務を損なっている者が批判されているのであって、当然の学者が批判されているわけではない(65)。

次に、『天国から締め出されたローマ法王の話』(木ノ脇悦郎訳、新教出版社、二〇一〇年)に移りたい。これは幾つかの点で問題の書である。ファーガソン編の原題名(*Dialogus Iulius exclusu e coelis*)は対話編(『対話。天国から排斥されたユリウス』)とあり、実際に対話形式を取っているにもかかわらず、物語、話と邦題名はなっている。対話形式は、エラスムスの例がよく示しているようにルネサンス文学の領域で重要な表現手段となった。このことがこれでは伝わらない(66)。しかも元来のラテン語原文を関西弁訳とする大胆さである。この当時のラテン語が所謂国際語であった以上、ラテン語と日本語の間に何の対応関係がないからと言って、現代の関西弁(京ことばでなく）で訳出ということにはならないのではなかろうか。訳者の考えの中には、これまた『痴愚神礼賛』的な構造がこの作品の戯画性ゆえにあったのであろうか。ここでは痴愚神が壇上にあがり、「話」をするべく弁じたてているわけではない。唯一の、画期的な邦訳であるだけに惜しまれる。

また解説では、これがエラスムスの真作であることが確認されていると言わんばかりの筆致であるが、学術出版だけに惜しまれる。エラスムスが『痴愚神礼賛』で歴史的人物は別にして生存中の人物の名誉のために実名を避けていること、またリストリウスもそのことを指摘していることを勘案すると、このような形で教皇ユリウス二世を批判したであろうかという素朴な疑問が生じる。文中から、ピサ公会議に見られるフランス寄りの姿勢が窺われるが、これはエラスムスの態度だろうか。偽作の疑いは、古くはカール・シュタンゲ、近年ではペーター・ファービッシュの研究書が示しているように、学術的にも残っているのではなかろうか。(67)

四　フマニタスは西欧を越えて

先のエラスムスの二作品は、形式的にも内容的にもルネサンス人文主義に関わっている。そしてエラスムスの時代に立ち返って、本書はこの人文主義を考えようとしている以上、この時代にあった「フマニタス」や「フマニタス研究」の独自の用法に注視することは当然であろう。(68)これらに関してはすでに小著『共和国のプラトン的世界――イタリア・ルネサンス研究（続）』（創文社、二〇〇五年）第二章「市民社会におけるフマニタス概念」で扱い、また最近一九世紀学学会招聘講演（新潟大学二〇一三年一月一二日）「ルネサンス・ヒューマニズムと近代――特にイタリアとドイツの視点から」でヨーロッパ精神史の問題として取り上げる機会があった。(69)フィチーノやドイツ近代にあってと同様、エラスムスにあってもこの概念は劣らず大切であるだけでなく、思うに、彼はイタリア・ルネサンスと後世の時代を連結する役割をも果たしている。本論としては最後に、重要な研究論文三点を提示しておきたい。そのうち最初の二点はすでに言及ないし注で触れているものであるが、最後のものはここが初出である。

I. R.Pfeiffer, *Humanitas erasmiana*, Studien der Bibliothek Warburug hrsg. von Fritz Saxl, XXII, Leipzig/Berlin 1931.

II. S.Dresden, Érasme et la notion de *Humanitas*, in *Scrinium erasmianum*, Leiden 1969, II, pp. 527-45.

III. Andrea Orsucci, Storie di parole. Controversie intorno al termine *humanitas* nella prima metà del Novecento (1907-1947), in *Rinascimento. Mito e concetto*, a cura di Renzo Ragghianti e Alessandro Savorelli, Pisa 2005, pp. 255-90.

これらはいずれも読みごたえのある専門論文で、「フマニタス」概念の発展史や思想史的意味を考察している。この三点の論文作者のうち、古典文献学者はⅠのプファイファーだけであり、Ⅱのドレスデンはルネサンス思想、Ⅲのアンドレア・オルスッチは近・現代哲学を専門とする。この専門性の相違もまた、彼らの論文に反映されているが、「フマニタス」問題にそれぞれから多くの教示を得ることでは変わりがない。ⅠよりもⅡのほうがより広く思想史の領域を押えるとともに、イタリアのルネサンス思想家との関連などを追究している。Ⅲは特に、リヒャルト・ライツェンシュタイン説から詳しく紹介し、プファイファー以前をよく補っている。またフランス語圏の著名な古典文献学者ガストン・ボワシエに言及していて貴重である。(70)さらに「市民的ヒューマニズム」論に言及して、今日的論題となっている。

以上のように、先行研究を概観してきたエラスムスはギリシア・ローマの異教古典文学とキリスト教の教父文学に通じていた古典の大家として、また当時の知的・宗教的問題に通暁した時代の人として、その名声はヨーロッパを蓋うが、その影響はヨーロッパに限らない。(71)「地理上の発見」以後、世界の新旧の地と繋がっていたイベリア半島を考えて見ると、カトリック教会に批判的な人々、たとえば、ファン・デ・バルデスやダミアン・デ・ゴイスのみでなく、(72)バレンシアのコンベルソであるビーベスやイエズス会の創始者イグナティウス・デ・ロヨラへの彼の影響も小さくはない。(73)またこの半島を越えて、新大陸にも及んでいる。(74)

思想上、間接的であれ、「キリシタンの世紀」の日本列島にすでにエラスムス思想が到達していたかどうかは、今後の研究課題として残されている。リーフデ号に乗って「貨狄尊者」エラスムスの像はこの地に到達していた。(75)問題はヒューマニズムの核心、「フマニタス」が知られたかどうかであろう。アルント・シュライバー（Arndt Schreiber）の著書『ペトラルカとエラスムス――イタリアと北方のヒューマニズム［フマニスムス］』は本文最後の頁番号が四一に過ぎない小冊であるものの、次の文で結ばれている。

重たい運命と衝撃、そして受苦と歓喜は、歴史的フマニスムス――そのフマニタスは狭く西欧的・キリスト教的・ローマ的であったに過ぎないが――から、全人類を概念としても現実性としても意識のなかへ取りこむ新たなフマニタスに、人間性のフマニタスへ導く。(76)

筆者の戦争体験が反映されている言だが、「フマニタス」の波及問題は、東西の出会いがあった、一六世紀半ば以降の日本の「キリシタンの世紀」にも属する事柄である。像の到来・出現も面白いが、注目はエラスムス思想にも向かわなければならない。列島を縦断するコンベルソ自体も珍しくはない時代であり、(77)押し寄せる波にはこの時代の思いも伝わっていたことだろう。その思いには「フマニタス」が関わっていよう。精神史上、「フマニタス」が発展概念であるならば、「ヒューマニズム」教育が拡大した地域には必ずやこれが見出されるに違いない。(78)これは東西交流史における今後の精神史的、思想史的研究課題である。

註

(1) Achille Olivieri, Presentazione in *Erasmo , Venezia e la cultura padana nel '500*, Atti del XIX convegno internazionale di studi storici, Rovigo, Palazzo Roncale, 8-9 maggio 1993, a cura di Achille Olivieri, Staghella 1995, pp. 5-8, 特にp. 5.

(2) このテーマ設定自体は珍しくはないが、第二次世界大戦後間もない出版という点で次の書は注目されよう。Arndt Schreiber, *Petrarca und Erasmus. Der Humanismus in Italien und in Norden*, Heidelberg 1947. これは一九四六年ハイデルベルク大学夏学期の講義に基づく。無論、前後して出た次の書に較べると、学術的価値は乏しいだろうが、注目すべき表現があり、本文の最後のほうで引用する。Walter Rüegg, *Cicero und der Humanismus. Formale Untersuchungen über Petrarca und Erasmus*, Zürich 1946.

(3) Cfr. Luca d'Ascia, *Erasmo e l'umanesimo romano*, Firenze 1991.

(4) Cfr. Siro Attilio Nulli, *Erasmo e il Rinascimento*, Torino 1955, pp. 285-384.

(5) その代表は金子晴勇であろうし、また翻訳の業績も多い。『宗教改革著作集二 エラスムス』教文館、一九八九年。この翻訳に名を連ねている木ノ脇悦郎もまたエラスムスに関する専門書がある。また後者の人物に関しては、本文参照。

(6) Augustin Renaudet, *Préréforme et Humanisme à Paris pendant les premières guerres d'Italie (1494-1517)*, 1953 (1916). Margaret Mann, *Érasme et les débuts de la Réforme fransaise(1517-1536)*, Paris 1934. マーガレット・マンは謝意のなかでP.S. Allen の死去に言及している。他方で、この時代の錚々たるエラスムスに通じた学者の名を挙げて感謝している。そのなかにAugustin

Renaudet らとともに Nesca Adeline Robb がいる。後年、彼女は Margaret Mann Phillips として、*The 'Adages' of Erasmus. A Study with Translations*, Cambridge 1964 をこのロッブに捧げた。アレンに関しては本文参照。

（7）Cfr. 根占献一「若きザビエルとルネサンス」、『ソフィア』第二一六号、二〇〇五年冬季、第五四巻第四号、一〇一一五（四二四—四二九）頁。現在では根占『イタリアルネサンスとアジア日本』知泉書館、二〇一七年、第四章参照。

（8）註37、47の文献参照。

（9）*Erasmo , Venezia e la cultura padana nel '500*, a cura di Achille Olivieri 1995, p. 11n.6 に文献が各種挙がっている。

（10）ピーオとエラスムスとの関係は Myron P. Gilmore の幾つかの論考によって明らかにされている。これに関しては、註13のシルヴァーナ・セイデル（ザイデル）・メンキの著書本文及び参考文献参照。ステウコについては、セイデル・メンキとともに特に Ronald Keith Delph, *Italian Humanism in the Early Reformation: Agostino Steuco (1497-1548)*, the University of Michigan, Ph.D. 1987, 2 vols. ピーオやステウコと違い、イタリア出身者アンドレア・アンモニオとエラスムスの交遊を描くのは Clemente Pizzi, *Un Amico di Erasmo. L'umanista Andrea Ammonio*, Firenze 1956 がある。

（11）彼と中世思想の関係や彼の中世観を検討した新しい書に István Bejczy, *Erasmus and the Middle Ages. The Historical Consciousness of a Christian Humanist*, Leiden/Boston/Köln, 2001. 宗教思想全般を追究する書は J.-B. Pineau, *Érasme, sa pensée religieuse*. Thèse présentée à la Faculté des Lettres de l'Université de Paris, Paris 1923.

（12）Silvana Seidel Menchi, Le traduzioni italiane di Lutero nella prima metà del Cinquecento, in *Rinascimento* 27 (1977), pp. 31-108.

（13）Ead., *Erasmo in Italia 1520-1580*, Torino 1987. ドイツ語訳版はカンティモーリの思い出に捧げられている。仏訳も存在するようだが、未確認。Ead., *Erasmus als Ketzer Reformation und Inquisition im Italien des 16. Jahrhundert*, Leiden/New York/Köln 1993.

（14）Ead., *Erasmo*, pp. 25-26, Ead., *Erasmus*, pp. 17-18 で先行研究に言及し、自作との違いを述べている。ルノーデについてはさらに次註参照。

（15）ルノーデのエラスムス観には、カトリックでもプロテスタントでもない「第三の教会」構想という問題がある。これに関しては Louis Bouyer, *Erasmus and his Times*, translated by Francis X. Murphy, Westminster Maryland, 1959 の主張と反論参照。

（16）*Opus Epistolarum Desiderii Erasmi*, t. VI 1525-1527, Oxonii 1926, p. 158. Achille Olivieri, *op.cit.*, p. 5 の引用による。このエラスムス書簡集に関しては註20参照。

（17） *Desiderii Erasmi Opera Omnia in decem tomos distincti*, Lugdumi Batavorum, 1703-06 （Georg Olms, Hildesheim 1961). 編者は Johannes Clericus (Jean Leclere[Le Clerc])である。ルクレールについては Cornelis Reedijk, The Leiden Edition of Erasmus' *Opera omnia* in a European Context, in *Erasmus und Europa.* Vorträge hrsg. von August Buck, Wiesbaden 1988, pp.163-182.

（18） *Erasmi Opuscula. A Supplement to the Opera Omnia*, ed. by W.K.Ferguson, La Haye 1978 (1933).

（19） *Desiderius Erasmus Roterodamus. Ausgewählte Werke*, in Gemeinschaft mit Annemarie Holborn hrsg. von Hajo Holborn, München 1964 (1933).

（20） P.S.Allen, *Opus Epistolarum Desiderii Erasmi*, I-XI,Oxonii (Oxford) 1906-1947.

（21） Cfr. Hilmar M. Pabel, *Herculean Labours. Erasmus and the Editing of St. Jerome's Letters in the Renaissance*, Leiden/Boston 2008.

（22） *Desiderius Erasmus Roterodamus. Ausgewählte Werke*, pp. IX-XXIV.

（23） Paul Mestwerdt, *Die Anfänge des Erasmus. Humanismus und „Devotio moderna", mit einer Lebensskizze von C.H.Becker* hrsg. von Hans von Schubert , Leipzig 1917.

（24） Cfr. R.R. Post, *The Modern Devotion. Confrontation with Reformation and Humanism*, Leiden 1968.

（25） Lamberto Borghi, *Umanesimo e concezione religiosa in Erasmo di Rotterdam*, Firenze 1935.

（26） 折に触れてエラスムスに言及する渡辺一夫には、生誕・没後記念に関わる発言もまた見出される。『渡辺一夫著作集 四 ルネサンス雑考　中巻』筑摩書房、一九七七年増補版第一刷、二五、三九頁。没後四五〇年の一九八六年については、木ノ脇悦郎『エラスムスの思想的境地』関西学院大学出版会、二〇〇四年、第五章、などに見られる。

（27） *Gedenkschrift zum 400. Todestage des Erasmus von Rotterdam*, hrsg. von der historischen und Antiquarischen Gesellschaft zu Basel, Basel 1936.

（28） Giovanni Miccoli, *Delio Cantimori. La ricerca di una nuova critica storiografica, In appendice, l'elenco dei corsi e del seminari e la bibliografia degli scritti.*, Torino 1970, p. 340.

（29） Delio Cantimori, *Italienische Haeretiker der Spätrenaissance*, Basel 1949, pp. V-IX.

（30） Werner Kaegi, Erasmus in Achtzehnten Jahrhundert, in *Gedenkschrift zum 400. Todestage des Erasmus von Rotterdam*, 205-227. Cfr. F.Schalk, Von Erasmus' res publica literaria zur Gelehrtenrepublik der Aufklärung, in Id., *Studien zur französischen Aufklärung*,

Frankfurt a.M 1977.

(31) Cfr. Andreas Flitner, *Erasmus im Urteil seiner Nachwelt. Das literarische Erasmus-Bild von Beatus Rhenanus bis zu Jean LeClerec*, Tübingen 1952. フリットナーはケーギからの研究への励ましに謝意を表している。

(32) Rudolf Pfeiffer, Die Wandlungen der «Antibarbari», *ibid*., pp. 50-68. これは次の書にも収録されている。Rudolf Pfeiffer, *Ausgewählte Schriften.Aufsätze und Voträge zur griechischen Dichtung und zum Humanismus*, München 1960, pp. 188-207..

(33) 邦語論文では、柳沼正広「エラスムスの古典研究擁護におけるヒエロニュムスとアウグスティヌスの引用について——『反蛮族論』*Antibarbarorum liber* から」、『創価大学人文論集』第一六号（二〇〇四年）が丹念に問題を追究している。

(34) Id., *Humanitas erasmiana*, Studien der Bibliothek Warburg hrsg. von Fritz Saxl, XXII, Leipzig/Berlin 1931. Vorwort から、主題追究から出版に至るまで年数がいささか閲したことが分かる。

(35) Ernst Cassirer, *Individuum und Kosmos in der Philosophie der Renaissance*, Leipzig/Berlin 1927. これは Studien der Bibliothek Warburug, Heft 10 に相当する。Pfeiffer, *op.cit*., p. 15.

(36) John B. Gleason, The Birth Dates of John Colet and Erasmus of Rotterdam: Fresh Documentary Evidence, in *Renaissance Quarterly* XXXII (1979), pp.73-76. 一四六六年一〇月二八日説を主張。

(37) Ernst-Wilhelm Kohls, La position théologique d'Érasme et la tradition dans le <<De libero arbitrio>>, pp.69-88. 専門書は Id., *Die Theologie des Erasmus*, Basel 1966, 2Bde. この Vorwort でコールズはエラスムス生誕五〇〇年に関して、やはり生まれを一四六六年一〇月二八日としている。

(38) 彼らの主著は以下の通りである。Charles Béné, *Érasme et Saint Augustin ou Influence de Saint Augustin sur l'humanisme d'Érasme*, Genève 1969. André Godin,*Érasme lecteur d'Origène*, Genève 1982.

(39) Marie Delcourt et Marcelle Derwa, Trois aspects humanists de l'Épicurisme chrétien,pp.119-133.

(40) Craig R.Thompson, Erasmus and Tudor England, pp. 29-68.

(41) Fritz Schalk, Erasmus und *res publica literaria*, pp. 14-28

(42) Kazimierz Kumaniecki, Erasmus' *Antibarbari*, pp. 116-135. クマニエキはアムステルダム版エラスムス全集（AMS1-1）に校訂版を発表している。この全集に関しては本章（一）参照。

(43) Raymond Marcel, Les dettes d' Érasme envers l'Italie, pp. 159-173.

(44) J. Coppens, VII. M. Nauwelaerts, Érasme a Louvain. Ephémérides d'un séjour de 1517 a 1521, pp. 3-24.

(45) J. Ijsewijn, Erasmus ex poeta theologus sive de litterarum instauratarum apud Hollandos incunabulis, pp. 375-389.

(46) R.Bultot, Érasme, Épicure et le <<de contemptu mundi>>, II, pp. 205-38. S.Dresden, Érasme et la notion de *Humanitas*, II, pp. 527-45. 本文中に既出のドレスデンに関しては、次の大事な訳書がある。『ルネサンス精神史』高田勇訳、平凡社、一九七〇年。随所に彼の炯眼が光る。特に「フマニタス」に関しては、同書、二四五—二四六頁。

(47) ペインの主著は John B. Payne, *Erasmus: His Theology of the Sacraments*, Richmond, Va. 1970. コールズについては註37参照。

(48) Aloïs Gerlo, *L'Opus de conscribendis epistolis*, I, pp. 223-232. 類似の論文に Id., The *Opus de conscribendis epistolis* of Erasmus and the Tradition of the *ars epistolica*, in *Classical Influences on the European Culture A.D. 500-1500*, ed. by R.R. Bolgar, Cambridge 1971, pp. 103-114

(49) Id., *Erasme et ses portraitists. Metsijs-Dürer-Holbein*, Nieuwkoop 1969 (1950). 邦語文献に、梅津忠雄『肖像画のイコノロジー——エラスムスの肖像の研究』多賀出版、一九八七年。

(50) Gerlo, Erasmus von Rotterdam: Sein Selbstporträt in seinen Briefen, in *Der Brief im Zeitalter der Renaissance*, hrsg. von Franz Josef Worstbrock, Weinheim 1983, pp. 7-24.

(51) Jeroen Pieter Lamers, T*reatise on Epistolary Style. Joãn Rodoriguez on the Noble Art of Writing Japanese Letters*, Center for Japanese Studies, The University of Michigan 2002.

(52) これは（Ⅳ）Ⅱでマルセルも扱っている。

(53) 「覚え書」の域を出ない本章を補う邦語文献は、木ノ脇悦郎『エラスムス研究——新約聖書のパラフレーズの形成と展開』日本基督教団出版局、一九九二年、である。その「はじめに」ではマルゴランの名とエラスムス没後四五〇年という表現が見られる。最近の研究に Jan Papy, Neostoizismus und Humanismus. Lipsius' neue Lektüre von Seneca in der *Manuductio ad Stoicam philosophiam* (1604), in *Der Einfluss des Hellenismus auf die Philosophie der Frühen Neuzeit*, Wiesbaden 2005, pp.53-80. ノデについては、根占献一「文化の展開」、『世界歴史大系イタリア史２』山川出版社、近刊、を参照されたし。

(54) *Erasmus und Europa.* Vorträge hrsg. von August Buck, Wiesbaden 1988.

（55）註17参照。

（56）*Erasmo, Venezia e la cultura padana nel '500*, a cura di Achille Olivieri, Stanghella (Pd), 1995. 註1参照。

（57）Jean Claude Margolin, Les Fêtes Vénitiennes d'Érasme. La cueillette des fruits mûrs, la préparation des moissons nouvelles, in *ibid.*, pp. 11-26. 大学のあるパドヴァ文化圏ではAldo Stella, Influssi erasmiani sui riformatori radicali, in *ibid.*, pp. 87-96. また力作としてElisabetta Selmi, Emilio degli Emili（1480-1530), primo traduttore in volgare dell'«Enchiridion militis Christiani», in *ibid.*, pp. 167-191.

（58）Marion Leathers Kuntz, Guglielmo Postel e le idée erasmiane, in *ibid.*, pp. 51-58.

（59）Gino Benzoni, Venezia 1508, in *ibid.*, pp. 29-47. ジュスティニアーニ、クイリーニなど、やがてカマルドリ会修道士となる人物も出、時代の雰囲気を伝えている。第6章参照。

（60）Luca d'Ascia, Celio Secondo Curione, erasmista o antierasmista?, in *ibid.*, pp. 209-223. ルーカ・ダァシャの専門単著はさらに註3参照。

（61）臨終の床にあったエラスムスは、初めは相変わらずラテン語Miserere mihiであったが、次にオランダ語Liefe Godtと呟いた。これに関しては、Roland H. Bainton, Man, God, and the Church in the Age of the Renaissance, in *the Renaissance. Six Essays*, New York 1962 (1953), pp. 77-96, 特にp. 95. このベイントン論文には、カインと本文中に触れたプロメテウス神話への言及が見られるが、同じくR・H・ベイントン『エラスムス』出村彰訳、日本基督教団出版局、一九七一年、七五—七六頁。

（62）渡辺一夫訳（一九五四年）以外に二種類の邦訳が知られている。最古（一九四〇年）の『愚紳禮讃』（池田薫訳）と最新（二〇〇四年）の『痴愚礼讃 附マルティヌス・ドルピウス書簡』（大出晃訳）である。ここでは題名を渡辺訳から取ったのは、推測するに最も馴染みのある日本語題名となっているのではないか、ということからである。大出は先行する翻訳がラテン語からの原典訳でないことを強調している。

（63）J. Austin Gavin and Thomas M. Walsh, The *Praise of Folly* in Context: The Commentary of Girardus Listrius, in *Renaissance Quarterly*, 24 (1971), pp. 193-209.

（64）セバスティアン・フランクのドイツ語訳とともに考察する論文にGünter Hess, Kommentarstruktur und Leser, Das „Lob der Torheit" des Erasmus von Rotterdam, Kommentiert von Gerardus Listrius und Sebastian Frank, in *Der Kommentar in der Renaissance*, hrsg. von August Buck und Otto Herding, Boppard 1975, pp. 141-165. リストリウスとフランクについては *Contemporaries of Erasmus. A Bibliografical Register of the Renaissance and Reformation.* Editor: Peter G. Bietenholz, Associate Editor: Thomas B. Deutscher, Toronto/Buffalo/London 1995 (1985), 3 vols. の該当する項目に詳しい。

(65) Jean-Pierre Massaut, Érasme, la Sorbonne et la nature de l'église, in *Colloquium erasmianum*, Mons 1968, pp. 89-116, 特に p. 105. この論集に関しては本章（二）参照。

(66) 最近、大川洋はエラスムスの別の論文に関して修辞学、レトリック上の見地から注意を促した。「エラスムスの『子どもの教育について——教育論としての特色とその背景』」、『東京理科大学紀要（教育編）』第四四号（二〇一二年）。本文の『痴愚神礼賛』もまたレトリック作品である。これらはすべて「ヒューマニズム（人文主義）」に関わるためになおざりにできない。

(67) Carl Stange, *Erasmus und Julius II. Eine Legende*, Berlin 1937. シュタンゲ（スタンゲ）は没後四〇〇年を意識して出版した。この書ではピノーのある論文が指摘されているが、本論では以下を Cfr. Pinau, *op.cit.*, p. 202. 近年では老研究者による研鑽の結実として、Peter Fabisch, Iulius Exclusus e Coelis. Motive und Tendenzen gallikanischer und bibelhumanistischer Papstkritik im Umfeld des Erasmus, Munster 2008. 真偽をめぐる問題では次の論考も役立つ。Ijsewijn, I rapporti tra Erasmo, l'umanesimo italiano, Roma e Giulio II, in *Erasmo, Venezia e la cultura padana*, pp. 117-129. 不思議なことに、シュタンゲに関して Mansfield, *Interpretations C1920-2000. Erasmus in the Twentienth Century*, Toronto/Buffalo/London 2003 には何も言及がない。マンスフィールドの研究書は労作であろうが、抜け落ちている著作や論文が少なからずある。のみならず評価を含めて視点が異なる場合も当然ありうる。

(68) Cfr. August Buck, *Die humanistische Tradition in der Romania*, Berlin/Zürich 1968, pp. 133-150.

(69) 本書附章参照。

(70) Orsucci, Storie di parole, p. 258n.9.

(71) Cfr. Jacques Chomarat, *Grammaire et Rhetorique chez Erasme*, Paris 1981, 2 vols. ショマラのこの大作——大きく五部に分かれている。第1部と第4部には特に本文が始まる前にエラスムス理解に不可欠なことが指摘されていて重要である。頁は通し番号で最終頁は一二四九——はヨーロッパ域での表題通りの探究であり、本節に取り上げている「フマニタス」にも主たる関心があるわけではない。結論のところでいささか言及しているが、小論の関心とは異なっている。

(72) Edomondo Cione, *Juan de Valdés. La sua vita e il suo pensiero religioso. Seconda edizione riveduta ed aggiornata*, Napoli 1963.

Damião de Góis. Humaniste européen. Études présetées par José V. De Pina Martins, Braga 1982.

（73）Inés Thürlemann, *Erasmus von Rotterdam und Joannes Ludovicus Vives als Pazifisten*, Freiburg (Schweiz) 1932, pp. 93-94. テュルレマン（一九〇五年生）は、自作の主題から最初の世界大戦期の教皇ベネディクトゥス一五世（在位一九一四—二二）の和平行動に触れる。Ricardo Garcia-Villoslada, *Loyola y Erasmo. Dos Almas, dos Epocas*, Madrid 1965.

（74）Marcel Bataillon, *Érasme et l'Espagne. Recherches sur l'hitoire spirituelle du XVIe siècle*, Paris 1937.

（75）坂本満「聖エラスムスとエラスムス像」、『美術研究』一九六九年三、五月号。『渡辺一夫著作集』、一二、七四—七五頁。Mansfield, *op.cit.*, p.3 は、本文をリーフデ号のエラスムス像に言及することから始めている。

（76）Schwere Schicksale und Erschütterungen, Leiden und Beglückungen führen vom historischen Humanismus, dessen humanitas nur die eng abendländisch-christlich-römische war, zur einer die ganze Menschheit als Begriff und Realität ins Bewußtsein nehmenden neuen humanitas, der humanitas der Humanität , in *Petrarca und Erasmus. Der Humanismus in Italien und in Norden.* 註2参照。ドイツ語圏の「フマニテート」なら思い出されるのは、Johann Gottfried Herder の大作、*Ideen zur Philosophie der Geschiehte der Menschheit* であろう。これを教材として簡便にしたのが、ausgewählt und erläutert von S. Hoshino und R. Kumada, Verlag Daisan-shobo, Tokyo 1951（第三書房、昭和二六年初版）である。編者は緒言で「彼（ヘルダー）の思想の根底をなすものは人間性（Humanität）であって、これこそ、現在においてもっともわれわれの反省すべき問題なのである。一九四四年はたまたま彼の生誕二百年祭にあたっていたが、冷厳をこととした戦時下にあってHumanität を説くヘルダーの叫びは、まことに弱弱しいものであった。」と記している。

（77）岡美穂子「大航海時代と日本——イエズス会のアジア布教とコンベルソ問題」、豊島正之編『キリシタンと出版』八木書店、二〇一三年、二三—五〇頁。

（78）清水有子『近世日本とルソン——「鎖国」形成史再考』東京堂出版、二〇一二年、一一二—一一七頁、特に一一五頁に引かれた長崎キリシタンの要請文書に「人文学」（letras humanas）が見出される。高瀬弘一郎『キリシタン時代のコレジオ』八木書店、二〇一七年、索引中に見出される「古典学」、「古典学者」などの術語に留意されるべきである。前者はラテン語では「フマニタス研究（studia humanitatis）」であり、後者は「フマニスタ（humanista）」（人文主義者）である。また根占献一『東西ルネサンスの邂逅——南蛮と禰寝氏の歴史的世界を求めて』東信堂、一九九八年、二〇五頁。

第八章　ヒューマニストたちの挑戦と運命

――イベリア・イタリア両半島おける――

はじめに

先の章でエラスムス研究の一端を紹介した。彼に関わる文献はヨーロッパ各国で出ており、研究現況を把握するのは容易でなく、無謀な試みであったかもしれない。それでも彼の影響は広範囲に及び、「フマニタス」や「フマニタス研究」を介して、この東アジアも無縁でないことを示唆したつもりである。世はまた顕著な活版印刷の時代に入り、文化的情報が拡散しやすくなっていた。

この点でイベリア半島も例外でなく、宗教が厳格な地域ながら、ポルトガル、スペインにも寛大なエラスムス主義者は現われ、小さからぬ歴史的活動を展開した。ここでは密接に連関するイタリアとイベリアの両半島の代表的な哲学者やヒューマニスト、また学識ある政治家などを介して、複雑化する社会での文化の交流や思想の展開を追うことにする。

一　ルネサンスにおけるヒューマニズムと宗教改革

宗教改革という概念に対して、ルネサンスという言葉は使用法によっては曖昧で時代的特徴を失うおそれなしとはしない。本章では、ペトラルカが活躍していた時代の一四世紀半ば以降の二五〇年間位の時期をルネサンスと意識して論を進める。つまり一六〇〇年頃までであり、従って一六世紀初めの宗教改革もこの時代幅のなかに含まれる。

さらに、ペトラルカ以後の時代は大きく「ヒューマニズム（人文主義）」の時代と規定できようが、このヒューマニズムについて一言しておきたい。それは、この「ヒューマニズム」という概念が、肝心のルネサンス時代に存在しなかったために注意が必要となるからである。この概念に相当する用語を問題のイタリア・ルネサンス期に求めるなら、それは「フマニタス研究」（studia humanitatis）という成句に相当する。フマニタス研究という表現は古代ローマの政治家・哲学者キケロにあるが、長い中世を通じて用いられなかった。ルネサンスに入り、ラテン文学に通じた教養豊かな、フィレンツェ共和国の書記官長たちが先ずは私的書簡などでこれを用い始めた。彼らには共和主義者キケロは理想の政治家であった(1)。

「フマニタス研究」に従事する人やこれを学ぶ人がフマニスタ、ウマニスタ、ヒューマニストと呼ばれる。そして日本語で人文主義者（人文学者）と訳されるこの用語は、ヒューマニズムと違い、先刻の外延的に該当する時代の真っただ中で造語化された。大学で古典語を教える教師を指す学生用語、スラングが始まりであり、現われる史料としては一五世紀末のことである。「フマニタス研究」という用語が多用され始めた時代に似つかわしい言葉、概念、それがヒューマニストという言葉の誕生であったことになる。

このヒューマニスト、人文主義者をスコラ学者と比較する際にも相当な注意が必要だろう。なぜならスコラ学者を前時代の中世の学者、守旧派、これに対し、ヒューマニスト、人文主義者を新時代に相応しい開明的な人物と捉えると、時代認識の誤りが齎されるからである。「フマニタス研究」はレトリック、つまり弁論重視の学であり、哲学は道徳哲学に限定されていて、文法、歴史学、詩学が重んじられた。スコラ学は方法論に特徴がある。それは命題、論題（quaestio）に基づく肯定と否定（sic et non）、そして総合していくやり方のことであり、論理学や弁証法が重視される。

スコラ学に基づく神学は大学の場と緊密な関係にあった。中世に大学が生まれ、権威となったのはアリストテレスであったが、イタリアはイベリア半島と大学構成、特に神学部に関して顕著な違いがあった。それはまた同様に英仏などの大学とも異なっていた。イタリアの大学には神学部が欠けていたからである。アルプス以北やイベリア半島ではアリストテレス哲学が神学のために存在する格好となっていたが、イタリアではアリストテレスを教養部で学んでもそれが神学部につながることはなく、むしろ医学部とこの哲学が関連した。これは「世俗的アリストテレス主義」と言われ、イタリア北部の大学、典型的にはヴェネツィア共和国内のパドヴァ大学に見られる特徴である。

他方で、イベリア半島ではルネサンス期にスコラ学の新たな発展、新スコラ学の勃興があった。スペインのサラマンカ大学やポルトガルのコインブラ大学はその双璧として挙げられる。これは対抗宗教改革としての側面があり、大学自体が新たな段階に達したとも言えよう。こうしてスコラ学は中世とともに終わったわけでも、またヒューマニズムがスコラ学を克服したわけでもない(2)。

以上述べてきたことから言えば、ヒューマニストはスコラ的方法を重視する哲学者や神学者から厳密に区別されるべきなのだろうが、本章では哲学的、神学的傾向を帯びた人でも広くヒューマニストとして見なしていきたい。これは、そのような傾向を強く持った人たちが古典に関する言語学的知識を増やし、聖書に関する歴史的認識を深めるよう努めたからであり、この故にヒューマニストの名に値しようからである。

本節の最後に、ヒューマニズムと宗教改革、特にルターの改革について一言しておけば、パウロの新約聖書『ローマ書簡』（『ローマの信徒への手紙』）の読解に注目する解釈が昔からある。一五世紀フィレンツェのプラトン学者マルシリオ・フィチーノの最後の仕事が『ローマ書簡注解』であり、この書簡への関心は英国のジョン・コレットらに引き継がれてオックスフォードの改革者を育て、英国に学んだエラスムスを経てルターに至るというルネサンスが宗教改革に連続する説となる。史料批判を含む文献学的な人文主義（ヒューマニズム）運動が彼らを結合し、『聖書』読解が深められたということになろう。

ルネサンスと宗教改革をこのような系譜で関連付ける観点に対し、二〇世紀のルター派の神学者A・ニグレン（Nygren）は、その『アガペーとエロス』（*Agape and Eros*. 1930,1936.）という有名な書物の中で宗教改革とルネサンスの相違を強調した。ニグレンは元来異にするキリスト教的愛アガペーと異教的愛エロスがアウグスティヌスにより合一されてラテン的伝統ではカリタスとなったが、近代の始まりをなすルネサンスと宗教改革という二つの運動でそれぞれの愛が分離したと見る。そしてそれは当然の結果であった、と。本来的に交わり難い個性が一見溶け合っていたに過ぎなかったからである。宗教改革を代表するルターの愛がアガペーであるのに対し、異教的ルネサンスを代表するフィチーノの愛はエロスであり、それは無私の愛、無償の愛を強調するルター精神に対し、自己愛、エゴイスティックな愛となってフィチーノの愛の主旋律をなす。これこそがルネサンスの異教的音律であり、近代的な自我拡大の、言うなれば病理学的な自己中心癖を示しているというわけである。

ここではニグレン流のルネサンス観の問題点やフィチーノの造語となるプラトニック・ラヴ、「プラトン的愛」(amor platonicus)の歴史に詳しく触れたりする余裕はない。この愛については、次節のイベリア半島出身者の主著との関連で言及するに留める。

二　レオーネ・エブレオ

イタリア半島は主にその南部の地域を中心にイベリア半島の特にアラゴン王国の歴史と密接な関係にあった。ルネサンス期には強力な新生スペイン王国が同じくイタリア南部に拠点を置くとともに、北イタリアのジェノヴァ港も統率下に収めた。小さい国に幾つも分かれていたイタリアは、所謂「地理上の発見」ではポルトガルやスペインのために目覚ましい貢献をしたものの、イベリア半島の両国と違い、政治的な海外発展が実現できなかった。だが、南米の新大陸情報やフィリピンなどのアジア情報はスペインとの関係から得ることができた。

そのように密接な関係にある両半島の文化的、宗教的交流に関して、特にレオーネ・エブレオとデ・バルデス兄弟を取り上げ、彼らの時代に対する挑戦と運命を一考してみよう。彼らは同時代人であるが、先に『愛の対話』(*Dialoghi d'amore*)の作者として知られるレオーネ・エブレオを追ってみよう(3)。本名はユダ・アブラヴァネルと言い、一四六〇年頃、聖書学者イサアク・アブラヴァネルの長男として、ポルトガルのリスボンに生まれた。アブラヴァネル家の出身地は、元来はスペインのセビリャであり、その家系はスペインで最古かつ高貴な一門に属するとされた。一族がカスティリャからポルトガルに移住したのはエブレオの祖父ユダのときであり、父イサアクもまたリスボンで生まれた。イサアクは後年、ポルトガル王アフォンソ五世の財務顧問となり、公務のかたわら聖書研究に励み、一種の文化サロンを作るほどの知識人となった。ユダヤ人としてマイモニデスの衣鉢を受け継ぎ、当時主流であったアリストテレスに親しみながらも、ルネサンスの新潮流、プラトン、プロティノスなどのプラトン哲学にも関心を寄せた。このような父親のもとで薫陶を受けたユダは、一四八三年に医者として独立し、やがてリスボンで大成功を収めるに至る。

ところが、アフォンソ五世の時代が終わり、次代のジョアン二世下に入ると、父イサアクが反国王派に加担したためアブラヴァネル家は寵を失い、セビリャに亡命せざるを得なくなった。それでも同家の経済的人脈のネットワークは強力で、ここでも有力者でありえたため、父イサアクはカトリック王フェルナンドの財政顧問を務める(一四八四―九二年)ことができた。子ユダのほうは、フェルナンドとイサベラ、カトリック両王の侍医となり、同じくスペイン王室に出入りする身となる。ユダが自らを「ヘブライの獅子」という意味のレオン(レオーネ)・エブレオと称するようになったのは、この時期からである。そして結婚もし、一四九一年には子も授かった。

しかし、やがてこの平穏なアブラヴァネル家の生活も終わり、イベリア半島を離れる時が来た。一四九二年三月三一日に発布されたユダヤ人国外追放令により、難を避けるべく一家はナポリ移住を決断することになるからである。そこはスペイン生まれのマラーノ、ユダヤ人改宗者と言われたフェランテ王(別名フェルディナンド一世)が統治していたため、ここまでは追放令が及んでいず、スペイン本土に限らず、シチリア島からも追放ユダヤ人が集結する安全な場となっていた。イサアクはここでもフェランテ王の宮廷に迎えられて財政顧問となり、重用された。レオン・エブレオのほうは愛児と離ればなれになる悲運の渦中にあったが、ルネサンス文化にじかに触れ合う機会を得ることになったのである。イタリアのルネサンス文化情報はすでに入っていたろうが、

一四九二年秋から一四九四年夏までの二年間はその本場フィレンツェで過ごしている。(4)

三　愛の思想

レオーネ・エブレオがイタリアで出会ったヒューマニストたちは少なくないが、ここでは特にマルシリオ・フィチーノとジョヴァンニ・ピーコ・デッラ・ミランドラに注目したい。なぜならレオーネの主著『愛の対話』は彼らとの関係を示す重要文献だからである。フィチーノの『愛について』(*De amore*) はプラトン『饗宴』注釈の形を取りながら、以後の「愛の哲学」の出発点となった。その影響は絶大であり、レオーネを愛読者のひとりに数えることができる。この時代は学者も詩人も多くが愛の思想問題に取り組んだ。フィチーノは愛の性格の両面、世俗的な愛、俗愛と神聖なる愛、聖愛とを区別しているが、その作品には全般的にプラトン的な「同性愛」的傾向が見られる。

これに対してレオーネ作品は、ソフィアという女性とフィロンという男性の対話を介して、ヘブライ的伝統が色濃く流入している。明らかに「異性愛」性が強まり、時にエロティックでさえある。フィチーノは聖職者、レオーネは前に述べたように俗人である。それでも、後者にあっても男女間の愛が「昇華」されて目指されるべきは唯一神への知性的愛であると強調されている。レオーネ・エブレオのこの書は後年、スピノザの「神の知的愛」(amor Dei intellectualis) の核心になったとされ、(5) この意味でも大いに注目されることになる思想書をイタリアで完成させたのである。

レオーネ・エブレオはフィレンツェでピーコと会ったようである。師のフィチーノがプラトン哲学復興の立役者であったとすれば、このピーコはヘブライ学の勃興に一大寄与をなした人物だった。ピーコの周囲には行き先々でエリア・デル・メディゴを始めとするユダヤ人たちの姿があったし、フィレンツェには強力なユダヤ商人の家系があった。そのなかで、ヨヒィエル（ヴィターレ）・ダ・ピサ（Jehiel［Vitale］da Pisa）はイサアク・アブラヴァネルとは金融業のネットワークで結ばれ、アブラヴァネル家がイタリアに移住する前から知己の間柄だった。

ヨヒィエルから支援を受けていたひとりがヨハン（ヨハナン）・ベン・イサアク・アレマンノであり、アレマンノが著わした「雅歌注解（un commentario al Cantico dei Cantici）」をなす『ソロモンの愛』（*L'amore di Salomone*）はヘブライ的愛に関わる不可欠な第一級の書となっている。『ソロモンの愛』はフィチーノの『愛について』とともに『愛の対話』に影響を及ぼす、重要な一冊となった。アレマンノはまた、エリア・デル・メディゴに次いでピーコのヘブライ学の師でもあった。ピーコは彼らの謦咳に接するとともにアレマンノの著作に親しんだ。一五世紀末フィレンツェのルネサンス文化の残り香のなかで、レオーネは慌ただしいながらも当地で人文主義、プラトン主義、新プラトン主義、そしてキリスト教的カバラ主義などに触れる機会があったことになる(6)。

『愛の対話』の議論を少々振り返ってみよう。先ずはその登場人物たちの名前に注目したい。愛知、「哲学」を意味するフィロソフィアが分割されて、ソフィアをフィロンする、知を愛するとなることは自明の理だが、不動と動、それは優れた者と劣る者との関係でもある。フィロソフィアのフィロ、フィロンは男性であり、ソフィアを愛する方向性を持つわけだが、『愛の対話』で言われているのは、ソフィアたる女性がフィロンを愛してほしいということであり、議論を追っていくと、こんがらがって来るところもある。フィロンが動的でなく受動的なことが困惑をもたらす。

神やモーセは男性原理として完璧であり、愛される者でなくてはならない。フィロンも亦、ソフィアに愛されなくてはならない。愛して然るべきなのに、女性ソフィアの愛が男性フィロンに来ないというのである。ソフィアは「至高美の顕現」で、ソフィアのなかには美・徳・才知・優美といった賞賛すべき資質があるという。決して劣った性質とされていない。ところが、人間のレベルでは女性のソフィアは男性フィロンに劣っている。また全体として、愛の喜び、快楽が頻りに強調されている。これが果たして、ルネサンスに発見されたルクレティウス『事物の本性について（自然論）』（*De rerum natura*）の影響がレオーネ・エブレオ思想になかったかどうかは検討に値しようが、後考を待つ。

四　ピーコ・デッラ・ミランドラの文化・思想圏

前節ではフィチーノとともにピーコの名を出した。このピーコはヘブライ学の泰斗としてルネサンス文化の新局面を担っているので、この節では重なるところもあるが、彼とフィレンツェ、さらには彼の汎ヨーロッパ的名声について詳しく述べてみよう。

フィチーノとピーコがいるフィレンツェの文化状況を先ず概観してみよう。当地の文化を率先して指導した一家は周知のメディチ家である。「祖国の父（国父）」の称号を議会から賦与された。同家のコジモによる権力掌握の年一四三四年から一四九四年、フランス軍のイタリア半島南下で惹起した混乱の中でメディチ家が追放される年までの六〇年間がフィレンツェ・ルネサンス文化の盛期であった。特に後半の三〇年間がフィチーノを中心とする所謂プラトン・アカデミーの活動期であり、その時代にはコジモの孫で詩人のロレンツォ・デ・メディチ、別名ロレンツォ・イル・マニフィコ（イル・マニフィコを「豪華王」とするのは間違い）がいた。なおロレンツォは一四九二年の春に亡くなるので、先のレオーネ・エブレオがフィレンツェに来た時分はロレンツォの子ピエロの時であった。フィチーノが世を去るのは一四九九年である。

ロレンツォ・イル・マニフィコの後援のもと、フィチーノのアカデミー活動の最後の数年間に新しい人物が加わった。ピーコ・デッラ・ミランドラである。アリストテレス哲学の盛んな北イタリアの大学とパリ大学で学んだピーコがヘブライ学に通暁していたことはフィチーノとは異なるところであり、ラテンとギリシア以外の文化・思想要素がフィレンツェとプラトン・アカデミーに齎されたといえよう。そしてピーコの周囲には少なからざるユダヤ人がいた。

ところで、ピーコとヘブライ学の接点はどこにあるのだろうか。それは彼が一四八〇年から八二年までパドヴァ大学で学び、当地でユダヤ人のアヴェロエス主義者エリア・デル・メディゴの徒となったことによろう。八六年からはペルージャでアラビア語以外にユダヤ人からヘブライ語を学び、カバラへの関心を高めていった。キリスト教的カバラ主義の基礎は次第にピーコによって築かれ、後述するヨハン・ロイヒリンやエジディオ・ダ・ヴィテルボらによって引き継がれることになる。あらゆる知識が可能な限り動員された『九〇〇の提題』（*Conclusiones DCCCC*）を書きあげ、一四八七年のローマで公開討論会に備えた。(7)

『九〇〇の提題』以後、カバラの影響が最も顕著なのは、『創世記』冒頭の解釈を試みる『ヘプタプルス』（*Heptaplus*）と、断片的に終わった『詩編注解』（*Il commento ai Salmi*）である。これらには、中世的なラテン的伝統に基づく聖書解釈学による四つの意味（字義的な「歴史的意味」、そして歴史的意味以外の寓意的な意味、つまり道徳上「比喩的意味」、信仰教義上「予型論的意味」、そして終末を指し示す「アナゴジックな意味（上昇的意味）」）を越えようとする、あるいは少なくとも豊かにしようとする試みが見られよう。

ピーコは高貴な生まれと豊かな資産を活用して個人的に教示してくれるユダヤ人を雇うことも可能であった。また当時誰も匹敵できないほどのヘブライ関連書、マイモニデスの著作、タルムード、ミドラーシュなどを収集できた。これらの蔵書がなければ、ピーコの著述活動は困難をきたしたであろう。先の『ヘプタプルス』は『ゾハール』（Zohar）に負うところが大きかった。フィレンツェには金貸しを業とするユダヤ人がいて、ユダヤ人の文化活動を支えていた。そのなかでヨヒィエル・ダ・ピサについては前述した。また彼から支援を受けていたひとりがヨハン（ヨハナン）・ベン・イサーク・アレマンノであり、アレマンノが著わした『ソロモンの愛』がヘブライ的愛に関わる不可欠書となったことも既述のところである。アレマンノはまたエリア・デル・メディゴに次いでピーコのヘブライ学の師ともなった。一四八八年のことである。ピーコは謦咳に接するとともに著作に親しんだ(8)。デル・メディゴとアレマンノの生没年は一定でない。前者は世代的にはピーコに近く、後者はフィチーノの世代に属し、かなり年長であった。

ピーコは若くして一四九四年一一月一七日に死去する。その日はちょうど国王シャルル八世に率いられたフランス軍が、ピエロ・デ・メディチを追放してフィレンツェに入城した日であり、フィレンツェ共和国を始めとするイタリアの各諸国には動乱の時代が始まっていた。フランス軍の最終目的先はナポリ王国にあったため、アブラヴァネル一家もまたその大波を蒙ることとなる。

早世したピーコは、同じころに前後して比較的若くして亡くなったエルモラオ・バルバロ（九三年）、アンジェロ・ポリツィアーノ（九四年）らの人文学者とともに、当時の学者間の話題となる。たとえば、フランス宗教改革の先駆者として知られるルフェーブル・デタープルがイタリアに遊学したのは、生前のバルバロとピーコを知るためであった。一五一六年九月二九日、デシデリウス・エラスムスがアントウェルペンからドイツのヨハン・ロイヒリンによこした手紙によると、ロイヒリンは幸いにもドイツ語圏の先輩アグリコラと、ポリツィアーノ、バルバロ、それにピーコがいた時代、世紀にイタリアに行くことができたのである、と。エラスムスの場合、彼を私生児として生む父はルネサンス全盛期のイタリアを知り、当地で仕事をしていたのだが、子のほうは、彼らが生きていた時代のイタリアを訪れることは叶わなかった。

ロイヒリン自身、ピーコは最も教養と学識ある者であるとムティアヌス・ルフス宛の手紙で述べている。スイスの宗教改革者フルトリヒ（ウルリヒ）・ツヴィングリ、さらにはカルヴァン、またルターの良き理解者フィリップ・メランヒトンはピーコの書をよく読んでいた。メランヒトンはロイヒリンの遠縁にあたり、互いに尊敬しあっていた。ピーコの著作などに学び、後年『カバラ学』(*De arte cabalistica*) を著わすほどの学者となるロイヒリンはフィチーノとは面識があった。若い時のフィレンツェ（大学）留学に際しては、老フィチーノの書簡にその名が見え、このプラトン主義者の厄介になったことが分かるからである。一六世紀に入り、ロイヒリンが「新キリスト教徒」プフェファーコルンと「ユダヤ（ヘブライ）学」をめぐる論争に巻き込まれ、長引く事件となるのは、まさに宗教改革年を挟んだ前後の時代であった。(9)

一四九二年にフィレンツェに来たレオーネ・エブレオは盛名を一身に集めていたピーコに出会ったと目されている。彼らの具体的な交友は分かっていないものの、彼が『愛について』の著者フィチーノとともにピーコの著作の愛読者であったことは主著『愛の対話』に明瞭に看て取れよう。ピーコ自身は愛の主題に関しては、親友ジローラモ・ベニヴィエーニの俗語詩集注釈で一家言をなした。(10) 若いピーコはここでフィチーノを批判することを恐れていなかった。

五　ナポリとローマ

一四九四年にはレオーネはフィレンツェからナポリに戻った。『愛の対話』の最終巻、最も重要な第三対話がここで書き上げられる。エリア・デル・メディゴ、特に雅歌注解の『ソロモンの愛』を書いたヨハン・アレマンノなどのユダヤ人と出会ったのは特にナポリにおいてだった。また動乱時代に遭遇し、「哀史」などの試作を行っている。九四年以降はナポリ中心に住んでいたことは確実だが、バルレッタ、ペーザロ、ジェノヴァ、ヴェネツィア、そしてさらに晩年はローマにもいたようである。パドヴァ大学のあるヴェネツィア共和国ではアリストテレス理解を深め、アヴェロエスに対する批判的関心を培ったことだろう。一五二〇年代初頭からは再びナポリが中心であったろうが、『愛の対話』が出版された地はローマであり、一五三五年のことである。その間のレオーネの行動は史料に現われないが、出版社のマリアーノ・レンツィはその序文で著者の死去に言及している。生没年とも一定しないものの、生年はピーコと大して変わらず、予想される没年から考えると、その生涯の年数はほぼエラスムスやエジディオ・ダ・ヴィテルボと重なるであろう。

ナポリのルネサンス文化を簡単に見てみよう。この時代のナポリに一種のアカデミーを開き、その中心にいたのはポンターノであった。そしてこのアカデミーに関わった人物たちに、『愛の本性の書』（*Libro di natura d'amore*）の著者マリオ・エクイコラ、それにエジディオ・ダ・ヴィテルボらがいた。詩人で人文主義者ポンターノの『アエギディウス』は彼らの交流の一端を伝えている。『アエギディウス』とはエジディオのラテン名である。エジディオにはフィチーノのプラトン主義を受け継ぐ面があり、ある意味、エジディオはフィレンツェのフィチーノのアカデミーとナポリのポンターノのアカデミー間の架け橋となっている。レオーネとポンターノの人間関係は不明なものの、ポンターノの詩作品などに著しい占星術的、宇宙論的思考はレオーネに影響を及ぼした可能性がある。それは『愛の対話』に見られる天文学的世界の典拠かもしれない(11)。

エジディオの『二十の歴史』(*Historia XX*)と『シェキナー』(*Scechina*)は今日、セフィロートを歴史解釈に応用した著作として知られている。それらはローマで書かれたが、レオーネ・エブレオには手書きのこれらの著作を見る機会などはなかったろう。両思想家はカバラ学を共有する同時代人でも現実世界は異なる次元にいたと言えようか。一五一七年の宗教改革の前夜に開かれていた公会議、第五ラテラーノ公会議で開会の辞を述べ、カトリック教会の早急な改革を訴えたのは、エジディオであった。エジディオはローマカトリック教会の枢機卿となり、カトリック改革の一端を担うことになる。元来は、アゴスティーノ(アウグスティヌス)隠修士会の会長であったため、ルターがローマに同会の修道士として来た時は上長として会っている。エジディオが面会したのは、同一修道会に所属する人間とだけではない。修道院の制度とその教育を批判するエラスムスのような人文主義者とも会っていることは注目される。

最後に、『愛の対話』に占めるレオーネ・エブレオの史的位置について一言しておきたい。既出のスピノザの「神の知的愛」に示されるように、ルネサンスの「愛」の哲学はヘブライ的、キリスト教的神の認識と関わる。ルネサンスと宗教改革の時代、イタリアの思想家たちが北方のプロテスタントの思想家たちと一線を画したのは、キリスト教的なプラトン主義の影響があったためであろう。南の人文主義者たちはエロス的「愛」の重視ゆえに、神と人との間に越えがたい断絶を設けることはできなかった。さらにカバラ主義の伝統がルネサンスの時代に加わる。プラトン主義以上にこのカバラの伝統は思想家個々人の資質と傾向に関わっているように思われる。特にイベリア半島からイタリアに出てきたユダヤのレオン、レオーネ・エブレオの思想には時代的特性が顕著に記されている。それゆえに、今後も新たな時代の指標として、それは注目されていくことだろう[12]。

六　イベリア半島の文化環境

再びイベリア半島に戻ってみよう。今度はレオーネ・エブレオとは異なるタイプの活動的知識人のクエンカ出身のデ・バルデス兄弟、アルフォンソ（Alfonso de Valdés）とファン（*Juan de Valdés*）である。両人は生年が一定せず、一六世紀初めの頃と考えられるが、一四九〇年頃という見方もあり、また双子説もある。さらに兄弟ディエゴも歴史的人物となる。レオーネ・エブレオ同様、兄弟たちも亦、時代の転換期に遭遇したヒューマニストであった。さらにレオーネ同様にイベリア半島からイタリアに活動の場を移したが、彼と違い、兄弟たちはヨーロッパ史の流れに掉さして、一五一七年の宗教改革、そしてその一〇年後の一五二七年ローマ劫掠事件のなかで、キリスト教ヨーロッパ世界が大きく変貌を遂げていく現場に立ちあうことになる。加えて、兄弟の母親の家系がユダヤ系であり、このため半島のユダヤ人たち同様の生の困難さがデ・バルデスとその近親者を待ち構えていた。彼らの理解のために、ここでスペインのヒューマニズム文化の略史を見てみよう[13]。

デ・バルデス兄弟のうちで明らかにファンが学んだ大学はアルカラ大学（Alcalá de Henares. アルカラ・デ・エナーレス市。ラテン語ではコンプルゥトム Complutum. 現マドリード・コンプルテンセ大学）であった。フランシスコ・ヒメネス・デ・シスネロスの名とともに記憶されている『コンプルトゥム多国語対訳聖書』（*Biblia Poliglota*

Complutense）の偉業はこの大学の歴史的役割であったろう。そこには協力者として、カトリックに改宗したラビ、アルフォンソ・デ・サモラ、スペインで最初の俗語文典として知られる『カスティリャ語文法』（*Gramática de la lengua castellana*）を著わしたアントニオ・デ・ネブリハの名もあるだろう。彼はボローニャ大学の出身者のひとりであった。

また大学人やデ・バルデス兄弟に見られるように、ロッテルダムのエラスムスはイベリア半島に確固たる人文主義的影響を及ぼしていた。エラスムスとアルフォンソ・デ・バルデスの書簡のやり取り（一五二九年と三〇年）に尽力したのは、ブルゴス司教（後に枢機卿）ディエゴ［イニゴ］・ロペス・デ・メンドサ・イ・スニガで、この司教はまた、エラスムスによる新約聖書ギリシア語版や聖ヒエロニムス著作版に対するディエゴ・ロペス・スニガの批判書をエラスムスに送付するのに一役買っている（一五三二年）。一四九〇年から一五〇三年までサラマンカ大学のギリシア語講座を担当していたアイレス・バルボサのもとで、ディエゴ・ロペス・スニガは学んだ。ラテン語、ギリシア語、ヘブライ語に加えてアラム語とアラビア語にも幾らか知識を持ち合わせていて、シスネロスによってアルカラ大学に集められた学者のひとりであった。

自信があったのだろうか、ディエゴ・ロペス・スニガの批判の対象となったのはエラスムスだけではなかったにしろ、エラスムスとの険悪な関係は長期に及び、生涯変わらなかった。それでも、聖書に対する言語学的・歴史学的探究への高まりとともに、エラスムス的な宗教観が広くイベリア半島に浸透し、そのことがデ・バルデス兄弟を含むスペイン人たちに影響を及ぼしたことは間違いない(14)。

バレンシア出身のヒューマニスト、ファン・ルイス・ビーベスにも触れておこう。エラスムスより一世代若いビーベスは、エラスムスの影響を受け、成長した。彼の活躍の場は半島にあったわけではないが、スペイン最大の人文主義者と言えるだろう。スペイン人文主義の父と言われるアントニオ・デ・ネブリハの死後、アルカラ大学に空いた講座の担当者として彼の名が挙がった。それは一五二二年秋のことだった。この時点で、改宗ユダヤ人を両親に持つビーベスはすでに母を喪っていたが、健在であった父には異端審問裁判が始まっていた。その翌年のころまで祖国に帰る気持ちがあったようだが、結局彼は二度とイベリア半島には戻らなかった。母の遺体が掘り起こされて焼却されたのは、それから間もなくのことである。

ビーベスの生涯は決して長くはないものの、その人文主義的著作活動には目を見張るものがある。本章の最初のところで「フマニタス研究」からヒューマニストの知的活動領域を検討したが、ビーベスには明らかに社会性と思想性が加味される。彼の貧民救済論や女性教育論は知られているであろうし、聖アウグスティヌス『神の国』校訂を始め、ビーベスのこの古代教父理解に関心が注がれなくてはならない。なぜならアウグスティヌスはその長い生涯において非常に豊かで変化に富む著作を書き残したために、それらが他の時代にどのように読まれ、利用、解釈されたのかは、ルネサンス以来、特に思想史、精神史のうえで検討に値する事柄だからである。ビーベスのアウグスティヌス理解を見ていると、エラスムスとは異なる彼の性格が分かるし、ここで若い世代が成長し、先輩をある面で追い越していく観がある。

「フマニタス研究」、ヒューマニズムがスコラ学を克服したわけではなく、双方は異なる文化領域にあってそれぞれの意義を有していたことは既述の通りだが、「ヒューマニズム（人文主義）」の時代には教父アウグスティヌスへの関心が高まった(15)。ペトラルカが示したアウグスティヌスへの関心とそれ以降の文化的展開が現われ始めていることがビーベスの場合にも見てとれよう。それはアリストテレスに基づいたトマス神学とは明らかに異なる思想傾向である。

七　アルフォンソ・デ・バルデスとローマ劫掠

イタリアとスペインのヒューマニズム文化を比較してみよう。イタリアの場合、それが大学あるいは学校の外で起こったのか、それともフィレンツェのプラトン・アカデミーに示されるように私的な学芸支援から生まれたのかは識者間で論争となったが、スペインは前述したように大学教育との結びつきが始めから強かったように思われる。ただしアルフォンソ・デ・バルデスの高等教育ははっきりせず、イタリア出身のヒューマニスト、ピエトロ・マルティーレ・ダンギエーラに個人的に師事して「フマニタス研究」を習得したのかもしれない。そうなると、制度的な学校教育とは無関係に古典的知識を増やした可能性も考えられる。

また、イタリア半島ではヒューマニストが都市国家の市民層であったり、中小国家の宮廷貴族たちに仕えたりしたのに対し、先述したイベリア半島のヒューマニストたちは、世界に広がるカトリック両王（Reyes Católicos. アラゴンのフェルナンド二世（Fernando el Católico）やカスティリャのイサベル一世（Isabel la Católica）やヨーロッパでの覇権確立を窺う神聖ローマ帝国カール五世（カルロス一世）のもとでの役人であったり、聖職者であったり、あるいは思想家であったりした。特にこの皇帝や教皇クレメンス七世の時代のなかで彼らの政治的、宗教的、思想的活動が考慮されなくてはならないだろう。特にアルフォンソの場合がそうであった。同帝国の書記官長メルクリーノ・ガッティナーラとは親しい同僚であった。両人ともエラスムス主義者として知られているが、特にアルフォンソは友人ペドロ・ファアン・オリバルをして「エラスムスよりもエラスムス的だ」と言わしめた。スペイン本国がもちろん居住地の中心ではあるが、一五二〇年代は皇帝の宮廷がルター派との話し合いなどのために移動するのに合わせ、特にドイツ語圏各地、アウクスブルク、ケルン、レーゲンスブルク、そして最後はウィーンと目まぐるしく移り、アルフォンソは当地で一五三二年に亡くなっている。イタリアにも姿を見せていて、特に一五三〇年にはカール五世の皇帝戴冠式がボローニャで行われたために、彼の姿があった。迎える側の教皇はクレメンス七世であった。

アルフォンソはこの間『ローマでの出来事をめぐる対話』（*El diálogo de las cosas acaecidas en Roma*）と『メルクリウスとカロンの対話』（*El diálogo de Mercurio y Carón*）を書いた。最初の書は一五二七年ローマ劫掠事件に関わる書である。(16) そこではラクタンチオ（ラクタンティウス）と名乗る帝国宮廷騎士がバリャドリードの広場で、ローマから戻ってきた司教座聖堂助祭とばったり会うという設定になっている。しかもこの聖職者は軍服姿なので、最初、ラクタンチオは驚かざるをえない。変装した理由はローマ劫掠の際に帝国軍のローマ憎悪、聖職者不信があり、身を守る必要があったからであった。『ローマでの出来事をめぐる対話』は二部からなる対話編だが、ラクタンチオのそれぞれの主張は明確である。ラクタンチオは皇帝カール五世に仕える身として劫掠をローマに齎した帝国軍の最高責任者カールに責任はなく、むしろローマ教皇クレメンス七世の外交上の問題を含めて、教会の堕落などにも言及し、神はキリスト教のためにこの出来事を許されていると主張する。後半ではカトリック信仰の在り方、行き過ぎた聖人崇拝などを含めて教会腐敗、キリスト教に悖る信仰形態と責めてゆく。この点でエラスムス的であるし、和平を志向すべきことも強調される。戦闘行為は非人間的であり、獣的であると主張されている。これはエラスムス的であるとともにビーベスにも見られる視点であろう。

皇帝の立場を弁護する点で、アルフォンソが帝国の役人であることを示しているのだが、興味深いことに『廷臣論』（*Il libro del cortegiano*）で名高いカスティリオーネから彼は厳しい批判をこの点で浴びた。イタリアのこの文人外交官は教皇特使としてスペインに派遣されている立場にあった。『ローマでの出来事をめぐる対話』は印刷されることはなかったが、手稿が出回り、読んだ人もかなりいた。さらにその内容で問題になったのはサクラメントなどへの言及もあり、カトリック批判の書と見なされたことであった。スペインでは一五二〇年代に次第に異端審問が厳しさを増して行く観があるなかで、イタリアでの戴冠式のために皇帝や側近のエラスムス主義者たちはイベリア半島を離れていく。これにより異端審問官が「地元」で声高に主義主張を一層強く展開し始めたように思われる。

『メルクリウスとカロンの対話』は、ローマでの事件が起きた一五二七年直後に書かれた先の書、『ローマでの出来事をめぐる対話』から二年後に書かれている。この時は政治状況が異なって皇帝と教皇は和を結んでおり、英国王ヘンリー八世、そしてなかんずくフランス国王フランソワ一世に対抗して、いわば治天の君としてカール五世をキリスト教共和国の唯一の善き君主として讃える意図が読み取れる。これは高官メルクリーノ・ガッティナーラと共有しているアルフォンソの政治姿勢であろう。他方で、メルクリウスとカロンという異教の登場人物の対話により神話めいた物語構成が目立つのだが、それでも先の書に窺えるキリスト教徒の魂とは何かという問題意識も明瞭に現われている。この書物も亦、時代精神を如実に表わしていると言えよう。

八　ファン・デ・バルデスと「宗教改革」

アルフォンソ・デ・バルデスの『ローマでの出来事をめぐる対話』とは違った角度から、この事件が齎した意味合いを考えたヒューマニストが同時代にいた。そしてそれは時代のめぐり合わせの不運を嘆くものであった。

ヴェネツィア共和国ベッルーノ出身、ピエリオ・ヴァレリアーノが書き著した『学者（文学者）の不幸』（*De litteratorum infelicitate, libri duo*, Venezia）という作品がそれである。この著作には不幸に遭遇したヒューマニストたちを登場させ、悲惨な現況をどう捉えるべきかが議論されている。(17) アルフォンソの場合と違い、ここの対話者たちは教皇クレメンス七世に期待をかける人々となっている。登場人物のひとりはガスパロ・コンタリーニで、彼は宗教改革以後の枢機卿としてカトリックとプロテスタントの歩み寄りに努めた。そのような彼と因縁浅からぬ関係にあり、同時代を生きたのがもう一人のデ・バルデス、フアンである。

イベリア半島の一五二〇年代の宗教事情を述べたばかりだが、エスカローナでフアンは、ビレナ伯爵、ディエゴ・ロペス・パチェコに仕えながら、伯爵の周囲の知識人を知る機会があった。この知的集いの中心人物、コンベルソのペドロ・ルイス・デ・アルカラスが一五二四年に逮捕され、一五二九年の終身牢判決が下ったことは彼にはショックだった。折しも彼にはこの間大学生活があり、当地を去って学んでいた先はアルカラ大学であった。ここで学生として貴重な時間を過ごすわけだが、この大学についてはすでに述べた。ここで彼は二人の兄弟教授フランシスコ・デ・ベルガラとフアン・デ・ベルガラに学ぶことになるが、前者は『聖パオロ（パウロ）書簡集』の刊行で知られ、後者は『コンプルトゥム多国語対訳聖書』編集に関わったヒューマニストとして知られている。

そのような中で書かれた書物が、一五二九年に公刊された『キリスト教義対話』（*Diálogo de doctrina cristiana.* 出版元 Miguel de Eguía）で、かつてのパトロン、ディエゴ・ロペス・パチェコに捧げられた。公になったことでスペイン異端審問所から危険人物と判断されていると感じ、イタリアに移住することを決意した。(18) 主にローマにいたが、ナポリもまた彼には住み続ける上で重要な町であった。ここにはポンターノ・アカデミーがあり、その一員だった同郷の詩人ガルシラソ・デ・ラ・ベーガの招きによったものだった。ナポリの一地区キアイアは特に彼の周囲に「霊的な人たち」（Spirituali）を集結させ、イタリアの「宗教改革」の発祥の地となった。ここでは先ず彼とジュリア・ゴンザーガとの対話『キリスト教入門』（*Alfabeto cristiano*）という書名を挙げておこう[19]。ファンの周囲にはジュリアを始め、高貴な女性たちがかなり集まっていた。そのなかに侯爵夫人ヴィットリア・コロンナ、公爵夫人カテリーナ・チーボが含まれていた。

これらの書物から窺われるのはルター教義の影響であろう。それは、信仰義認説として今日広く知られている。かてて加えてファンの場合は、祖国で培われた照明主義（*alumbradismo*）の影響が強くみられ、信仰の内面性が一層強調されている。一五四三年ヴェネツィアで出た、ベネデット・ダ・マントヴァ『キリストの恵み』（*Beneficio di Cristo.* 正式な題は *Trattato utilissimo del beneficio di Giesù Cristo crocifisso verso i Cristiani* ）はバルデスの影響が窺える作品で、さらにヒューマニストで詩人のマルカントニオ・フラミニオが筆を加えて完成させた[20]。人文主義は宗教改革と対立するものでないことを示している。

ファン・バルデスやイタリアの改革者を見ていると、ルネサンスの主体となっている人文主義はまた政治と対立するものでもなかった。ファン・バルデスは兄弟のアルフォンソ同様、イタリアではフランシスコ・デ・コボス、ペドロ・デ・トレドの要人のもとで政治の要務に携わっている。宗教改革はヨーロッパに政治的分裂をもたらしたが、皇帝と教皇は対外的に対峙するトルコにこのヨーロッパを防衛する責任があった。特に神聖ローマ帝国を率いるカール五世はこのイスラム国家との間に国境を設けていたために、時には帝国内のルター派との妥協を迫られた。このような政策の下でデ・バルデス兄弟は公務に勤しんでいたのである。アルフォンソがウィーンで亡くなり、またファンの死後、フランシスコ・デ・ロス・コボスがこの兄弟を政治的に比較したことは興味深いエピソードであろう。

終わりに

本章の中心にいたのは、イベリア、イタリアの両半島に深い関りのある人物たち、レオン・エブレオとデ・バルデス兄弟であった。ほぼ同時代人であった彼らが知り合いだった資料はないが、彼らが自らの思想をもってどのように政治的、宗教的運命に対応し、挑戦したかは、同じく五〇〇年経った今でもわれわれを魅了する。

そのなかで彼らがすべてルネサンス史上の転換期になった「ローマ劫掠」に直面したわけではないが、この事件が学識者、知識人に与えた衝撃には絶大なものがあった。ルター派によりカトリックの地が荒らされ、同じキリスト教同士なのに何故こうも憎しみ合わなければならないのかということであった。キリスト教社会の中での宗教戦争はやがて凄絶を極めることになり、キリスト教の名のもとに異端嫌疑での処刑も珍しくなっていく。憎悪と不信はキリリスト教が広がったアジア、日本、そして新大陸でも見られ、今度はキリスト教徒が現地の非キリスト教社会で迫害を受けることになる。宗教は政治と切り離せない関係にあったからである。

思想史はこのなかで個人の書き物、書き物に現われる思考を追究し、いかなる時代にあってもこの思惟が世代を越えて生き続けることを知るのであり、本章ではその確証が得られたのではなかろうか。

註

（1）根占献一『フィレンツェ共和国のヒューマニスト――イタリア・ルネサンス研究（正）』創文社、二〇〇五年。

（2）金山徳『プロテスタント・スコラ神学の再考察』新教出版社、二〇〇八年、二九―三〇頁。

（3） Leone Ebreo, *Dialoghi d'amore*, a cura di Santino Caramella, Bari 1929. *The Philosophy of Love*（*Dialoghi d'amore*) by Leone Ebreo, translated into English by F. Friedenberg-Seeley and Jean H. Barnes with an Introduction by Cecil Roth, London 1937. レオーネ・エブレオ『愛の対話』本田誠二訳、平凡社、一九九三年。また訳者本田誠二「解説」、五七四―六〇四頁、参照のこと。

（4） フィレンツェのプラトン主義文化については、根占献一『共和国のプラトン的世界――イタリア・ルネサンス研究（続）』創文社、二〇〇五年。

（5） Heinz Pflaum, *Die Idee der Liebe. Leone Ebreo, Zwei Abhandlungen zur Geschichte der Philosophie in der Renaissance*, Tuebingen 1926. この二論文は註3にあるサンティーノ・カラメッラ編『愛の対話』の決定版刊行以前とはいえ、読むに値する内容が網羅されている。その一点はフランチェスコ・パトリーツィの「光」の哲学とレオーネ思想との関連指摘であろう。*Ibid*., p. 114. またレオーネ・エブレオ一家に関わる一次史料を収録する。

（6） Umberto Cassuto, *Gli Ebrei a Firenze nell'età del Rinascimento*, Firenze 1965 (1918).

（7） ピーコの研究書は少なくないが、本論の主題に相応しい古典的研究に、Eugenio Anagnine, *G. Pico della Mirandola. sincretismo religioso-filisofico 1463-1494*, Bari 1937. また特にピーコのスキャンダラスな「マルゲリータ体験」については、根占献一『ルネサンス精神への旅』創文社、二〇〇九年、第九章ジョヴァンニ・ピーコの『演説考』。

（8） Umberto Cassuto, *op.cit*., pp. 305-326.

（9） Johannes Reuchlin, *L'arte cabalistica (De arte cabalistica)*, a cura di Giulio Busi e Saverio Campanini, Firenze 1995. これには編者たちによる詳細な導入部があって便利である。以下の書にはハーヨ・ホルボーンの序が重みをもたらしている。*Letters of Obscure Men Ulrich von Hutten, and others*, translated by Francis Griffin Stokes and Introduction by Hajo Holborn, Philadelphia 1964.

（10） Caterina Re, *Girolamo Benivieni fiorentino. Cenni sulla vita e sulle opere*, Città di Castello 1906, pp. 195-211.

（11） ポンターノ『アエギディウス』根占献一・高津秀之訳、名古屋大学出版会、二〇一〇年、原典『イタリア・ルネサンス人文主義』（監修池上俊一）所収。ナポリにおけるカバラ文化の伝達ではレオーネの役割とともに、実弟サムエルのサロン文化的活動をも逸することはできないだろう。これに関してはドイツの人文主義者ヴィットマンシュタットの証言がある。Pflaum, *op.cit*., p. 66. Leone Ebreo, *Dialoghi d'amore*, p.417. カラメッラによるnota参照。

（12） Suzanne Damiens, *Amour et Intellect chez Léon L'Hébreu*, Toulouse 1971, pp. 47-49. 本論が言及していない別の面、図像学

的、象徴論的、宇宙論的なレオーネ・エブレオ思想に関わる最近の研究に、Marco Ariani, *Imago fabulosa. Mito e allegoria nei Dialoghi d'Amore di Leone Ebreo*, Roma 1984.

（13）Jose C. Nieto, Juan de Valdes and the Origins of the Spanish and Italian Reformation, Genève 1970. 最新の研究として、Daniel A. Crews, *Twilight of the Renaissance. The Life of Juan de Valdés*, Toronto/Buffalo/London 2008. 邦語文献として、清水憲男「ネブリハ論序説——スペイン・ルネサンスへの視座」、『思想』七二八二号、一九八七年、二八八—九〇頁。そして現在では安藤真次郎を中心とする研究グループがスペイン・ルネサンスを明らかにしつつある。特に最新の成果は、『十六世紀スペインにおける人文主義教育思想の展開と実践』平成二七—二九年度科学研究費補助金研究成果報告書、研究代表者安藤真次郎、平成三〇（二〇一八）年、である。同報告書、五頁、にはそれまでの研究成果も挙っている。

（14）Marcel Bataillon, *Érasme et l'Espagne - Recherches sur l'histoire spirituelle du XVIe siècle* Paris 1937.

（15）根占『ルネサンス精神への旅』第四章 ペトラルカとヒィチーノにおける聖アウグスティヌス。

（16）*Alfonso de Valdés and the Sack of Rome: Dialogue of Lactancio and an Archdeacon*. English Version with Introduction and notes by John E. Longhurst with the Collaboration of Raymond R. MacCurdy, the University of New Mexico, Albuquerque, New Mexico 1952.

（17）本書第五章参照。

（18）John E. Longhurst, *Erasmus and the Spanish Inquisition: the Case of Juan de Valdés*, the University of New Mexico, Albuquerque, New Mexico 1950.

（19）Giovanni di Valdés, *Alfabeto cristiano. Dialogo con Giulia Gonzaga*. Introduzione, note e appendici di B. Croce, Bari 1938.

（20）Benedetto da Mantova, *Il beneficio di Cristo con le version del secolo XVI. Documenti e testimonianze*, a.c.d.Salvatore Caponetto, Firenze 1972. 本書第四章参照。またスペインの神秘主義的土壌については、鶴岡賀雄『十字架のヨハネ研究』創文社、二〇〇〇年。

結　語

各章は通し番号となっている。このため章が進むに従って次第に歴史研究の因果律に従い、時間軸が移動して結論が生じるという叙述となっているだろうか、と自問自答してみる。一見するとなっている点があるかもしれない。ルネサンスがあって、宗教上でも新たな動きが現われ、一方でカトリック改革、他方でプロテスタント改革が起こったというふうになっているのではないか、と。

筆者としてはその企図は最初から乏しく、いずれの章でも並称「人文主義・宗教改革・カトリック改革」を念頭に入れて、全体としてルネサンス時代がいかなる内容を持っていたかを叙述しようとしたかったのである。それぞれの章が割と一定の期間に書かれていたために、筆者の中での問題意識が継続、併行していた現われでもあったろう。

しかし研究集成ではなく、最初の章を除いた各章内での因果律、また全章での因果律も微妙ではあるが、なくはなく、この意味で本書はやはり歴史研究と言えるであろう。繰り返すと、中世と近代の間にあるルネサンスという時代区分を意識して執筆に取り組んだというよりも、このルネサンスという時代の思想的、精神的内容をこの時代に属する文化人を介して幾らかでも明らかにしたいという思いから究明が始まった。

今この結語を書いているのは、平成という元号が終わり、令和に入った月のただ中においてである。この元号の交替が広く時代区分として使用されていることが分かった。人々は言うのである。平成はこうであったが、令和はこうなってほしい、と。この意味での時代区分意識に相当することがあの時代にあったというのは難しい。教皇や皇帝が変わっても、時代名が変わるわけではない。日欧では明らかに時代区分が異なる。ただローマ劫掠の出来事はこれの前と後では多くの人に異なってしまったという思いを抱かせたことは確実である。これはまたルネサンスという時代を特徴づけて今日に至っている。(1) ファルネジーナ荘に残るドイツ兵の落書きは消えてはいない。

これは目に見えて後世の者には分かりやすい面があるが、他方でこの時代の問題としてたとえば聖書解釈と俗語訳、異端審問の役割、出版検閲の介入など蔑ろにできない事柄があろう。幸い、この方面では当時の当該国に、またそうではなかった米国などに手堅い研究が少なからず生まれ、また価値ある古典として再刊もされている。フランス一国を取ってみよう。(2) ルターの一世代後、それまでの宗教改革を見据えて、改革思想を展開するカルヴァンが現われた、あのフランスでは一七世紀の終わりに対抗宗教改革の総決算であるかのようにナントの勅令が廃止されることになる。その間にあって懐疑主義のモンテーニュは筆者にはルネサンスの掉尾を飾る一人である。

深遠な研究に対して、本書は大いに小さくならざるを得ない。もしも本書にいささかなりとも有意義な点があるとすれば、ヨーロッパ内の問題に地理的にヨーロッパ外にあった同時代の日本も思想的、宗教的に無縁では全くなかったという意識をもって、この小書を書き著わしたということであろう。(3) それがよく表現できたかどうかは読者に判断してもらうしかない。

註

（1）事件が起こった時のローマ教皇はクレメンス七世であった。*The Pontificate of Clement VII. History, Politics, Cultur*, edited by Kennth Gouwens and Sheryl E. Reiss, Aldershot 2005. 当然、ピエリオ・ヴァレリアーノやアルフォンソ・デ・バルデスも登場する。Kennth Gouwens, *Remembering the Renaissance. Humanist Narratives of the Sack of Rome*, Leiden 1998. また原書はこれらより先に出ているが、翻訳書としてアンドレ・シャステル『ローマ劫掠――一五二七年、聖都の悲劇』越川倫明他訳、筑摩書房、二〇〇六年。

（2）Victor Baroni, *La Contre-Réforme devant la Bible. La Question biblique*, Genève 1986 (Lausanne 1943). これを現代的に補う意味で、H・ドシー「フランス王国におけるエリートと宗教改革一五五〇年―一五七〇年」、和田光司訳、『思想』一一二二号、二〇一七年、六三―八三頁。また訳者解題参照。これは次の大著に含まれる一篇にすぎない。*La Réforme en France et en Itelie. Études réunies par* Philip Benedict, Silvana Seidel Menchi et Alain Tallon, Rome 2007.

（3）踊共二「近世の宗教と政治」、『歴史学研究』九四一号、二〇一六年、三―一二頁、と比較参照。高論は同研究の「小特集　宗派化とキリシタン禁制――日欧交流と宗教的秩序の形成」の一篇である。また日本と同時代のヨーロッパ思想については坂本邦暢「聖と俗のあいだのアリストテレス――スコラ学、文芸復興、宗教改革」、『ニュクス』四号、二〇一七年、八二―九七頁、が何よりも参照されるべきである。

附章　ルネサンス・ヒューマニズムと近代

——特にイタリアとドイツの視点から——

一　一九世紀——ルネサンスとリソルジメント

一九世紀は、イタリア・ルネサンス時代を研究している者には、なんといっても、ドイツ語圏スイスのバーゼル出身者、ヤーコプ・ブルクハルト（一八一八—九七）の『イタリア・ルネサンスの文化』（*Die Cutur der Renaissance in Italien*）初版が一八六〇年に出た時代であるということでしょう。これは同じく彼の『チチェローネ』（*Cicerone* 1855）とともに、ルネサンス・ブームを引き起こすことになります。ドイツ語圏ではゴットフリート・ゼンパー（一八〇三—七九）の『様式論』（*Der Stil*）が『イタリア・ルネサンスの文化』と同年に出版されたのも、興味深いところです。ネオ・ルネサンス様式、古典主義様式の建築はこれらの歴史家と建築家の理論に支援されて展開され、都市計画にもこれが反映されました(1)。

そして彼らの生と著述活動、それらはイタリア統一運動、リソルジメントの時代と重なっています。たとえば一八四八年春までブルクハルトは四六年に次いで二度目のローマ滞在中でした。これが五三年刊行の『コンスタンティヌス大帝の時代』（*Die Zeit des Constantins Großen*）を始め、先の両著作に繋がることになります(2)。イタリア統一宣言が行われたのは、一八六一年三月一七日のことであり、本国では一昨年、二〇一一年に一五〇周年記念の祝典が行われました。

誕生したイタリア王国は最初トリーノを首都にし、ローマに移るまで六五年から五年間はフィレンツェに都がありました。(3) フィレンツェに行くと、ここが一国の都だったという実感はあまり湧いてこないでしょうが、ミケランジェロ広場（il piazzale Michelangelo）に立つと、ジュゼッペ・ポッジ（一八一一—一九〇一）の都市改造を偲ぶことになるでしょう。ある時、フィレンツェ人の友が中世来の市壁撤去とウィーンのリンクシュトラーセとの関連を話してくれたことはとても印象的でした。(4) フィレンツェはルネサンスの町でメディチ家というのが一般的に浮かんできますが、一八世紀以降になると、同家に変わってハプスブルク家が入り、ロレーナ時代が始まります。

私のように一四世紀から一七世紀にかけての時代を研究対象とする者には、この一九世紀半ばあたりは、昨日のこととは言いませんが、現在からはそう遠い時代には思えません。私自身、一九四九年の生まれで、前世紀、二〇世紀半ばころの生誕となりますが、ヨーロッパ研究者としてこの誕生年を考える際に、関心を持ってきた二人の人物から自分の時代と過去の時代との時間間隔を計ってきました。フィレンツェ・ルネサンスを代表する一人、イル・マニフィコと呼ばれたロレンツォ・デ・メディチ（一四四九—九二）(5) が一四四九年、そしてフランクフルト・アム・マイン出身のヨハン・ヴォルフガング・ゲーテ（一七四九—一八三二）が一七四九年の生まれですので、両者間には三〇〇年が横たわっています。ゲーテは自分の時代まで近代三〇〇年が過ぎ去ったと言いますが、(6) ロレンツォと私の間は五〇〇年、ゲーテと私の間は二〇〇年です。

ブルクハルトの『イタリア・ルネサンスの文化』やイタリア統一は一九四九年から考えると一〇〇年足らず前のこととなるだけでなく、この世紀、一九世紀は実は私にはかなり身近な時代にも感じられます。私の系図上の先祖が西南の役に従軍している一方で、進軍中の西郷隆盛（一八二八―七七）におにぎりを出したことがあると、母方の曾祖母が語ってくれたことは、忘れられない思い出です。一九六一年に曾祖母は一〇一歳でした。西南の役は一八七七年、明治一〇年のことです。小学生だった私は、江戸時代に生まれた人と話をしたことがあるということになります。ベネデット・クローチェ（一八六六―一九五二）が言っているように、(7)すべての真の歴史は自叙伝であるというのは、真実のように思われます。幕末・明治維新期はこうして私には決して遠い時代ではなく、この期の中心人物のひとり、一八三五年に生まれ、一八七〇年に亡くなった薩摩藩家老小松帯刀清廉には少なからぬ関心を抱き、小論を発表してきました。(8)西郷がジュゼッペ・ガリバルディ（一八〇七―八二）に、大久保利通（一八三〇―七八）がオットー・フォン・ビスマルク（一八一五―九八）に擬えられたのに対し、小松はカミッロ・カヴール（一八一〇―六一）に擬せられました。こうして薩摩の三傑は明治期にイタリア統一とドイツ統一の中心人物と比較されることになります。ただ補足しておけば、明治維新期の人物は独伊に限らず、米国のジョージ・ワシントン（一七三二―九九）やベンジャミン・フランクリン（一七〇六―九〇）にも擬せられました。因みに小松はカヴールとともにフランクリンのようだとも評されています。

ここで、一九世紀文化の一端に触れるために、外国人ながらイタリアの歴史に惹かれた人物に注目して見ましょう。先ずその一人は、アーヘン出身のアルフレート・フォン・ロイモント（一八〇五―八七）になるでしょう。ロイモントはプロイセンの私設秘書としてフィレンツェやローマなどに長らく滞在し、時代を代表するイタリア通になってゆきます。ピエトロ・ヴィッシュー（一七七九―一八六三）、ジーノ・カッポーニ（一七九二―一八七六）らとは親交を結び、ともに一八四二年の『イタリア史学紀要』（*Archivio storico italiano*）創刊に関わりました。(9)カッポーニはネオ・グェルフィ主義者として高名な人物です。ロイモントはカトリック教徒として、ネオ・グェルフィ主義者たちと同様にローマ教皇下でのイタリア諸国連合体制を支持し、トリーノのサヴォイア王のもとでのイタリア統一を推進するカヴール外交には敵対しました。フランスやスイスに近い、トリーノ出身のカヴールは、ジュネーヴ生まれのカルヴァン教徒を母に持ち、こちらにプロテスタントの縁者を有していました。

教皇が排除されてイタリア統一がなると、外交官としてのロイモントの立場は弱まりました。この後、旺盛な著述活動が始まります。ロレンツォ・デ・メディチ伝もそのひとつです。大作に『ローマ史』（*Geschichte der Stadt Rom*, Berlin 1867-70, 3 Bde.）があります。この歴史書には一五八五年の日本からの天正遣欧使節のローマ訪問にも言及があります。(10)『ローマ史』を書くに当たってロイモントが意識した、同時代の歴史家は、中世ローマ史（*Geschichte der Stadt Rom im Mittelalter*, 1859-72, 4 Bde.）に関わる大作を著わしつつあったフェルディナント・グレゴロヴィウス（一八二一―九一）でした。グレゴロヴィウスは東プロイセン、ナイデンブルク出身のプロテスタントでしたが、永遠の都ローマにおけるドイツ人最初の、そしてプロテスタント最初の名誉市民となりました。一八七六年のことです。そして望み通り、ローマで亡くなりました。（ロイモントのほうは故郷で死去しました。）

もう一人は英国出身のジョン・テンプル・リーダー（一八一〇―一九〇三）です。彼の名が今日でも知られているのは、フィレンツェ郊外のヴィンチリアータ城のためでしょう。(11)ネオ・ゴシック様式が一世を風靡した時代でもあり、中世の城を復興させたのでした。同時代の英国では「ゴシック復興」が言われる一方で、イタリア・ルネサンス建築様式もまた流行していました。これは建築に限ったことでなく、ほかの芸術分野でも起こっていました。時代概念としての「中世」が「ルネサンス」概念と密接に関わっているように、様式概念としての「ゴシック」もルネサンス文化の古典主義様式と分離できません。(12) ネオ・ゴシックとネオ・ルネサンスの並存が一九世紀文化の特徴でした。

テンプル・リーダーが来伊する前から「ゴシック復興」に心惹かれていたかどうかは目下不明ですが、母国ではウィリアム・グラッドストーン（一八〇九—九八）の学友であり、ホイッグ党の若き議会人でした。一八四〇年代初期にフィレンツェに移り住み、骨を埋めることになります。英国にはリソルジメント時代にイタリア人たちが亡命しましたが、(13) 逆にこのようにイタリアに来て長年住み続けた英国人もいました。テンプル・リーダーは当地の出版社バルベラから、昔の英国出身者たち、フィレンツェ共和国の傭兵隊長となったジョン・ホークウッド（一三二〇—九四）やメディチ大公に仕えた地図製作者で探検家ジョン・ダッドリー（一五七四—一六四九）の伝を出します。(14) ロイモントやグレゴロヴィウスのように、これらは狭義のルネサンス時代、クワトロチェント（一四〇〇年代）自体を対象にしたとは言い難く、その前後の時代が対象と言えるかもしれませんが、一五世紀を挟む前後の時代をどう見るかにヒントを与えてくれます。

二　ルネサンス（リナシメント）――その概念をめぐって

最初に申し上げたように、ドイツ語圏の知識人がイタリアの歴史、古代ローマやルネサンスなどの文化に深い関心を寄せたことはよく知られています。先述のゼンパーは晩年、ウィーンのリンクシュトラーセをギリシアのアゴラでなく、ローマのトラヤヌス・フォルム（フォロ・トライアノ）として構想しました。(15) この実現には困難なものがあり、一八七九年ローマで彼は亡くなりました。実地面だけでなく著述でも、ブルクハルトやロイモント、グレゴロヴィウスらと同様に、数多くの北方の学者や芸術家が研鑽を積んで多くの分野で業績を挙げ、それが今日、古典的研究や作品として高い評価が与えられていることは改めて強調するまでもありません。これはなにも一九世紀に限らず、その前後、一八世紀と二〇世紀でも同様です。二〇世紀についてはこのあとお話しすることになるヒューマニズム（人文主義）、ヒューマニズム論で納得していただけるでしょう。

一八世紀からは、ヨハン・ヨアヒム・ヴィンケルマン（一七一七―六八）一人で十分でしょう。それは一九世紀の文化史家カール・ユスティ（一八三二―一九一二）の名著『ヴィンケルマンとその同時代人』（初版一八六六―七二年。全二巻［第二巻は一部、二部に分かれる］、全三巻［一九五六年第五版］）が教えてくれます。ユスティは決してイタリア文化・美術研究一筋ではありませんでしたが、[16]この大著では、ローマの旧跡に立つことで画期的な歴史意識が生まれることを、中世フィレンツェのジョヴァンニ・ヴィッラーリ（一二七六―一三四八）、ルネサンスのペトラルカ（一三〇四―七四）などイタリア半島出身者のほかに、同時代のエドワード・ギボン（一七三七―九四）を挙げて叙述し、ヴィンケルマンの意義を説いています。[17]ヴィンケルマンはここローマでは特に枢機卿アレッサンドロ・アルバーニ（一六九二―一七七九）の恩顧を受けました。[18]現地の語学修得に努力し、数々のイタリアの詩人や文学者に親しみました。[19]北方の異郷出身者ヴィンケルマンには、「シ《はい》（スィ）が響く美し国」（Il bel paese là dove il si suona）南国イタリア、と感じられたことは、私たちも共有できます。

ヴィンケルマンは私たちがルネサンス芸術と呼ぶものに実際に触れて、美術史家としての鑑識眼を養っていますが、まだルネサンス概念には到達できる世紀には生きていませんでした。この点でよく引用されるのは、オノレ・ドゥ・バルザック（一七九九―一八五〇）の短編小説『ソーの舞踏会』（*Le bal des Sceaux*）の一節です。「彼女はイタリアとフランドルの、中世あるいはルネサンスについて易々と推論しました（Elle raisonnait facilement sur la peinture italienne et flamande, sur le Moyen Age ou la Renaissance.)』[20]。一八三〇年のことです。このようなルネサンス概念の歴史に関しては古典的研究書があり[21]、ここではこれらに譲り、あまり知られていないことを述べてみましょう。

歴史の世紀と言われる一九世紀で名を落とすことができない歴史家といえば、レオポルト・フォン・ランケ（一七九五―一八八六）でしょう。ランケもジローラモ・サヴォナローラ（一四五二―九八）やイタリアの詩、文化に関わる論文などでルネサンス文化の特徴は指摘していますが、時代概念としてのルネサンスを用いてはいません。これは、彼がルター教徒として本国ドイツの宗教改革に時代的力点を置いたこと、近世の政治的強国の仲間に数えられない同時代のイタリア文化の様態が、政治史家として一時代を画するほどの芸術的意義と映じなかったことに起因しているのでしょう[22]。

ルネサンス概念の欠如はなにも一九世紀ドイツのランケに限りません。リソルジメント時代の同世紀に、イタリアの知識人の間にもこの概念が欠如していました。そしてルネサンスに相当するイタリア語はリナシメント（rinascimento）ですが、この用語よりもリソルジメント（risorgimento）が一般的に使われてもいました。そもそもリソルジメントも復活、復興の意味で、元来はリナシメントの意味と変わりません。啓蒙主義時代のイエズス会士でヴォルテールを賛美する文学者、サヴェリオ・ベッティネッリ（一七一八―一八〇八）が『紀元一千年後の学術、芸術、習俗におけるイタリア・リソルジメント』（*Del Risorgimento d'Italia negli studi, nelle arti e nei costumi dopo il Mille*）を発表したのは、一七七五年のことでした[23]。

ネオ・グェルフィ主義者として著名なチェーザレ・バルボ（一七八九―一八五三）も、『イタリア史梗概』（*Sommario della storia d'Italia*, Firenze, 1846）で、ベッティネッリ同様、紀元一千年後の母国の歴史に注目し、都市における自由の発展を説きますが、それが自立に繋がらなかったことを強調します。独立の欠如、代議制の欠如などをその特徴とします。ただ文化的には一五世紀にその頂点に達し、一六世紀のイタリアの危機と衰退の開始と好対照をなすとします。[24] 打って変わって一五世紀と一六世紀をこのように対照させる歴史観は近年でも見られ、クローチェもそのひとりです。そしてこれは長く尾を引き、一六世紀の問題は一九世紀に持ち込まれます。彼の論文「一五〇〇年代のイタリア的危機およびリナシメントとリソルジメントとの関係」(La crisi italiana del Cinquecento e il legame del Rinascimento col Risorgimento, *La Critica*, novembre 1939) がそれです。[25]

なお、ルネサンス、リナシメントをリソルジメントと呼ぶのは一九世紀後半に入っても見られ、ジョシィア・インヴェルニッツィ(ジョズエ・カルドゥッチ)作の『リソルジメント第一部。一五世紀』(*Il Risorgimento. Parte prima: il secolo XV*) という書が挙げられます。第二部は当然一六世紀を扱い、これがリソルジメントと呼ばれるようになることを示しています。出版年は一八七八年ですが、挙げられている文献などから執筆年代は七〇年代初めと見られ、たとえばグレゴロヴィウスのルクレツィア・ボルジァ(一四八〇—一五一九)が挙がっています。[26] この書はドイツ語版もイタリア語版も七四年に出ています。ブルクハルトの『イタリア・ルネサンスの文化』は示されていません。このイタリア語訳が出たのは一八七六年のことでした。

ところで、『イタリア・ルネサンスの文化』初版に先立つこと一年前、一八五九年に、ヒューマニズム(フマニスムス)研究では極めて意義深い著書が出ていました。ケーニヒスベルク生まれのゲオルク・フォークト(一八二七—九一)による『古典古代の再生すなわちフマニスムスの最初の世紀』(*Die Wiederbelebung des classischen Alterthums oder das erste Jahrhundert des Humanismus*, Berlin) がそれです。これはヒューマニズム概念と時代とを結び付けた点で極めて重要な研究書です。ルネサンスという時代概念とある意味で今日も交換概念

（Wechselbegriff）となっているのはこのためでしょう。後述するように、フマニスムスという用語は半世紀ほど前に生まれていたのですが、これで決定的な概念となりました。これは、一八三六年にドロイゼンが「ヘレニスムス」（Hellenismus）に時代概念を与えたことに相当する出来事でした(27)。

インヴェルニッツィに戻ると、彼はフォークトを文献として列挙していません。やがてフォークトの書は増補第二版が出た（一八八〇―八一年）後、ブルクハルトの先の書を翻訳したディエゴ・ヴァルブーザが今度はこのイタリア語訳をフィレンツェ、サンソーニから出すことになります（一八八八―八九年）。翻訳書の題名は『古典古代のリソルジメントすなわちウマネージモの最初の世紀』（*Il risorgimento dell'Antichità classica ovvero il primo secolo dell'umanesimo*）でした。さらにイタリア語版は一八九七年ジュゼッペ・ジッペルがこの二巻本を補う第三巻（一八九七年）がつき、フォークトの書の完璧化が図られました。私たちはここで、リソルジメントという用語が変わらず用いられていることに加えて、フマニスムス、ヒューマニズムに相当するイタリア語のウマネージモが使われ出していること、また肝心のフォークトの著書が最後に地理書を扱い(28)、ヨーロッパのルネサンスが拡大していく様子を示唆していることを指摘しておきたいと思います。

元来ドイツ語による出版物がこうしてイタリア語訳で出ることには、イタリア半島の人々がドイツの文学や思想、歴史研究に魅惑されたためでもありました。したがってこの時代、一九世紀の場合、アルプスを挟んで北から南への眼差しだけでなく、南から北への眼差しも忘れてはいけないことになるでしょう。彼らは、カント（一七二四―一八〇四）とこれに続く世代、ヘルダー（一七四四―一八〇三）、ゲーテ、シラー（一七五九―一八〇四）、そしてアウグスト・シュレーゲル（一七六七―一八四五）やその弟フリードリヒ・シュレーゲル（一七七二―一八二九）、ヘーゲル（一七七〇―一八三一）、シェリング（一七七五―一八五四）、さらにニーブール

（一七七六―一八三一）やサヴィニー（一七七九―一八六一）などに目を見張りました。特に哲学思想の面ではカント、ヘーゲルの影響は絶大で、観念論哲学に学ぶところが多々あったベルトランド・スパヴェンタ（一八一七―八三）の名を逸することはできないでしょう。スパヴェンタは若い頃、古典語は別にして英語とともにドイツ語を学んだために、原典を読み、理解する力がありました。このため北方思想に精通し、イタリアとドイツの思想交流に注目した書を編んでいます。また兄シルヴィオ同様、リソルジメント期を代表する愛国者としても知られています。(29)

一八二〇年に、ある人（エジディオ・ディ・ヴェーロ）は既出のジーノ・カッポーニにあてて、「あなたは今フランクフルトにいて、何と幸せなのでしょう。……ドイツの素晴らしい著書、ヘルダー、ゲーテ、レッシング、ミュラー、アイヒホルン、ヘーレンなどを購入しています。私もまたこれらを幸あるエトルリアにて楽しむことができるように、と(30)」願っていると書きました。このような例は幾つも挙げることができるでしょうし、私はこの書簡を知った時、これより三〇〇年遡ったルネサンス時代に、エラスムス（一四六六―一五三六）がロイヒリン（一四五五―一五二二）宛に書いた書簡（一五一六年九月二九日アントウェルペン）がたちどころに思い起こされました。「あなたはどうして敢えて不幸について語ろうとするのですか。アンジェロ・ポリツィアーノ、エルモラオ・バルバロ、それにピーコ・デッラ・ミランドラが活躍したあの驚くべき時代にイタリアを訪問する幸運を摑んだあなたが。(31)」彼ら三人は一四九三年、九四年に相次いで亡くなりました。ヒューマニスト（人文主義者）のポリツィアーノ、バルバロは四〇歳になったばかりであり、哲学者ピーコは三一歳でした。

三　ヒューマニズム――フマニタスとフマニタス研究

以上のような、この一九世紀に生まれたのが、ヒューマニズム、フマニスムスという用語でした。ポリツィアーノやエラスムスのルネサンスの時代にはこの術語は存在せず、ある意味で時代概念としてのルネサンスとともに新概念であり、ドイツ文化に起源があると言ってもよいでしょう。従って時代の証言として、『イタリアにおけるルネサンス』(*Renaissance in Italy*, 7 vols. 1875-86) やミケランジェロの伝記、ベンヴェヌート・チェッリーニの自伝翻訳で著名な文学者ジョン・アディントン・シモンズ（一八四〇―九三）は一九世紀後半に、ヒューマニズムがドイツ的響きを有し、モダンであると言っているのは全く正しいのです。[32]なぜなら、一八世紀後半のフランスにユマニスムが現われている例が知られていますが、この講演で考えているヒューマニズムと同義語であるとは言い難く、「人類愛」の意味合いが強いからですし、また、一九世紀初めにゲーテがフマニスムスという表現を用いていますが、やはり「人道主義」の意味合いにおいてだからです。[33]

だが、このゲーテの例とほぼ同じころに同じくドイツで、フマニスムス、ヒューマニズムの用語が登場してくるのは、大いに注目されます。それは、教育者フリートリヒ・イマーヌエル・ニートハンマー（一七六六―一八四八）が『当世の教育教授論における博愛主義的教育とフマニスムス（ヒューマニズム）の対立』(*Der Streit des Philanthropinismus und Humanismus in der Theorie des Erziehungs=Unterrichts unserer Zeit*, Jena 1808) で用い、意味をもたせたことにきっかけがあります。[34]

ルネサンス期にあった言葉は、ヒューマニスト、フマニスタで一五世紀末に初めて出てきます。当時の大学生が用いたスラングであり、古典学教師を指します。ヒューマニストそのものは「フマニタス研究」(studia humanitatis) という成句と関わるでしょうし、「フマニタス研究」がルネサンスではヒューマニズムに相当する語ということになります。「フマニタスの研究」とは私たちに馴染みのある言葉で言えば、ヒューマニティの複数形ヒューマニティーズに相当し、人文学と呼んでいるものです。ドイツ語ではフマニオーラ (Humaniora) でしょうか。ヒューマニティはドイツ語でフマニテートとなり、この言葉が入った書物としてヘルダーの『フマニテート促進のための書簡』(*Briefe zur Beförderung der Humanität*, 1793-97) が直ちに想起されます。このなかで彼は、理想的な三美神とムーサイたち庭 (der Garten der Grazien und Musen) に集う古代から現代までの人物を列挙しています。大昔のホメーロスから当代のフランクリンに至る、一連の人々に交じってエラスムスも登場します。ヨーロッパにおけるフマニテートの芽吹きを期待できるからです。[35]

フマニテート、人間性の発展を教化、養育、クルトゥアと結び付けたヘルダーは、ドイツにおけるこの新たなヒューマニズムの時代に深く関わっている一人と目されます。ニートハンマーの教育観は、このような時代的環境の中で見ておかなくてはならないのでしょう。ギムナジウム教育から大学を通した専門教育システムまで、個我の自己形成と国家と国民 (Nation) に対する責任確立が意図されてゆきます。ドイツ的マンダリーン (Mandarin) やエリート層の教養市民がこうして誕生します。この時代の研究者たちは、ヴィルヘルム・フォン・フンボルト (一七六七―一八三五) らの文化活動を「新フマニスムス」と称することが一般的で、これを教育と結び付けます。それはまた「新ギリシア主義 (ノイグリーヘントゥーム)」だったかもしれません。フンボルトがライプツィヒのゴットフリート・ヘルマン (一七七二―一八四八) に、ライプツィヒ諸国民の戦い (Völkerschlacht) に関して「諸帝国は滅び、良き詩行一行は永久に生きる」と言い放った時は、アイスキュロスの『アガメムノン』を翻訳中のことでした。[36] このことは、古典文献学者ルドルフ・プファイファー（一八八九―一九七九）の優れた論文のひとつ、「フマニスト（ヒューマニスト）ヴィルヘルム・フォン・フンボルト」に教示され、啓発されます。

さて、フマニテートの初出例は同じくルネサンスに、一六世紀初めにあることが分かっていますが、これはある意味でラテン語をそのままドイツ語の音にしたといえるでしょう。ドイツ語らしさとしては、一八世紀にこれをMenschheit（人間［であること］）またはMenschlichkeit（［思いやりなどの］人間らしさ）と解釈し、用いる知識人によって多様であり、また意味内容が違う歴史がありました。これはフマニタスというラテン語が、当然のことながら、彼らには外来語であったためで、これをどう捉えるかが、思想家や文学者によって違ったためでした。[37] 遡れば、このラテン語もまた古代ローマ人から見れば、ギリシア語のパイデイアを捉えるために作られた言葉でありました。パイデイアは、教育、教養を意味し、パイス、子どもという言葉から来ています。この概念でギリシア人は植物・動物の自然的成長を表わす「トロペー」と、人の人為的成長とを区分したと言われています。[38]

一ギリシア語を一ラテン語で表わす時、元の意味を十分には必ずしも捉ええないというだけでなく、訳語として原語になかった意味が加わる可能性も否定できません。これは、それがフマニタスとなった時、ギリシア人とローマ人では「人間」の見方が違っていたことが問題でした。「人間」を超越者、神と比較して考えるのか、それとも獣と関連させて考えているのかでは、大きく意味合いが異なってくるでしょう。そしてさらにキリスト教の時代になれば、その人間観には新たな要素が加わることになるでしょうし、現代では現代を背景に新たな問題と解釈をもたらすでしょう。[39]

フマニタスが多義的で多用に上るのに対し、「フマニタス研究」という言い回しはある程度限定的で、意味内容が明瞭な点が見られます。古代ローマの共和主義者でカエサルの政敵キケロに見られるのですが、面白いことに、その後、長い中世の間に使われることなく、フィレンツェ共和国の著名な書記官長――フィレンツェ共和国ではこの時代、ヒューマニストが書記官長に選抜されることが一般的でした――両名、コルッチョ・サルターティ（一三三一―一四〇六）やレオナルド・ブルーニ（一三七〇頃―一四四四）が一四世紀後半から使い始め、一般化してゆきます。そして一五世紀半ば辺りには、それは文法・レトリック・歴史学・詩・道徳哲学のこれらの分野を指すことになります。「フマニタス研究」はドイツでも大学の講義告知に直ちに反映されます。(40)

この線はほぼ変わらず、時代が下った一六世紀末のイエズス会学事規定（*Ratio atque institutio studiorum Societas Iesu*）の一節にも現われます。「フマニタス研究、即ち文法、歴史、詩、そしてレトリックの研究」、とあり、(41)哲学の一分野が欠けているだけです。イエズス会はルネサンス・ヒューマニズムを熱心に教育に活かした修道会として知られています。これは海を越えて、新旧の世界に広がり、日本にもまたヒューマニズム教育が導入されました。これはキケロやウェルギリウスなど古典に基づく教育を基本とします。

私は中世とは異なるルネサンスの意義をここに見ています。ルネサンスは今日、近代初期――Early Modern、日本的言い方では近世初期――や Neuzeit のルネサンスだけでなく、カロリング・ルネサンスや一二世紀ルネサンスが言われ、その独自性を否定的に見る史観があります。これはルネサンスを狭義にラテン語中心の「古典復興」と捉える観点にのみ基づくもので、所謂世界史的視野が欠如しているとしか思えません。私は一五、六世紀を中心としたルネサンスが、昔から言われてきた「地理上の発見」、今日的な学術概念では「世界システム論」と深い関わりがあると見ています。ヒューマニズム教育の拡大もここにあるのです。テンプル・リーダーのところで傭兵隊長や冒険家の名前を出したのも、私のルネサンス観の反映です。(42)

四　第三フマニスムスと市民的フマニスムス ── 両概念の歴史的背景

ところで、リソルジメント期にイタリアでは必ずしも古典語、ラテン語が重視されていなかった歴史事情があるように思われます。そのことが「古典復興」にこの地の学者や知識人たちが注目しなかった理由があり、フォークトの労作はこの点でも新奇だったのです。イタリア語はドイツ語と違い、ラテン語に深い関わりがある言語であることは申すまでもありません。そのため古典語と俗語の関係如何がイタリア・ルネサンス以来常に言われ、俗語の発展を近代の展開と捉える観点がありました。サルターティやブルーニよりも、ダンテやペトラルカ、ボッカッチョがルネサンスの著名人となっているのは面白いところです。彼らは俗語で執筆した作品が代表作であるために高く評価されているのです。一九世紀のイタリア統一に当たってはイタリア語が北から南へ貫徹される国語となるのであり、ローマ・カトリック教会のラテン語ではなかったのです。

このようにイタリアの事情を話した訳は、ドイツのヒューマニズム、フマニスムスを見て行く場合、ドイツにはドイツの事情があったと考えるからです。ドイツでは「新フマニスムス」に続いて「第三フマニスムス」も出てきます。このフマニスムスには、主著『パイデイア』で知られる古典文献学者ヴェルナー・イェーガー（一八八八―一九六一）が関わりますが(43)、もう一人、学者としては哲学者エドゥアルト・シュプランガー（一八八二―一九六三）も挙げておくべきでしょう。芸術家ではシュテファン・ゲオルゲ（一八六八―一九三三）やフーゴー・フォン・ホフマンスタール（一八七四―一九二九）が名を連ねます。抒情詩人たちにとり、ルネサンスは道徳を超越した天才が活躍した時代でした。ドイツ・ヒューマニズムの特色はギリシア主義に惹かれてゆく──ヴィンケルマンが特にそのような流れを作ったのでしょう——ところがあり、それは場合によってはイタリアに、あるいはローマ・ラテン文化に対抗するためでした。(44)

他方で、同時代のヒューマニズム観として「市民的フマニスムス」が言われるのが、これまたドイツの事情です。私はこの「市民的フマニスムス」にルネサンス・プラトン主義とともに関心があり、長年の研究をまとめて、『フィレンツェ共和国のヒューマニスト』と『共和国のプラトン的世界』の一続きの著作にしました。総括して見て、一五世紀のフィレンツェ共和国に関わる「市民的フマニスムス」論が、ゲオルゲとホフマンスタール、イェーガーの「第三フマニスムス」論となにか繋がりがあるのではないか、と気付いたのは、カイ・シラーの『逆境の知識世界——二〇世紀におけるフマニスムスの指導像』を読み、見えなかった学者の人間関係が明らかになった時でした。シラーはこの著書で、特に二人のユダヤ系ドイツ人、中世史家エルンスト・カントーロヴィッチ（一八九五—一九六三）とルネサンス史家ハンス・バロン（一九〇〇—八八）に的を絞って、彼らの思想世界を明らかにします。(45)両者とも「第三フマニスムス」の中心人物から影響を受けましたが、特に、カントーロヴィッチはゲオルゲから、バロンはイェーガーからというわけです。

ドイツに同時に現われた両フマニスムスをどう見るべきなのでしょうか。バロンはイェーガーの古典文献学の解釈学的方法——アリストテレス哲学の思想的発展を明らかにした——をブルーニの著作に応用したと言えるかもしれませんが、プラトン思想をヴァイマル共和国の指導的規範とする、イェーガーの「第三フマニスムス」論(46)に近いとは言えないでしょう。第三という数字がまた時代的に不吉です。「第三フマニスムス」は明らかに「新フマニスムス」を第二——ルネサンス・ヒューマニズムを第一——として意識し、これを受け継いでいます。これに対し、バロンは確かにフンボルトの教育観で育ったベルリン市民——父は衛生顧問（sanitäsrat）——であり、この点では同世代のエリートと変わりがないでしょうが、彼のフマニスムスは、直接、過去の歴史、フィレンツェの初期ルネサンス史を生の全体において今から解釈し直し、「市民的」という限定をつけているのです。

一九世紀後半、ドイツでは産業資本主義の発達が目覚ましく、自然科学のための理数系のギュムナージウム（Realgymnasium）の充実が一段と求められました。他方で、ヴィルヘルム・ディルタイ（一八三三—一九一一）の解釈学が精神科学の世界に新視点をもたらしました[47]。ランケのように因果関係の叙述的解明に供される事実がいかにあったかという素朴な歴史主義を越えて、歴史家、歴史研究者がいかなる存在であり、その彼の認識が如何に行われるのかが問われる、生の哲学を提示します。「歴史的理性批判」（Kritik der historischen Vernunft）はカント哲学への回答でもあり、その意義は一九二〇年代に学究世界に進もうとしているバロン世代には重大でした。

そのようなバロンはヴァイマル共和国下で、イェーガーのほか、近代史家フリートリッヒ・マイネッケ（一八六二—一九五四）、宗教学者エルンスト・トレルチ（一八六五—一九二三）、そして中世史家ヴァルター・ゲッツ（一八六七—一九五八）らに学びました。バロンの大学教授資格論文（Habilitationsschrift. 一九二八年五月一五日提出）は、『アレッツォ出身のレオナルド・ブルーニと一四〇〇年代フィレンツェの市民的フマニスムス』（*Leonardo Bruni Aretino und der florentiner Bürgerhumanismus des Quattrocento*）でした[48]。論題中の「市民的フマニスムス」論にいち早く注目した歴史家は、パウル・ヨアヒムゼン（ヨアヒムゾーン一八六七—一九三〇）でした。論文「フマニスムスとドイツ精神の発展」の中で、彼はフィレンツェのみが市民精神の形成にフマニスムスが関わったといい、注でバロンの「市民的フマニスムス」（Bürgerhumanismus）を文献とともに紹介し、さらに、同じ志向のカール・ブランディ（一八六八—一九四六）の文献を挙げています[49]。これはヨアヒムゼンが死去する一年前の一九二九年に行われた講演に基づくもので、活字化された時にはもうすでに鬼籍の人となっていました。ヒットラーが政権を掌握すると、バロンの輝かしい学究活動は一変します。教授職をイタリア、英国、米国に捜すのは容易でなく、結局は成功しませんでした。そのような中で、一九五五年に初版、六六年に改訂再版として出たのが、主著『初期イタリア・ルネサンスの危機――古典主義と専制政治との時代における市民的ヒューマニズムと共和主義的自由』(*The Crisis of the Early Italian Renaissance. Civic Humanism and Republican Liberty in an Age of Classicism and Tyranny*, Princeton 1966 [1955]) でした。その一節に「古代人のフマニタスへの愛なしに、またそれによって教育される覚悟なしには、ヒューマニズム (Humanism) などありえない。ギリシアやローマの市民の活動的・政治的生活の価値と理念に感ずる心なしに、市民的ヒューマニズムは生まれ得なかったろう」(50) とあります。市民的ヒューマニズムは、アリストテレスの「ポリス的生きもの」を受け継ぐラテン的伝統と共和主義思想とに生の活路を見出します。反カエサルの共和主義者キケロが祖国の模範であり、共和政的自由を謳歌し、これを実現する国家として一五世紀前半のフィレンツェ共和国が評価されます。この時、書記官長職にあったのが、先述のブルーニで、彼はそのイデオローグでした。

バロンのブルーニ解釈は、公職の身にあって、ギリシア語文献の翻訳などの学術的活動を行う点で、フンボルトと変わりがありませんが、バロンのキケロ理解は、『ローマ史』(*Römische Geschichte*) のテオドア・モムゼン (一八一七―一九〇三) とは大きく異なっていると言えるでしょう。モムゼンは人間的にもキケロを厳しく批判しただけでなく、ローマの発展を帝国成立に見るのです。フランスの同時代の古典文献学者ガストン・ボワシエ (一八二三―一九〇八) はモムゼンの歴史把握について、ローマの貴族のなかにプロイセンの田舎紳士 (les hobereaux de la Prusse) を追求し、カエサルのなかのその力強い手がただドイツ (l'Allemagne) に統一を与えるような人気ある独裁者に敬意を表する（*Cicéron et ses amis*, 1865）、と書きました。一八六五年のことです。[51]

キケロをどう理解するかにもかかわる、このようなフィレンツェ・ルネサンスが「市民的フマニスムス」論として、学術的に同時代の日本で受容された形跡はありません。戦前のある時期、ドイツ学界を介したルネサンス論が東北帝国大学で大類伸（一八八四―一九七五）博士の下で盛んであったものの、バロン説は管見の限り紹介されていません。先のブランディはある程度邦語世界で知られていた歴史家でしたが、ヨアヒムゼンやバロン同様の歴史観に気付いた研究者はいませんでした。これは戦後も基本的に変わりませんでした。日本の、特にドイツ中世史家たちは近代市民社会論に関心を抱きながら、イタリア・ルネサンスの都市に先入見があり、ブルーニの強調する「市民社会」（civilis societas）[52]などを顧慮することはありませんでした。これは社会経済史に留まらず、文化史の範囲の問題でもあっただけに、一層理解が困難でした。

ひょっとしたら、今回のフマニスト像とフマニスムス観は、今なお日本では受け入れられているとは言い難いでしょう。そもそも、日本文化がギリシア・ローマの古典古代文化に繋がらないため、ヒューマニズムをヨーロッパの単なる学術問題、ヒューマニストを註釈に力を入れる静態的な学者とし、ヒューマニズムがあるいはヒューマニストが市民社会の現実的力足りえることに思い至らない、已むをえない事情があるのかもしれません。他方で、日本語としてヒューマニズムが使われていることも歴史理解を妨げているのかもしれません。プラトン主義、プラトニズムでは起こりえないでしょう。ヒューマニズム、フマニスムスは、ブルーニやフンボルトが用いている概念ではありません。彼らより後の世の者が過去の文化状況を見て、「ルネサンス」・ヒューマニズムといい、「新」フマニスムスといいますが、「第三フマニスムス」と「市民的フマニスムス」は意識的に同時代人が実際に用い、過去のヒューマニズム、「ルネサンス」・ヒューマニズムと「新」フマニスムスとの関連と継承、展開を表わそうとしたものです。
この度のいただいた機会に、ヒューマニズムに関わる歴史を少々明らかにできたのではないか、イタリアとドイツの視点からという副題も余りまちがっていなかったのではないかと思います。拙い説明に最後までお付き合いいただき、ありがとうございました。

註

（1）Monika Steinhauser, <<Wir haben Künstler und keine eigentliche Kunste>>. Gottfried Semper und die Neurenaissance, in *Il Rinascimento nell'Ottocento in Italia e Germania. Die Renaissance im 19. Jahrhundert in Italien und Deutschland*, a cura di/hrsg. Von August Buck-Cesare Vasoli, Bologna/Berlin 1989, pp. 203-29. 以下この書は *Il Rinascimento / Die Renaissance* と略する。

（2）Michele Biscione, *Neo-umanesimo e Rinascimento. L'immagine del Rinascimento nella storia della cultura dell'Ottocento*, Roma 1962, pp. 102-103.

（3）Ugo Pesci, *Firenze capitale (1865-1870)*, Firenze 1988 (ristampa anastatica del 1904).

（4）*Sul lavori per l'ingrandimento di Firenze. Relazione di Giuseppe Poggi (1864-1877)*, Firenze 1882. 手元にあるのはジュンティからの復刻版であり、Davis Ottati の序文がついている。元はバルベラから出た。

（5）根占献一『ロレンツォ・デ・メディチ――ルネサンス期フィレンツェ社会における個人の形成』南窓社 一九九九年、第二版。

（6）根占「ゲーテとイタリア・ルネサンス――特に不死性を巡って」、同上『ルネサンス精神への旅』創文社二〇〇九年、一四五―一六五頁、所収。

（7）Benedetto Croce, *Il carattere della filosofia moderna*, Bari 1963. Michele Ciliberto, Interpretazioni del Rinascimento, in *Il Rinascimento / Die Renaissance* , pp. 65-91.

（8）根占「小松帯刀とカヴール――一八六〇年代の日伊関係」『日伊文化研究』第二六号（一九八八年）、四三―五四頁。同上「小松帯刀とその時代――特に「外国交際」の観点から」『学習院女子大学紀要』第一一号（二〇〇九年）、七一―九一頁。同上「小松帯刀と新時代――国際法・印刷・教育・科学」『学習院女子大学紀要』第一一号（二〇〇九年）、二七―三八頁。

（9）Ferdinand Siebert, *Alfred von Reumont und Italien. Ein Beirag zur Geschichte der Geistigen Beziehungen zwischen Deutschland und Italien*, Leipzig 1937.

（10）Alfred von Reumont, *Geschichte der Stadt Rom*, Berlin 1870, Band III, II. Abtheilung, p.574.

（11）根占献一「ジョン・テンプル・リーダーのヴィンチリアータ城」、『三都物語二〇〇七。トリーノ　フィレンツェ　ローマ』イル・フィオーレ発行（非売品）、二〇〇七年、五―九頁。

（12）Karl Borinski, *Die Weltgeburtsidee in der neueren Zeiten, I. Der Streit um die Renaissance und die Entstehungsgeschichte der historischen Beziehungsbegriffe Renaissance und Mittelalter*, München 1919.

（13）当時の「イタリア」人の亡命先は海を越えた国に限らない。半島中の外国、ハプスブルク統治（ロレーナ）のフィレンツェに亡命した一人に、テンプル・リーダーの同時代人の歴史家パスクワーレ・ヴィッラーリ（一八二七―一九一七）がいる。ヴィッラーリのサヴォナローラやマキャヴェッリの伝記は、ルネサンス概念上、重要である。Fulvio Tessitore, L'idea di Rinascimento nella cultura idealistica italiana tra Ottocento e Novecento in Il *Rinascimento/Die Renaissance*, pp.171-202, 特に pp. 185-89.

（14）*In memoria del Commendatore Giovanni Temple Leader 7 Maggio 1810-1 Marzo 1903*, Firenze 1903.

（15）Steinhauser, *op.cit.*, p. 215.

（16）Carl Justi, *Winckelmann und seine Zeitgenossen*, 3 Bde, Köln 1956. この第一巻に、Wilhelm Waetzoldt, Carl Justi , XXI-XXXVI が所収され、スペイン美術研究もまた彼の関心事であったことが明らかである。

（17）Justi, *Winckelmann*, I, p. 195. *Ibid.*,II, p. 177. *Ibid.*,III, p. 92.

（18）Gustavo Brigante Colonna, *Porpolati e artisti nella Roma del Settecento. Albani-Winckelmann-Kaufmann-Goethe*, Roma n.d.

（19）Horst Rüdiger, *Winckelmann und Italien. Sprache-Dichtung-Menchen*, Köln 1956. ホルスト・リュディガー（一九〇八―八四）の主著 *Wesen und Wandelung des Humanismus*. Zweite, verbessrte Auflage, Hildesheim 1966, pp. 156-91 で同じくヴィンケルマンを扱うが、フランス、イタリアの文化への対峙やドイツの古代ギリシア文化との特別な関係が力説される。なおこの版は Reprografischer Nachdruck der Ausgabe Hamburg 1937 である。

（20）Adam Wandruszka, Der internationale Renaissancismus, in *Il Rinascimento / Die Renaissance* , pp. 37-43, 特に p. 40.

(21) 根占『フィレンツェ共和国のヒューマニスト――イタリア・ルネサンス研究』創文社、二〇〇五年、一三頁とその関連註参照。

(22) Notker Hammerstein, Leopold von Ranke und die Renaissance, in *Il Rinascimento / Die Renaissance* , pp. 45-64.

(23) Francesca Maria Crasta, Immagini del Rinascimento nel Settecento italiano, in *Rinascimento mito e concetto*, a cura di Renzo Ragghianti e Alessandro Savorelli, Pisa 2005, pp. 65-108, 特に pp. 103-07. 関連頁に挙がるベッティネッリ文献参照。

(24) Ciliberto, *op.cit.*,pp. 72-3. レオ一〇世時代を盛期の頂点と見るので、世紀の区分は必ずしも厳密ではない。Cfr. Crasta, *op.cit.*,p. 104. ベッティネッリは一六世紀に中世の文化や歴史が驚くべき成果に達するという。

(25) Carlo Dionisotti, Rinascimento e Risorgimento, in *Il Rinascimento / Die Renaissance* , pp. 157-69, 特に p. 157.

(26) *Ibid.*, p. 162.

(27) Walter Rüegg, *Cicero und der Humanismus. Formale Untersuchungen über Petrarca und Erasmus*, Zürich 1946, p. 4.

(28) Georg Voigt, *Die Wiederbelebung des classischen Alterthums oder das erste Jahrhundert des Humanismus*, Berlin 1960, II, pp. 505-510. Id., *Il risogimento dell'Antichità classica ovvero il primo secolo dell'umanesimo*, Firenze 1968, II, pp. 494-498. フランチェスコ・フィオレンティーノ（一八三四―一八四）はポンポナッツィ、ブルーノ、テレージオらの哲学研究で著名だが、彼の書名からもリソルジメントの呼称が見られる。またフィオレンティーノは同義語のリナシェンツァ（rinascenza）も使う。Fulvio Tessitore, *op.cit.*, pp. 177-185. なおイタリアにおける代表的なルネサンス学術誌は *Rinascimento* であるが、戦前は *Rinascita* と呼ばれていた。

(29) *Ibidem*, pp. 171-177.

(30) Siebert, *op.cit.*, pp. 12-13. ジーベルトはさらに他に数例挙げている。

(31) Des. Erasmi Roterodami *Opus Epistolarum*, ed. P. S. Allen, 2: p.350 (no. 471).

(32) 根占『フィレンツェ共和国のヒューマニスト』三四頁。

(33) 同書、三三―三四頁。

(34) 同書、三六頁。*Frierich Immanuel Niethammer: Philanthropinismus-Humanismus*. Texte zur Schulreform bearbeitet von Werner Hillebrecht, Winheim/Berlin/Basel 1968.

(35) Werner Kaegi, Erasmus in Achtzehnten Jahrhundert, in *Gedenkschrift zum 400. Todestage des Erasmus von Rotterdam*, hrsg. von

der historischen und Antiquarischen Gesellschaft zu Basel, Basel 1936, pp. 205-227, 特に p. 226.

(36) Rudolf Pfeiffer, *Ausgewählte Schriften. Aufsätze und Voträge zur griechischen Dichtung und zum Humanismus*, München 1960, pp. 256-268, 特に p. 262.

(37) Edna Purdie, Some Renderings of *Humanitas* in German in the Eighteenth Century, in *Fritz Saxl. A Volume for Memorial Essays from his Friends in England*, edited by D. J. Gordon, London 1957, pp. 339-358.

(38) ヘルダーは人の成長を植物のそれに擬えている。*Ibid*., p. 347.

(39) Andrea Orsucci, Storie di parole. Controversie intorno al termine *humanitas* nella prima metà del Novecento (1907-1947), in *Rinascimento mito e concetto*, pp. 255-290.

(40) 根占『フィレンツェ共和国のヒューマニスト』、三四頁。同上『共和国のプラトン的世界――イタリア・ルネサンス研究（続）』創文社、二〇〇五年、三三一―三七頁。同上「フマニタス研究とアグリコラ」、『ルネサンス精神への旅――ジョアッキーノ・ダ・フィオーレからカッシラーまで』創文社、五四―五七頁所収。

(41) 根占「フマニタス研究の古典精神と教育――イエズス会系学校の誕生頃まで」、『教育の社会史――ヨーロッパ中・近世』浅野啓子・佐久間弘展編、知泉書館、二〇〇六年、一二五―一四八頁。今は根占『イタリアルネサンスとアジア日本』知泉書館、二〇一七年、第八章を参照のこと。

(42) 根占『東西ルネサンスの邂逅――南蛮と禰寝氏の歴史的世界を求めて』東信堂、一九九八年。

(43) W・イェーガー『パイデイア――ギリシアにおける人間形成』曽田長人訳、知泉書館、二〇一八年、七一一―七五二頁（訳者解説）は本論にとり有益である。また参照されるべきは、村井則夫『人文学の可能性――言語・歴史・形象』知泉書館、二〇一六年。

(44) Rüdiger, *Wesen und Wandelung*, pp. 255-297. Achim Aurnhammer, <<Zur Zeit der grossen Maler>. Die Renaissancismus im Fruhwerk Hugo von Hofmannsthals, in *Il Rinascimento / Die Renaissance* , pp. 231-260.

(45) Kay Schiller, *Gelehrte Gegenwelten. Über humanistische Leitbilder im 20. Jahrhundert*, Frankfurt am Main, 2000. 根占『共和国のプラトン的世界』一九四―一九五頁。カントーロヴィチ『皇帝フリードリヒ二世』小林公訳、中央公論新社、二〇一一年、七三五―七六四頁（訳者解説・あとがき）。

(46) Werner Jaeger, *Humanistiche Reden und Vorträge*. Zweite erweiterte Auflage, Berlin 1960.

(47) Reinhardt Brandt, Die italienische Renaissance in der Geschichtsauffassung Diltheys und seiner Vorläufer, in *Il Rinascimento / Die Renaissance*, pp. 133-155. ブラントはこの論文の最初のほうで、ルネサンス・ヒューマニズムの堅実な研究者として Ludwig Bertalot と Agostino Sottile を挙げている。両者が主に研究したヒューマニストは、前者がブルーニ、後者がルドルフ・アグリコラであった。

(48) Schiller, *op.cit.*, pp. 104-105.

(49) Paul Joachimsen, Der Humanismus und die Entwicklung des deutschen Geistes, in *Deutsche Vierteljahrsschrift für Literaturwissenschaft und Geistesgeschichte*, Band III, Heft3, 1930, pp. 419-80, 特に p. 428. 挙がっているのは、Baron, *Lionardo Bruni Aretino. Humanistische-philosophische Schriften*, Leipzig 1928 と Karl Brandi, *Das Werden der Renaissance. Rede*, Göttingen 1908. オルスッチはバロンのルネサンス観に先行する学者としてブランディとヨアヒムゼンを挙げている。オルスッチはまた、ブランディの次の書に注目し、版による相違を指摘している。Orsucci, *op.cit.*, pp. 272-277. Brandi, *Die Renaissance in Florenz und Rom*, Leipzig 1900. ここでは私蔵の版を掲げた。

(50) 根占『フィレンツェ共和国のヒューマニスト』、七七―七八頁。

(51) Rüegg, *op.cit.*, p. VIII.

(52) 根占、前掲書、八二、一〇七頁。

回顧

本書はもっとも長く務めた職場における最後の小著となる。本来ならば、職を退く者の業績一覧などのページが『紀要』に設けられているはずだが、そのコーナーが本務校のものにはない。あとがきの場をこれに代え、研究の記録としたい。

卒業論文題目は「フィレンツェにおけるクワトロチェント世紀末の一考察」、修士論文題目は「マルシリオ・フィチーノとその時代」であった。卒論の題は副題のようであり、修論はまた大きなタイトルを付けていたものである。実際にかなりの長文となった。その要旨はこれに引換え、短いものの、以下に見出される。それは活字となった最初の小考であった。

「マルシリオ・フィチーノとその時代」、『早稲田大学大学院文学研究科紀要』第二一号、一九七五年、一九五—一九七頁。

大学院博士課程在学生の時、大学院紀要には以下の論考を書くことができた。

「フィチーノとヘルメス——ルネサンス・ヘルメティズム研究（Ⅰ）」、『早稲田大学大学院文学研究科紀要』別冊六、一九七九年（発行は一九八〇年）、二〇七—二一六頁。

題名にⅠがあるのは誤植ではない。次に少なくともⅡを書く用意があったのだが、時間とともに問題意識が薄れたり、変わったりして書くことはなくなった。実現していないが、フィチーノのモノグラフィ執筆の折には（Ⅰ）とともに続編を入れる計画があり、内容に関わるメモも残っていよう。院生や研究生の身であった時のこの双方の機会は執筆のためには良い体験となった。原稿枚数が非常に限られているなか、いかにエッセンスを表現するかを学んだからである。

この一九七八、七九年はその他に『西洋史学』と『イタリア学会誌』に論考を書いている。それぞれの学会での発表に基づき、初めて学術誌に出た論文である。

「マルシリオ・フィチーノと歴史――プラトニズムとマイネッケの歴史主義」、『西洋史学』第一一二号、一九七八年、三六―五二頁。（発行は一九七九年）

「マルシリオ・フィチーノにおける哲学と宗教の関連づけとその史的発展」、『イタリア学会誌』第二七号、一九七九年、六四―七七頁。

一九八〇年代に入り、著者は学術誌に複数の論考を書いたが、それぞれは、私自身が史学専攻でありながら、自らのテーマを哲学思想史的に追究していたことを示している。

「フィチーノにおける占星術の問題」、『イタリア学会誌』第三一号、一四七―一五六頁。

「フィチーノとジョヴァンニ・ピーコ――ルネサンスにおける、プラトンの『パルメニデス』解釈の相違について」、『史観』第一〇八冊、七一―八四頁。

「ルネサンス・ヒューマニズム考――クリステラー、グレイ、ウルマンの説を中心に」、『イタリア学会誌』第三三号、一〇五―一二八頁。

八〇年代半ばに期せずして出た論考がある。これらはこれまでの発表場所とも違っており、今振り帰ると、大事な分岐点だったかもしれない。ただ最初の論考は公刊に時間がかかって同一時期になっただけであり、原稿を渡して二年は経っていたろう。

「フィチーノ」、『ルネサンスの教育思想』教育思想史第五巻、上智大学中世思想研究所編、東洋館出版社、一九八五年、二〇九―二三五頁。

「フィチーノ研究・翻訳の動向」、『理想』第六二三号、一九八五年、二七〇―二七六頁。

これらは執筆料をいただいた最初の機会となった。同じ八五年でも前者の論考はまだ最初の定職、文部省教科書調査官になる前に書いた。しかも西欧教育史に配慮して執筆されなければならなかった(1)。後者はこれと違い、すぐに書き下ろす必要があったが、伝統誌からの依頼に力が入ったのを覚えている。日本で「洋学」を研究するには、一次史料がないこと、二次研究文献が日本では全く限定的であることなどを考えると、一人の人物を介した思想研究でしかルネサンスの理解はありえないのではないかと思うようになっていた。幸い、フィチーノだけは揃えられていた。

八〇年代末には現在のところ（当時は学習院女子短期大学）に変わり、研究と教育の場が大きく変わった。それでも私は最初の職場で世界史の調査官だけでなく、日本史の調査官と会い、たいへんな勉強の場となった。仕事量は必ずしも多くなく、研究・調査中心の勤務ができたのだが、非常に神経を使う仕事であった。国語や芸術など、社会科以外の調査官からも学ぶところは少なくなかった。振り返ると、専門家集団の中にいたのである。日本史の同世代研究者の存在から『禰寝（根占＝小松）文書』への関心が高まったことは大きな意味があったろう。この期間、かなりの数、日本史紛いのローカルヒストリーの拙文を綴っているのはその表われである。その一点を示すと、

「根占権之丞清長のこと――衆中の交替期の一私人についての素描」、『鹿児島中世史研究会報』第四四号、一九八六年、二〇―二六頁。

特筆大書されるべき人物は森茂暁福岡大学教授との出会いであった。同文書を初めて研究者が利用しやすいように活字化（正確にはガリ版刷り）した川添昭二九州大学名誉教授の愛弟子である。川添先生のこのお仕事は知っていたが、森氏を介して詳しく先生の人となりを知ることができ、それは私には学問上の一大財産となった。森氏が若くして博士論文を書き上げたことは刺激になった。(2)

著者自身の博士論文はかなり後年のことになるが、以下の題目であった。

「フィレンツェ・ルネサンスの世界——ヒューマニズムとプラトニズムの研究」

国立国会図書館オンライン（NDLONLINE）によると、Call No. UT51-2005-P229, NDL Bibliographic ID 000008075525であり、二〇〇四年、早稲田大学、博士（文学）とある。早稲田大学第一文学部入学以来、いかに出身校との縁が深かったかを物語っていよう。家庭内の突発事態により、三、四年遅延してしまったが、野口洋二先生を筆頭に熱心にお読みいただいた。かけがえのない学恩を母校に負っている。その後、幾つかの大学からお呼びがかかり、博士論文を読む審査委員となった。自分が受けた学術経験が生きていると思ったものである。

この学位論文は以下の書名をもって公刊された。

『フィレンツェ共和国のヒューマニスト　イタリア・ルネサンス研究（正）』

『共和国のプラトン的世界　イタリア・ルネサンス研究（続）』

本来ならば、これで一冊である。出版社の事情により、二冊の「正」「続」となっているが、お読みいただければ、一続きの小著であることはすぐに了解されるであろう。創文社、二〇〇五年、一〇月と一一月に出ている。前者は高額となる科学研究費補助金（研究成果公開促進費）を以って出版された。創文社は研究の道に志して以来の憧れの出版社であった。鈴木成高先生が深く関与されていたことが大きい。

なお創文社からもう一冊、二〇〇九年一二月に出している。

『ルネサンス精神への旅――ジョアッキーノ・ダ・フィオーレからカッシーラーまで』

これは各誌に書いた論考からエッセーの類までを収載したものであるが、前の年にローマで研修できたことが刺激となって、まとめる気になったものである。

これ以前、著者は単著と呼べるものを二冊出している。最初のものは南窓社から一九九七年に、あとのものは東信堂から一九九八年に出た。

『ロレンツォ・デ・メディチ――ルネサンス期フィレンツェ社会における個人の形成』

『東西ルネサンスの邂逅――南蛮と禰寝氏の歴史的世界を求めて』

ロレンツォは元来H社に長年預けていたのだが、担当者が中途退社したあと社内で放り出されていたものであった。九〇年代初頭からコツコツと原稿化し、出版の手前までいっていたから、出ていれば、もう少し早くなり、大学院時代の恩師村岡晢先生の生前に間に合ったかもしれないのである。出版業界に精通した人から連絡があって事情が分かり、別の社から出すことになった。南窓社は温かくこの成稿に目を通してくれ、公刊できた。(3)

後者はルネサンス叢書三として出た。叢書はこのあとストップしたままであるが、著者には思い出深い本であり、いわゆるキリシタン史への第一歩を踏み出すことになった。自分にこのキリシタン史の関心がいつからあったのか定かでないが、村岡先生から、父君村岡典嗣や同じく東北帝国大学で教えていた大類伸にこの方面の研究があることを教えられていたから、雑談ではそんな話をしていたのであろうか。決定的になったのは、それはヨーロッパ・ルネサンスと同時代であったということと、自分の一族が先の『禰寝(根占=小松)文書』に出るように、鹿児島でザビエルと出会っていたかもしれないという思いが懐旧の情を強化した。

最近出した単著である

『イタリアルネサンスとアジア日本――ヒューマニズム・アリストテレス主義・プラトン主義』

はルネサンス史とキリシタン史の出会いを文化史的、思想史的に明らかにしようとしたものである。そのキーワードのひとつは「霊魂不滅（不死）」である。出版社は今回と同じく、知泉書館であり、二〇一七年のことである。同書館を立ち上げた小山光夫氏は、元は創文社にいた方である。ペトラルカ研究者として知られる近藤恒一先生の書評依頼でお会いし、その熱意に打たれた。遡及すれば、南窓社の岸村一路氏も創文社におられた。その時の仕事ぶりは、キリシタン学の泰斗海老沢有道が同社から出している大著に名が出てくることで分かる。「霊魂不滅（不死）」というと、このテーマで原稿を持ち合って研究仲間と出した著作がある。編著ということになるだろう。割と手ごろな価格であり、上記の書の数々に較べれば、読者もある程度出たようで、新装という形で再刊された。

『イタリア・ルネサンスの霊魂論』

二〇一三年のことであり、旧版は一九九五年であった。出版社は三元社である。

次いで翻訳出版に触れておこう。「洋学」に携わる者は翻訳もまた大事な仕事である。著書はまず外国研究者の翻訳に従事した。最も恩恵を被ってきたクリステラーとカッシーラーである。ともに共訳となっている。

『イタリア・ルネサンスの哲学者』

『シンボルとスキエンティア――近代ヨーロッパの科学と哲学』

前者は一九九三年にみすず書房より佐藤三夫監訳で、後者は一九九五年ありな書房より出た。前者はなお二〇〇六年に新装版が出ている。

翻訳では一次文献の訳出は重要な研究者のそれとは違う意義がある。先の『イタリア・ルネサンスの霊魂論』にもフィチーノ『プラトン神学』からの訳出が含まれているが、もっと大掛かりにルネサンス人文主義の翻訳が試みられたのは以下の書であり、私も共訳者として加わっている。さらに同じ監訳者のもとで同一出版社から出たので合わせて記す。

『原典イタリア・ルネサンス人文主義』

『原典ルネサンス自然学』

前者は二〇一〇年に、後者は二〇一七年に名古屋大学出版会から出た。ともに監修者は池上俊一である。なお後者は第五四回日本翻訳出版文化賞を受けている。(4)

なお翻訳で著者自身が監訳者の立場で訳出に携わったのは以下の書であり、著者はハービソンである。

『キリスト教的学識者——宗教改革時代を中心に』

二〇一五年のことで、出版社は知泉書館である。古代の教父聖ヒエロニムスと聖アウグスティヌスの影響を中世・ルネサンス期に探る書と言えるもので、明晰に彼らの伝統が語られている。

ほかにもまだ紀要でもなく、また上記の出版社でもないところに寄稿した論文も少なからずあるものの、それぞれに思い出深いものがあると述べるに留めよう。とりわけ本書と関連する学究上の路に沿って、ここでは特に書き記すのみである。

最後に、今回を含めて学習院女子大学からは所謂出版助成金をたびたび獲得することができた。長年にわたり、研究時間に理解を示してくれた学習院に心より感謝する次第である。研究あってこそ教育の場があり、才乏しいながら、専門を持つ教師として広く学生たちにいささかのお返しできたのではなかろうか。

註

（1）後年、叢書「哲学の歴史」に書いた経験も類似していたろう。全体の主題があって、割り当ての責任を果たさなくてはならないからである。この執筆に関しては註4参照。

（2）『鴨東通信』思文閣出版、通巻一〇〇号記念号、二〇一五年一二月冬第一〇〇号、に無記名ながら、学習院女子大学教授の肩書でこの間の経緯について、森茂暁氏の主著『増補・改定 南北朝期公武関係史の研究』を取り上げて短文を書いている。

（3）この小著は第二〇回（一九九八年）マルコ・ポーロ賞受賞作品となった。思いがけないことであった。当時の駐日イタリア大使より、イタリア外務省の出先機関であるイタリア文化会館にて記念品と高額のお祝い金をいただいた。南窓社からは、これは、第六回目の平田隆一『エトルスキ国制の研究』（一九八二年）以来のことであった。

（4）賞との関連で一言。『哲学の歴史』中央公論新社、全一二巻・別巻一巻、にも寄稿（二〇〇七、二〇〇八年）しているが、この叢書は、二〇〇八年の第六二回毎日出版文化賞（特別賞）を得た。なお執筆した巻の監修者は伊藤博明であった。

初出一覧

（指示がない場合は本書が初出である。また既出論考も本書収録にあたり、表現上の統一などを図った。）

第一章　「東西を結ぶルネサンス概念」（甚野尚志・益田朋幸編『ヨーロッパ文化の再生と革新』知泉書館、二〇一六年、六一―八五頁）

第二章　「ルネサンスと改革期のイタリア」（甚野尚志・踊共二編『中近世ヨーロッパの宗教と政治―キリスト教世界の統一性と多元性』ミネルヴァ書房、二〇一四年、一三二―一五七頁）

第三章　「「時」の人フィチーノとコペルニクス」（甚野尚志・益田朋幸編『ヨーロッパ中世の時間意識』知泉書館、二〇一二年、六七―九一頁）

第四章　「コロンナ、ミケランジェロ、ポントルモ」（『学習院女子大学紀要』第一三号、二〇一一年、一三一―一四五頁）

第五章　「ピエリオ・ヴァレリアーノ『学者の不幸』」（『学習院女子大学紀要』第一二号、二〇一〇年、六七―八二頁）

第六章　「ガスパロ・コンタリーニの思想と行動」（『西洋史論叢』第三六号、二〇一四年、二五―三八頁）

第七章　「エラスムスとルネサンス・カトリック改革・宗教改革」（『学習院女子大学紀要』第一五号、二〇一三年、一一三―一二八頁）

第八章　「ヒューマニストたちの挑戦と運命」（『京都ユダヤ思想』第九号、二〇一八年、一〇七―一二二頁。『歴史評論』第八二四号、二〇一八年、五二―六二頁）

附　章　「ルネサンス・ヒューマニズムと近代――特にイタリアとドイツの視点から」（『一九世紀学研究』第八号、二〇一四年、五九―七三頁）

根占　献一（ねじめ・けんいち）

1949年（昭和24年）生まれ。学習院女子大学国際文化交流学部教授。博士（文学，早稲田大学）。
〔主要業績〕『ロレンツォ・デ・メディチ―ルネサンス期フィレンツェ社会における個人の形成』南窓社，1997年（第20回マルコ・ポーロ賞受賞作品）。『東西ルネサンスの邂逅―南蛮と禰寝氏の歴史的世界を求めて』東信堂，1998年。『フィレンツェ共和国のヒューマニスト―イタリア・ルネサンス研究(正)』創文社，2005年。『共和国のプラトン的世界―イタリア・ルネサンス研究(続)』同上。『ルネサンス精神への旅―ジョアッキーノ・ダ・フィオーレからカッシーラーまで』創文社，2009年。『イタリアルネサンスとアジア日本―ヒューマニズム・アリストテレス主義・プラトン主義』知泉書館，2017年。カッシーラー『シンボルとスキエンティア―近代ヨーロッパの科学と哲学』（共訳）ありな書房，1995年。クリステラー『イタリア・ルネサンスの哲学者』（共訳）みすず書房，2006年新装版。『原典イタリア・ルネサンス人文主義』（共訳）名古屋大学出版会，2010年。『イタリア・ルネサンスの霊魂論』（編訳著）三元社，2013年新装版。ハービソン『キリスト教的学識者』（監訳）知泉書館，2015年。『原典ルネサンス自然学』（共訳）名古屋大学出版会，2017年，全2巻。

〔ルネサンス文化人の世界〕　ISBN978-4-86285-306-6

2019年12月20日　第1刷印刷
2019年12月25日　第1刷発行

著　者　根　占　献　一
発行者　小　山　光　夫
印刷者　藤　原　愛　子

発行所　〒113-0033 東京都文京区本郷1-13-2
電話 03 (3814) 6161 振替 00120-6-117170
http://www.chisen.co.jp
株式会社 知泉書館

Printed in Japan　印刷・製本／藤原印刷

人名索引

（第５章には夥しい数の人名が出ているが，本章だけで扱われている人物については採ってい
ない。また第７章では多くの研究者名が出るが，これらも例外はあるがほぼ採取しなかった。）

ア　行

会田雄次　29
アヴィセンナ（Avicenna）　159
アヴェロエス（Averroes）　158, 210, 213
アウグスティヌス（Augustinus）　25, 110, 111, 140, 152, 153, 159, 170, 182, 195, 204, 214, 217, 225, 261
アウレリアヌス帝（Aurelianus Augustus）　36
ホセ・デ・アコスタ（José de Acosta）　19
青芳勝久　16, 30
ザノビ・アッチャイウォーリ（Zanobi Acciaiuoli）　73
エウジェニオ・アナニーネ（Eugenio Anagnine）　24
アフォンソ５世 (Afonso V)　48, 206
アブラヴァネル（アブラバネル, Abravanel）　205, 206, 208, 211
新井靖一　11
アリオスト（Ariosto）　105
アリストテレス（Aristoteles）　28, 69, 70, 74, 79–81, 126, 138, 139, 154, 158, 160, 169, 203, 206, 210, 213, 217, 229, 246, 248, 260
ビンド・アルトヴィーティ（Bindo Altoviti）　56
マルカントニオ・アルティエーリ（Marcantonio Altieri）　132
アンドレア・アルパーゴ（Andrea Alpago）　159
ジローラモ・アレアンドロ（Girolamo Aleandro）　59
アレクサンデル６世（Alexander VI）　40, 41, 53, 54, 138
アレクサンドロス（アプロディシアス Aphrodisias の，Alexandros）　57, 158
ジュリオ・アレーニ（Giulio Areni）　72
アレッサンドロ・アッローリ（Alessandro Allori）　104
アレマンノ（Yohanan ben Isaac Alemanno）　208, 211, 213
ピエトロ・マルティーレ・ダンギエーラ（Pietro Martire d'Anghiera）　42, 165, 218
フラ・アンジェリコ（Fra Angelico）　50
イアンブリコス（ヤンブリコス）Iamblichos　87, 96
イエイツ（Frances Yates）　93
イェガー（Werner Wilhelm Jaeger）　245–47
フーベルト・イェディン（Hubert Jedin）　162, 174
ハインリヒ・イザーク（Heinrich Isaac）　40
イサベル１世（Isabel I de Castilla, Isabel la Católica）　218
トンマーゾ・フェードラ・インギラーミ（Tommaso Fedra Inghirami）　35, 42, 53
インノケンティウス８世（Innocentius VIII）　40
ジョルジョ・ヴァッラ（Giorgio Valla）　131
ロレンツォ・ヴァッラ（Lorenzo Valla）　55, 176
チェーザレ・ヴァゾーリ（Cesare Vasoli）　79
アレッサンドロ・ヴァリニャーノ（Alessandro Valignano）　18, 38, 157, 172
アビ・ヴァールブルク（Aby Warburg）　181

マルティン・ヴァルトゼーミュラー（Martin Waldseemüller）　81
ディエゴ・ヴァルブーザ（Diego Valbusa）　239
ピエリオ・ヴァレリアーノ（Pierio Valeriano）　123, 125（以下の第５章）, 151, 165, 173, 221, 229, 263
ヴィッシュー（Pietro Vieusseux）　233
アレッサンドロ・ヴィットリア（Alessandro Vittoria）　161
ジョヴァンニ・ヴィッラーニ（Giovanni Villani）　36, 45
フィリッポ・ヴィッラーニ（Filippo Villani）　45
パスクワーレ・ヴィッラーリ（ Pasquale Villari）　16, 251
ヴィトマンシュテッター（Johann Albrecht von Widmanstetter）　75
ヴィンケルマン（Johann Joachim Winckelmann）　236, 245, 251
エドガー・ヴィント（Edgar Wind）　13
アメリゴ・ヴェスプッチ（Amerigo Vespucci）　72, 81
植村正久　16
ウェルギリウス（Vergilius）　10, 49, 86, 113, 143, 244
ピエル・パオロ・ヴェルジェリオ（Pier Paolo Vergerio）　108
ピエル・マルティーレ・ヴェルミリ（Pier Martire Vermigli）　60
タッキ・ヴェントーリ（Tacchi Venturi）　157
内田銀蔵　22–24, 28, 31
エウゲニウス４世（Eugenius IV）　47, 50, 95, 126
マリオ・エクイコラ（Mario Equicola）　213
エジディオ・ダ・ヴィテルボ（Egidio da Viterbo）　25, 31, 75, 82, 110, 111, 130, 140, 144, 145, 152, 169, 210, 213
レオーネ・エブレオ（Leone Ebreo）　55, 205, 207, 209, 210, 212, 214, 215, 224, 225
エベルハルト（ヴュルテンベルク公）（Eberhard）　82
エラスムス（Erasmus）　10, 41, 43, 108, 175（以下の第７章）, 201, 204, 212–14, 216–20, 240–42, 263
エレオノラ・ディ・トレド（Ereonora di Toledo）　111
大久保利通　233
大類伸　11, 13, 22, 31, 249, 259
ベルナルディーノ・オキーノ（Bernardino Ochino）　60, 105, 106, 120
ベンヴェヌート・オリヴィエーリ（Benvenuto Olivieri）　56, 115
オリゲネス（Origenes）　7, 182, 184
アルフォンシーナ・オルシーニ（Alfonsina Orsini）　39
クラリーチェ・オルシーニ（Clarice Orsini）　39

カ　行

ジュリア・カートライト（Julia Cartwright）　27
カール５世（Karl V）　6, 56–60, 112, 123, 144, 165, 166, 168, 218–20, 222
カヴール（Cavour）　233, 234, 250
カッシーラー（Ernst Cassirer）　181, 259, 260
ウンベルト・カッスート（Umberto Cassuto）　24
フランチェスコ・カッターニ・ダ・ディアッチェート（Francesco Cattani da Diacceto）　154
メルクリーノ・ガッティナーラ（Mercurino Gattinara）　218, 220
ジーノ・カッポーニ（Gino Capponi）　233, 240
ドメニコ・カプラニカ（Domenico Capranica）　49, 54
ジャン・ピエトロ・カラファ（教皇パウルス４世）(Gian Pietro Carafa)　59, 103
ガリレオ（Galileo Galilei）　72, 74, 118

カルヴァン（Calvin）　120, 212, 228, 234
カルコンデユレス（Chalkondyles）　40, 134
ガルシラソ・デ・ラ・ベーガ（Garcilaso de la Vega）　221
カルドッチ（インヴェルニッツィ）Giosuè Carducci）　238
ピエトロ・カルネセッキ（Pietro Carnesecchi）　60, 105
カリストゥス３世（Calixtus III）　54
ガリバルディ（Garibaldi）　233
エウジェニオ・ガレン（Eugenio Garin）　79
川添昭二　258
カンティモーリ（Cantimori）　120, 177, 179, 180, 193
エルンスト・カントーロヴィッチ（Ernst Kantorowicz）　246
エミディオ・カンピ（Emidio Campi）　106
アゴスティーノ・キージ（Agostino Chigi）　42, 133, 140
ギボン（Edward Gibbon）　236
木ノ脇悦郎　188, 192, 194, 196
ギルランダイオ（Ghirlandaio）　52
フランチェスコ・グアルディ（Francesco Guardi）　113, 114
ジョヴァンニ・グアルベルト（Giovanni Gualberto）　163
ヴィンチェンツォ・クィリーニ（Vincenzo Quirini）　167, 197
ニコラウス・クザーヌス（Nicolaus Cusanus）　70
クリストフォルス・クラヴィウス（Christophorus Clavius）　70
クリステラー（Paul Oskar Kristeller）　256, 260
グレゴリウス13世（Gregorius XIII）　37, 71, 156–58
グレゴリオ・ダ・リミニ（Gregorio da Rimini）　110
フェルディナント・グレゴロヴィウス（Ferdinand Gregorovius）　234
クレメンス７世（Clemens VII）　6, 52, 55, 56, 75, 76, 104, 110, 112, 115, 127, 129, 134, 136, 137, 140, 143, 144, 165, 166, 218, 219, 221, 229
クローチェ（Benedetto Croce）　128, 179, 180, 233, 238
エリザベス・クロッパー（Elizabeth Cropper）　113
ヨハンネス・グロッパー（Johannes Gropper）　168
ジュリア・ゲイサー（Giulia Gaisser）　127
ケーギ（Werner Kaegi）　180, 195
ゲーテ（Goethe）　232, 239–41, 250
ゲオルゲ（Stefan George）　245, 246
ヴァルター・ゲッツ（Walter Goetz）　14, 247
ケプラー（Kepler）　74
ゴイス（Damião de Góis）　191, 204
ジャネット・コックス＝リーリック（Janet Cox–Rearick）　111, 113
コドロ（Antonio Urceo Codro）　78, 130
ニコラウス・コペルニクス（Nicolaus Copernicus）　68–70, 74–82, 87, 89
小松帯刀（清廉）　233, 250
ペドロ・ゴメス（Pedro Gomez）　18
ヨハンネス・ゴーリッツ（Johannes Golitz）　43, 139, 140
パオロ・コルテージ（Paolo Cortesi）　41
グレゴリオ・コルテーゼ（Gregorio Cortese）　167
ジョン・コレット（John Colet）　204
アンジェロ・コロッチ（Angelo Colocci）　128, 140
ヴィットリア・コロンナ（Vittoria Colonna）　46, 102, 105, 106, 108, 116, 121, 222
コロンブス（コロンボ）Columbus (Colombo)　54, 81, 165
フェルディナンド・コロンボ（コロンブス）（Ferdinando Colombo）　165
ガスパロ・コンタリーニ（Gasparo Contarini）　7, 59, 105, 128, 151（以下

の第６章）, 221, 263
エルコレ・ゴンザーガ（Ercole Gonzaga）
108, 134, 159
ジュリア・ゴンザーガ（Giulia Gonzaga）
60, 105, 108, 122, 222
コンスタンティヌス大帝（Constantinus I）
11, 12, 35, 55, 231

サ　行

西郷隆盛　233
サヴィニー（Friedrich Carl von Savigny）
240
ジローラモ・サヴォナローラ（Girolamo Savonarola）　107, 237
ミケーレ・サヴォナローラ（Michele Savonarola）　14
ヤコポ・サドレート（Jacopo Sadoleto）
59, 108
フランシスコ・ザビエル（Francisco Xavier）
154, 176
マリア・サルヴィアーティ（Maria Salviati）
58, 113
ルクレツィア・サルヴィアーティ（Lucrezia Salviati）　58
サルターティ（Coluccio Salutati）　244, 245
アントニオ・ダ・サンガッロ（Antonio da Sangallo）　57
アンドレア・デル・サンソヴィーノ（Andrea del Sansovino）　84
カイ・シラー（Kay Schiller）　246
フリートリヒ・シラー（Friedrich Schiller）
239
シェーンベルク（Nikolaus von Schönberg）
75, 93
ジェンティーレ（Giovanni Gentile）　180
塩見高年　29
シクストゥス５世（Sixtus V）　34, 37, 157
シスネロス（Francisco Jiménez de Cisneros）
215, 216
ジュゼッペ・ジッペル（Giuseppe Zippel）
239
ルーカ・シニョレッリ（Luca Signorelli）
54, 65
柴田治三郎　11
ジャン・マッテオ・ジベルティ（Gian Matteo Giberti）　59, 108
ジョン・アディントン・シモンズ（John Addington Symonds）　241
シャルル８世（Charles VIII）　41, 111, 176, 211
トンマーゾ・ジュスティニアーニ（Tommaso Giustiniani）　162, 163, 197
エドゥアルト・シュターケマイア（Eduard Stakemeier）　153
フェードル・シュナイダー（Fedor Schneider）　24
ヨーゼフ・シュニッツァー（Joseph Schnitzer）　14, 15, 29
シュプランガー（Eduard Spranger）　245
ゲルショム・ショーレム（Gershom Gerhard Scholem）　24
ジョアン３世（João III）　48, 57
ジョアン２世（João II）　206
メレディス・J・ジル（Meredith J. Gill）
110
鈴木成高　258
アゴスティーノ・ステウコ（Agostino Steuco）　55, 153, 169, 177
アルド・ステッラ（Aldo Stella）　159, 166
スピノザ（Spinoza）　207, 214
カルロ・スピノラ（Carlo Spinola）　72, 81, 91
ジローラモ・セリパンド（Girolamo Seripando）　108, 110, 152, 169
ゴットフリート・ゼンパー（Gottfried Semper）　231
ゾロアスター（Zoroaster）　78

タ　行

高橋憲一　77, 90, 92–94
ジョン・ダッドリー（John Dudley）

235
タッソ（Bernardo Tasso） 105
ダンテ（Dante） 10, 45, 132, 245
カテリーナ・チーボ（Caterina Cibo [Cybo]） 105, 222
チェッリーニ（Cellini） 115, 211
ジョヴァンニ・チプリアーニ（Giovanni Cipriani） 85
マルカントニオ・チャッピ（Marcantonio Ciappi） 71
エドガー・ツィルゼル（Edgar Zilsel） 127
ツヴィングリ（Huldrych Zwingli） 186, 212
ディオニュシオス・アレオパギテス（Dionysios Areopagites） 82
ティツィアーノ（Tiziano） 6, 28
フランツ・ディットリヒ（Franz Dittrich） 156
ディルタイ（Wilhelm Dilthey） 180, 185, 247
ティントレット（Tintoretto） 161, 162, 172
ジュゼッペ・デ・ルーカ（Giuseppe de Luca） 116
テオフュラクトゥス（Theophylaktus [Theophylaktos]） 78
デカルト（Descartes） 4
デッラ・ヴォルパイア（Della Volpaia） 82
エリア・デル・メディゴ（Elia del Medigo） 208, 210, 211, 213
デューラー（Dürer） 54
トマス・アクィナス（Thomas Aquinas） 47, 166, 169, 217
ニコラ・ペルノ・ド・グランヴェル（Nicolas Perrenot de Granvelle） 168
ド・トルナイ（De Tolnay） 106, 121
トレルチ（Ernst Troeltsch） 180, 247
トスカネッリ（Paolo dal Pozzo Toscanelli） 72
トラペツンティオス（Trapezuntios） 80
豊臣秀吉 38

ナ 行

アンドレア・ナヴァジェロ（Andrea Navagero） 133
夏目漱石 9
ニートハンマー（Friedrich Immanuel Niethammer） 241, 242
ニーブール（Barthold Georg Niebuhr） 239
ニグレン（A. Nygren） 204, 205
ニコラウス５世（Nicolaus V） 36, 47, 48, 50, 51, 126
西村貞 18, 27
西村貞二 18
ヌマ・ポンピリウス（[ヌマ王]Numa Pompilius） 55, 71
アレクサンダー・ネイジェル（Alexander Nagel） 110
ネブリハ（Antonio de Nebrija） 216, 217, 225
ノヴァーラ（Domenico Maria Novara da Ferrara） 74, 76, 77, 92
野口洋二 258
ノデ（ノーデ）（Gabriel Naudé） 185, 196

ハ 行

パウルス２世（Paulus II） 53
パウルス３世（Paulus III） 6, 37, 40, 52, 56, 57, 59, 74–76, 80, 92, 96, 104, 110, 115, 123, 152–55, 158, 159, 166, 167
パウルス４世（Paulus IV） 103
セルジョ・パガーノ（Sergio Pagano） 102
ディエゴ・ロペス・パチェコ（Diego López Pacheco） 221
ルーカ・パチョーリ（Luca Pacioli） 72
マルセル・バタイヨン（Marcel Bataillon） 182, 185
ハドリアヌス６世（Hadrianus VI） 56, 140

バルザック（Honoré de Balzac）　236
パッセリーニ（Passerini）　115
アーウィン・パノフスキー（Erwin Panofsky）　25
ベルナルディーノ・バルディ（Bernardino Bardi）　69, 74, 93
ファン・デ・バルデス（Juan de Valdés）　55, 105, 108, 191, 220
アルフォンソ・デ・バルデス（Alfonso de Valdés）　216, 218, 220, 229
エルモラオ・バルバロ（Ermolao Barbaro）　7, 139, 144, 211, 240
チェーザレ・バルボ（Cesare Balbo）　237
ガブリエーレ・パレオッティ（Gabriele Paleotti）　161
トンマーゾ・パレントゥチェッリ（教皇ニコラウス５世）(Tommaso Parentucelli)　47
ハンス・バロン（Hans Baron）　11, 246
アルベルト・ピーオ（Alberto Pio）　177
ピーコ・デッラ・ミランドラ（Pico della Mirandola）　7, 24, 138, 207, 209–12, 240
ビーベス（Juan Luís Vives）　185, 191, 216, 217, 219
ピウス２世（Pius Ⅱ）　エネア・シルヴィオ・ピッコローミニ（Enea Silvio Piccolomini）　48–51, 54
ピウス３世（Pius Ⅲ）　49
ビスマルク（Bismarck）　233
ピントゥリッキョ（Pinturicchio）　50
アレッサンドロ・ファルネーゼ（教皇パウルス３世，Alessandro Farnese）　40, 58, 76, 166
アレッサンドロ・ファルネーゼ（枢機卿，Alessandro Farnese）　58, 155, 161, 166
ヴィットリア・ファルネーゼ（Vittoria Farnese）　58
オッタヴィオ・ファルネーゼ（Ottavio Fanese）　58
オラツィオ・ファルネーゼ（Orazio Farnese）　58
ジュリア・ファルネーゼ（Julia Farnese）　41
ピエル・ルイジ・ファルネーゼ（Pier Luigi Farnese）　58
マルシリオ・フィチーノ（Marsilio Ficino）　67（以下の第３章）, 152, 174, 183, 189, 204, 207, 209, 210, 212, 214, 255
マッシモ・フィルポ（Massimo Firpo）　104
コンラート・ブールダッハ（Konrad Burdach）　24
フェルディナント（国王　Ferdinand）　166, 234
フェルナンド２世（Fernando II,　Fernando el Católico）　206, 218
ゲオルク・フォークト（Georg Voigt）　238
マリア・フォルチェッリーノ（Maria Forcellino）　109
プセロス（Psellos）　78
エドゥアルト・フックス（Eduard Fuchs）　8
プトレマイオス（Ptolemaios）　72, 74, 80, 81, 97, 131, 146
プファイファー（Rudolf Pfeiffer）　181, 190, 243
ティコ・ブラーエ（Tycho Brahe）　74, 80
マルカントニオ・フラミニオ（Marcantonio Flaminio）　107, 167, 222
フランソワ１世（François I）　176, 220
フェデリーゴ・フレゴーゾ（Federigo Fregoso）　59
エドゥアルト・フューター（Eduard Fueter）　14
プラティナ（バルトロメオ・サッキ）(Platina [Bartolomeo Sacchi])　53, 140
プラトン（Platon）　12, 21, 28, 52, 53, 61, 72, 73, 76–80, 82–84, 86–90, 94, 96–98, 125–27, 141, 145, 152–54, 159, 163, 164, 169, 170, 176, 189, 204–08, 210, 212, 214, 215, 218, 224, 246, 249, 253

ブランディ（Karl Brandi）　247, 249, 254
フリードリヒ３世（Friedrich III）　36, 48, 49
レオナルド・ブルーニ（Leonardo Bruni）　11, 14, 244, 247
ジョルダーノ・ブルーノ（Giordano Bruno）　93
ヤーコプ・ブルクハルト（Jacob Burckhardt）　11, 231
プレトン（Gemistos Plethon）　79, 80
プロクロス（プロクルス，Proklos[Ploclus]）　87
プロティノス（Plotinos）　87, 89, 206
プロペルティウス（Propertius）　143
ブロンズィーノ（Agnolo Bronzino）　104, 111, 119
フンボルト（Humboldt）　242, 243, 246, 248, 249
ヘーゲル（Hegel）　12, 239, 240
フランシス・ベーコン（Francis Bacon）　21, 22
ロドヴィーコ（ルドヴィーコ）・ベッカデッリ（Lodovico [Ludovico] Beccadelli）　167
ベッサリオン（Bessarion）　72, 79, 80, 95
サヴェリオ・ベッティネッリ（Saverio Bettinelli）　237
ペトラルカ（Petrarca）　4, 10, 11, 24, 45, 46, 176, 184, 191, 202, 217, 225, 236, 245, 260
ベネデット・ダ・マントヴァ（Benedetto da Mantova）　108, 222
ジローラモ・ベニヴィエーニ（Girolamo Benivieni）　28, 212
ヘルダー（Herder）　199, 239, 240, 242, 253
ルチアーノ・ベルティ（Luciano Berti）　115
ベルトルド・ディ・ジョヴァンニ（Bertoldo di Giovanni）　84
ヘルメス・トリスメギストス（Hermes Trismegistus）　77, 78
ヘンリ（エンリケ）王子（Infante Dom Henrique）　21
ヘンリー８世（Henry VIII）　102, 220
ゲオルク・ポイエルバッハ（Georg Peuerbach）　72
ジョン・ホークウッド（John Hawkwood）　235
レジナルド・ポール（Reginald Pole）　59, 102, 106, 116, 117, 120
ギヨーム・ポステル（Guillaume Postel）　26, 75
ボッカッチョ（Boccaccio）　10, 45, 187, 245
ジュゼッペ・ポッジ（Giuseppe Poggi）　232
ボッティチェッリ（Botticelli）　6, 52
ボニファティウス八世（Bonifatius VIII）　45
ホフマンスタール（Hugo von Hofmannsthal）　245
ホメロス（Homeros）　89, 143
ホラティウス（Horatius）　10, 143
フランシスコ・デ・ホランダ（Francisco de Holanda）　107, 119
ポリツィアーノ（Poliziano）　40, 42, 136, 211, 212, 240, 241
チェーザレ・ボルジァ（Cesare Borgia）　40
ルクレツィア・ボルジァ（Lucrezia Borgia）　238
フランシスコ・ボルハ（Francisco Borja）　54
ポルフュリオス（Porphyrios）　87
ボワシエ（Gaston Boissier）　191, 248
ポンターノ（Pontano）　130, 213, 214, 221, 224
ポントルモ（Jacopo da Pontormo）　101, 102, 104, 111–13, 115, 116, 123, 263
ポンポナッツィ（Pietro Pomponazzi）　154, 157–59, 252

マ　行

マイネッケ（Friedrich Meinecke）　30, 247, 256
マイモニデス（Moises Maimonides）　206, 211
マクシミリアン1世（Maxmilian I）　41
マクロビウス（Macrobius）　89
増田重光　13
ジャンノッツォ・マネッティ（Giannozzo Manetti）　48, 126
アルド・マヌツィオ（Aldo Manuzio）　78, 139
シジズモンド・マラテスタ（Sigismondo Malatesta）　51
マルガレーテ（マルガリータ。ハプスブルク家，Margarete von Habsburg）　58
マルケッルス2世（Marcellus II）　103
マルティヌス5世（Martinus V）　47, 57, 126
デメートリオ・マルツィ（Demetrio Marzi）　70, 72
ミケランジェロ（Michelangelo Buonarroti）　6, 9, 33, 37, 52, 57, 59, 60, 75, 76, 84, 87, 101（以下の第4章）, 232, 241, 263
パウル・デ・ミッデルブルク（Paul de Middelburg）　70, 73, 82, 89, 93, 97
村岡晢　13, 29, 259
村岡典嗣　259
トマス・メイヤー（Thomas Mayer）　117
アレッサンドロ・デ・メディチ（Alessandro de'Medici）　58
イッポーリト・デ・メディチ（Ippolito de' Medici）　105
コジモ・デ・メディチ（老，祖国の父）（Cosimo de'Medici [il Vecchio, pater patriae]）　106, 113, 123
コジモ・デ・メディチ（大公）（Cosimo de' Medici [Gran Duca]）　106, 113, 123
ジョヴァンニ・デ・メディチ（教皇レオ10世）（Giovanni de' Medici）　40
ジョヴァンニ（・デ・メディチ）・ダッレ・バンデ・ネーレ（Giovanni dalle Bande Nere）　58, 114
ジュリアーノ・デ・メディチ（ヌムール公, Giuliano de'Medici）　39
ロレンツォ・デ・メディチ（イル・マニフィコ，Lorenzo de'Medici [il Magnifico]）　38, 51, 63, 83, 97, 139, 210, 232, 234, 250, 259
ロレンツォ・デ・メディチ（ウルビーノ公, Lorenzo de'Medici）　38, 51, 63, 83, 97, 139, 210, 232, 234, 250, 259
マッダレーナ・デ・メディチ（Maddalena de'Medici）　105
メランヒトン（Philipp Melanchthon）　212
モムゼン（Theodor Mommsen）　248
森茂暁　258, 262
ジョヴァンニ・モローネ（Giovanni Morone）　108, 167
モンテーニュ（Montaigne）　4, 228
モンファサーニ（Monfasani）　80

ヤ〜ラ 行

安田徳太郎　8
ユウェナリス（イウエナリス）（Iuenalis）　143
カール・ユスティ（Carl Justi）　236
ユリウス2世（Julius II）　37, 41, 52, 73, 93, 109, 137, 138, 140, 189
ユリウス3世（Julius III）　103
ヨアヒムゼン（Paul Joachimsen）　247

ゲルハルト・ラートナー（Gerhart B. Ladner）　25
コンチェッタ・ラニエーリ（Concetta Ranieri）　102, 110
ラファエッロ（Raffaello）　6, 44, 52, 96, 115, 140
レオポルト・フォン・ランケ（Leopold von Ranke）　11, 237
ジョン・テンプル・リーダー（John Temple